Sammlung Metzler
Band 233

Hans-Gerd Winter

J. M. R. Lenz

J. B. Metzlersche Verlagsbuchhandlung
Stuttgart

CIP-Kurztitelaufnahme der Deutschen Bibliothek

Winter, Hans-Gerd:
J. M. R. Lenz / Hans-Gerd Winter. –
Stuttgart: Metzler, 1987.
(Sammlung Metzler; Bd. 233)
ISBN 3-476-10233-5

NE: GT

ISSN 0558-3667
ISBN 3 476 10233 5

SM 233

© J.B. Metzlersche Verlagsbuchhandlung und Carl Ernst Poeschel Verlag GmbH
in Stuttgart 1987 · Umschlaggestaltung: Kurt Heger
Satz: Karlheinz Stahringer, Ebsdorfergrund
Druck: Gulde-Druck, Tübingen
Printed in Germany

Inhalt

Einführung

1977 ist Jakob Michael Reinhold Lenz für Benno von Wiese, den Herausgeber des repräsentativen Bandes »Deutsche Dichter des 18. Jahrhunderts«, »das tragisch scheiternde Genie neben dem groß-artigen Gelingen Goethes« (Berlin 1977. Einleitung S. 26). So lautet das bis heute selbst unter Kennern vielfach kaum revidierte Urteil über Lenz. Wiese mildert es wohlwollend ab: immerhin kündige sich in seinen Schriften »sehr viel Zukünftiges« an. Dieses Urteil verweist auf die für die Lenzrezeption unvermeidbare Frage nach seiner Stellung in der Literaturgeschichte des 18. Jahrhunderts neben, gegen oder unter Goethe. Dieser hat bereits in seiner Autobiographie »Dichtung und Wahrheit« für sich und lange Zeit auch verbindlich für die Nachwelt seine Bewertung formuliert, Lenz sei als »ein vor-übergehendes Meteor [...] augenblicklich über den Horizont der deutschen Literatur« hingezogen und »plötzlich« verschwunden.

Dieses Urteil vollzieht eine Rezeption nach, in der das Cliché vom haltlosen und schließlich kranken Dichter dominiert, der sich aus dem »Brausen und Gären« des Sturm und Dranges nicht zum Maß der Klassik habe läutern können. Diese Bewertung hat lange Zeit den Zugang zum Werk verstellt und es nicht als einen durchaus eigenständigen Beitrag zur Literatur des 18. Jahrhunderts erkennen lassen. Seit Brechts »Hofmeister« -Bearbeitung (1950), seit der radi-kalen politischen und ästhetischen Kritik an der Weimarer Klassik Ende der sechziger Jahre und aufgrund der eigentümlichen Struktu-ren des dramatischen Werkes, die Lenz – je nach Vorurteil – als ästhetischen oder als sozialkritischen »Vorläufer« der Moderne gel-ten lassen, findet der Autor jedoch ein wachsendes Interesse. Hierin sind freilich die Dichter den Wissenschaftlern weit voraus; denn seit Büchner, spätestens seit den Naturalisten und Expressionisten haben sich immer wieder bedeutende Autoren gefunden, die an Lenz an-knüpfen. Diese Anknüpfung geschieht meistens aus einer Opposi-tionshaltung heraus gegen eine jeweils herrschende Literatur, der vorgeworfen wird, Kompromisse mit den Herrschenden in der Ge-sellschaft einzugehen.

Trotz seiner Rezeption bei den Autoren ist Lenz im Bewußtsein der literarischen Öffentlichkeit kein anerkannter Klassiker. Es wird sich zeigen, daß sich Lenz dazu auch nicht eignet, weil sein Werk allzuviele Widersprüche enthält und weil seine Einsichten und Vorschläge oft stringent sind; denn Lenz will mit »kleinmalender Genauigkeit« (Christoph Hein) einem Gesellschaftszustand beikommen, der wenig Entwicklungsperspektiven sichtbar werden läßt, in dem sich aber doch schon Brüche andeuten, an denen entlang sich später radikale Veränderungen vollziehen. Entsprechend steht »Lenz [...] am Beginn moderner Schreibweisen, denen das Ganze das Unwahre ist« (Kreutzer, S. 101). Immerhin dokumentiert sich ein gewachsenes Interesse an Lenz inzwischen in preiswerten Ausgaben eines Teils seiner Werke, in literaturdidaktischen Arbeiten über ihn und in seiner Aufnahme in die Literaturlisten einiger Deutsch-Lehrpläne. Der einer Rezeption abträgliche Zustand, daß es keine vollständige oder einigermaßen vollständige Werkausgabe gibt, wird mit den angekündigten Ausgaben von Damm und Daunicht beendet sein, die beide auch gesicherte, an den Manuskripten, bzw. Erstdrucken überprüfte Texte enthalten.

Dieser Band soll, wie die Untersuchung von Stephan/Winter »Ein vorübergehendes Meteor« (Stuttgart 1984), nicht nur Kenner dazu anregen, Lenz zu lesen. Im Gegensatz zu der vorhergehenden Untersuchung macht er auch auf Zusammenhänge und Werke aufmerksam, die bisher in der Rezeption nicht im Vordergrund gestanden haben. Zugleich wird ein weit umfangreicherer Überblick über die Aktualität von Lenz gegeben, wie sie sich aufgrund seiner produktiven Aneignung bei anderen Autoren von Büchner bis Gert Hofmann und Christoph Hein darstellt.

Die Lenz-Aneignung zeigt, daß es trotz unterschiedlicher historischer Konstellationen eine Parallelität von Erfahrungen und Interessen gibt, ohne die eine Rezeption nicht zustandekäme. Diese kann die Werke betreffen, aber auch Lenz' Person und Ausschnitte seines Lebens. So bearbeitet Brecht den »Hofmeister« und erzählt Büchner den Aufenthalt Lenz' bei dem Elsässer Pfarrer Oberlin in Waldbach nach. Oft verknüpfen sich beide Reihen miteinander. So sind Büchners Selbstverständnis als Autor und seine Dramentechnik deutlich durch Lenz' Werke beeinflußt worden. Bestimmte Lenz-Rezeptionen können zeitweilig wirkungsträchtiger sein als der Rekurs auf den historischen Autor. So wirkt Huchels »Lenz«-Gedicht auf Bobrowski und Körner. Und in den siebziger Jahren dominiert in der Bundesrepublik die Anknüpfung an Büchners Lenz-Bild. Gleichzeitig finden sich aber auch immer wieder Autoren, die in Opposition zu einer weit verbreiteten Lenz-Aneignung auf den historischen Autor zurückgehen – zum Beispiel 1982 Gert Hofmann mit seiner Erzählung »Die Rückkehr des verlorenen Jakob Michael Reinhold

Lenz nach Riga«. Im Rahmen dieses Bandes kann es dabei nicht um detaillierte Werkvergleiche gehen. Im Vordergrund stehen vielmehr die historischen Konstellationen, in denen Lenz' Bild oder seine Werke relevant werden. Dabei dominiert bei den Autoren der Aspekt der produktiven Aneignung über den der Rezeption; diese dient einer neuen Produktion.

In Stephan/Winter wurde schon darauf aufmerksam gemacht, daß die Aktualität von Lenz immer an bestimmte Konstellationen gebunden ist. Diese werden vor allem durch die folgenden Momente bestimmt: 1) es gibt *thematische* Verknüpfungen: Lenz als Sozialkritiker, der die Determination des einzelnen eher indirekt, durch ihm unbewußte soziale Zwänge vermittelt; die Kritik an Klassengesellschaft und Ausbeutung und die einfühlende Solidarität des Dichters mit den Unterdrückten; die Identitätskrisen von Intellektuellen, die sich in einer prekären Lage gegenüber der herrschenden Macht und eher ›zwischen den Klassen‹ befinden; Selbstentfremdung und Schizophrenie mit ihren psychischen Symptomen; »Krankheit« und Genialität; Vater-Sohn-Konflikt. Zum Teil bleibt die Lenz-Rezeption nicht unberührt von der lange herrschenden Lenz-Ablehnung, indem das in dieser negativ gezeichnete Bild des »tragischen Dichters« positiv besetzt wird.

2) Es gibt *literaturtheoretische* und *-politische* Verknüpfungen: Lenz' »beispielloser Realismus« (Christoph Hein), eine Position, »der vielleicht die wirkliche *Alternative* zur Weimarer Klassik möglich« gewesen wäre (Hans Mayer); Lenz' antiaristotelisches Dramenverständnis; sein Versuch, schreibend in die Gesellschaft einzugreifen.

3) Lenz steht für die *Innovation dramatischer Darstellungsformen*: »episches« Theater, »offene Form«, Gattungsmischung, Parodie gängiger dramatischer Formen und Schemata.

Nach einem Überblick über das Lenz-Bild in der Forschung und die Geschichte der Lenz-Manuskripte folgt die Kapiteleinteilung im wesentlichen der Chronologie von Lenz' Leben und der Lenzrezeption. Deutlicher als bei anderen Autoren gehen nämlich in die meisten Werke autobiographische Momente ein – trotz des Bemühens um Objektivierung und Ästhetisierung. Und für die Geschichte der produktiven Rezeption bietet sich eine chronologische Darstellung an, um auch die Wirkung einzelner Aneignungen aufeinander hervorheben zu können.

Für die Hinweise und Anregungen, die mir während des Schreibens zugegangen sind, bedanke ich mich. Die Bibliographie wurde mit Unterstützung von Sylvia Bahr und Frauke Döhring zusammengestellt.

1. Doch nicht nur ein »vorübergehendes Meteor«? Die wissenschaftliche Aneignung von Lenz

1.1. Zum Lenz-Bild der Literaturwissenschaft

Die Geschichte der deutschen Literatur, wie sie die Germanisten schreiben, beruht auf einer Auswahl, die immer bestimmt ist von zeitgebundenen ideologischen Wertungen. An Jakob Michael Reinhold Lenz läßt sich dies besonders gut zeigen, weil er bis vor fünfundzwanzig Jahren ein Opfer dieser Wertungen gewesen ist. Sein Werk wurde entweder aus der Literaturgeschichte ausgeblendet oder abgewertet. Und es ist noch nicht ausgemacht, ob das angestiegene Interesse der Wissenschaft an Lenz von Dauer sein wird.

Die Bewertung Lenz' in der Wissenschaft hängt eng mit der Orientierung an der Weimarer Klassik zusammen, die herkömmlich als der Höhepunkt der Literaturgeschichte gilt. Unserem Autor wird die von ihm selbst gesuchte Nähe zu Goethe zum Verhängnis. Die Fachdisziplin Germanistik konstituiert sich wesentlich mit Bezug auf Goethe und Schiller als Gipfelgestalten der »Kunstperiode«. Entsprechend schlägt Lenz' Verhalten in der Rezeption als Abwertung des Dichters zurück.

Goethe hat im 12. und 14. Buch von »Dichtung und Wahrheit« für diese Abwertung die Legitimation geliefert. Er stilisiert Lenz zum abschreckenden Beispiel für die »Wertherkrankheit«, eine übertriebene und unproduktive Selbstquälerei, die in den siebziger Jahren des 18. Jahrhunderts einen Teil der jungen Intelligenz befallen habe. Er selbst, Goethe, habe sich durch den »Werther« »aus diesem Elemente gerettet«. Entsprechend taucht Lenz als ein Mensch und Schriftsteller auf, dem die notwendige produktive »Bildung zur Welt« mißlinge. »Formloses Schweifen«, »Neigung zum Absurden«, ausufernde Selbstreflexion, »Fahrlässigkeit im Tun« und Hang zur Intrige wirft Goethe Lenz vor. Die Ablehnung betrifft Werk und Person. Mit der Kritik an ästhetischen Unzulänglichkeiten wird der Vorwurf einer unmoralischen Lebensführung verknüpft – zum Beispiel bezüglich Lenz' Verhältnis zu Frauen. Der Schärfe des Urteils wie auch seiner sprachlichen Präsentation ist anzumerken, daß kein Unbeteiligter spricht. Die Bedingungen des Urteils und seine Berechtigung werden weiter unten zu untersuchen sein.

4

Goethes Zurückweisungen von Autoren, die konträr zu seiner Gesinnung stehen, sind bekannt. Berühmte Beispiele bilden Klinger, Kleist und Hölderlin. Die deutsche Literaturgeschichte übernimmt freilich weitgehend Goethes Verdikt über Lenz. Schon für einen liberalen Historiker wie Gervinus ist die Weimarer Klassik der Höhepunkt der deutschen Literaturgeschichte, auf den dann die Einigung Deutschlands als Höhepunkt der politischen Geschichte zu folgen habe. Für die Germanistik im deutschen Kaiserreich liefert dann die geistige Entfaltung in Weimar das ideologische Rüstzeug für die nationale deutsche Ideologie. Vor allem Goethe wird zu einem kulturellen Über-Ich, zu dem andere Autoren in einen weihevollen Abstand gesetzt werden, besonders Lenz, der es wagte, mit diesem Genie zu konkurrieren. Auch in der Weimarer Zeit gilt der Sturm und Drang, aus dem heraus es Lenz nicht gelang, sich zur Klassik zu läutern, als ein bloßes Durchgangsstadium, als ein Wirrwarr, dem die Klassik dann das Maß setzt. Daran ändert auch die Aufwertung des Sturm und Drang als »Präromantik« nichts, wie sie seit Dilthey und Unger zeitweilig propagiert wird. Der antiaufklärerischen und am Irrationalismus orientierten Perspektive dieser Forschungrichtung stehen bei Lenz die deutlichen Bezüge zur Aufklärung und vor allem die realistischen Elemente seines Werkes entgegen. Auch für die völkische Literaturbetrachtung, die den Sturm und Drang zu einer Bewegung aus den Urgründen des Deutsch-Germanischen macht, gibt Lenz wenig her.

Es ist erstaunlich, wie uniform und Goethe-treu die Literarhistoriker lange Zeit über Lenz urteilen. Georg Gottfried Gervinus schreibt, der Sturm und Drang sei ein »gewaltiger Stoß der Natur gegen die Kultur, der Einfalt und Sitte gegen die Konvenienz, der Jugend gegen das Alter«. Während Goethe und Schiller diesen Widerspruch »auf einer heiteren Höhe [...] versöhnt« hätten, sei Lenz zum »traurigen Opfer der Überspannung dieser Periode« geworden. Lenz ist Gervinus die pathologische Ausnahme, als die Goethe ihn als Gegenfigur zu sich selbst gezeichnet hat. Neben der »Krankheit« führt Gervinus den »blinden Wetteifer« mit Goethe an. Dieser habe sowohl seinen »Dünkel« als auch seinen Hang zu »Neid und Bosheit« gesteigert, »da auch keine Spur von eigentlicher Sittlichkeit in ihm gewesen zu sein scheint«. Entsprechend gebe sich Lenz in seinen Werken »ganz zügellos und wild, moralisch und ästhetisch gleich ungenießbar«. Lenz' »schauderhafte Komödien« seien »gemischt von tragischen, krassen und komischen Situationen«, seine Stücke seien »regellos, unverständig, wüst« (Geschichte der deutschen Dichtung. Bd. 5. 5. Aufl. Leipzig 1873, S. 656–658). Hier benennt Gervinus Gestaltzüge, die, wendet man sein Urteil ins

Beschreibende, durchaus zutreffen. Schon hier wird in Lenz' Ästhetik ein antiklassisches Element erkannt, das freilich eine an der Klassik orientierte Germanistik nicht dulden kann. Lenz' Texte verfehlen das harmonische Maß, die Rundung und Ausgewogenheit. Gervinus' Wertungen werden – zum Teil wörtlich – wiederholt, zuerst von dem ebenfalls liberal gesonnenen Hermann Hettner. Dieser nimmt Karl August von Weimars Wort vom »Affen Goethes« zum Ausgangspunkt seiner Betrachtung. Scherer und die patriotisch orientierten Literarhistoriker des Kaiserreichs übernehmen das Urteil ebenso wie der George-Anhänger Friedrich Gundolf, der ein monumentalisierendes »Goethe«porträt verfaßt. Für Gundolf ist Lenz nur ein »durchschnittlicher Typus eines Zerrissenen mit Genieprätentionen« (Shakespeare und der deutsche Geist. Godesberg 1947. S. 223). Noch 1958 nimmt Richard Newald Goethes Prämissen zum »Ausgangspunkt« seiner Darstellung. Er bemängelt Lenz' »sittlich haltloses Treiben«. Seiner Amoral und Pathologie entspricht für Newald als ästhetischer Mangel der »fragmentarische Zug« der Dramen. Ihre »sprunghaft wuchernden Episoden« lösten »jede Einheit auf« (Geschichte der deutschen Literatur. Bd. 6/1, München 1958. S. 268). Kein Wunder, daß alle Literarhistoriker das Scheitern von Lenz' Wetteifer mit Goethe konstatieren: »Von Grund aus eitel, träumte Lenz [...] den vermessenen Traum, es Goethe gleichtun zu können« (Hettner). Die patriotische bis deutschnationale Orientierung der meisten Literarhistoriker fügt der Ablehnung Lenz' noch eine weitere Variante hinzu: den Zwang, die deutsche Literaturgeschichte vom Pathologischen frei zu halten. In deren »Pantheon« gehörten keine »kranken Geister«; denn »die deutsche Literaturgeschichte ist kein Repertorium der Psychiatrie« (Adolf Bartels: Geschichte der deutschen Literatur. Bd. 1. Leipzig 1909. S. 468 f.). Sie bleibt dem Deutsch-Gesunden vorbehalten.

Die skizzierte Urteilstradition findet sich auch in den Einzeluntersuchungen und den Kommentaren zu den Editionen vom 19. Jahrhundert bis zum zweiten Weltkrieg, wenn auch unterschiedlich häufig und vollständig. In der Sicherung der biographischen und werkgeschichtlichen Fakten, der Sammlung und Edition von »Lenziana«, der Herstellung halbwegs gesicherter Texte hat die positivistische Philologie der Kaiserzeit, die mit ihrer Orientierung an Goethe auch dessen Umkreis erforscht, Wesentliches geleistet. Daß sie trotzdem an den Wertungen des »Olympiers« Goethe orientiert bleibt, zeigt das repräsentative und schwer wiegende Urteil Erich Schmidts in »Lenz und Klinger« (1878). Dieser vergleicht Lenz mit einem »Mäßigkeitsapostel«, »der sich des abstoßenden Beispiels wegen öffentlich betrank« (S. 33). »In der nackten, natürlich sein sollenden Vorführung der Fehltritte ist das Stück [»Der Hofmeister«] so wenig zu retten, wie nach Seiten der Composition [...]. Überall fehlt der Kitt« (35 f.).

Die Ablehnung durch die nationalistischen Germanisten überrascht nicht. Um so mehr verwundert, daß auch die marxistische Literaturwissenschaft lange die Abwertung Lenz' betrieben hat. Schon für Franz Mehring ist die Sturm- und Drang-Bewegung »ein Brausen und Gären der Gemüter«, das »zu schnellem Absterben verurteilt« sei. Ihre Träger seien »alle verschollen« – bis auf Goethe und Schiller, die zur Klassik fanden (Der preußische Staat und die klassische Literatur. In: Aufsätze zur deutschen Literaturgeschichte. Hrsg. von Hans Koch. Leipzig 1969. S. 40). Die marxistische Literaturkritik und -wissenschaft in der ausgehenden Weimarer Republik und im Exil sieht in der Weimarer Klassik ein verpflichtendes Erbe, an das eine aktuelle humanistisch-realistische Ästhetik anzuknüpfen habe. Das Zwischenspiel ›modernistischer‹ Auffassungen im ›Bund proletarisch revolutionärer Schriftsteller‹ dauert nur kurz. Die traditionalistische Wende der deutschen marxistischen Literaturkritik steht in Zusammenhang mit der erzwungenen Abkehr vom Avantgardismus in Rußland und im Exil vor allem mit der Volksfrontpolitik, die dazu dient, ein breites Bündnis auch mit bürgerlichen Schriftstellern gegen den Faschismus aufzubauen. Für Georg Lukács, der die Wende der Literaturkritik mit initiiert, gehört Lenz zu den deutschen Aufklärern, die »auf dem Gebiet des reinen, von der politisch-sozialen Praxis getrennten Dichtens und Denkens« mitwirken an der »geistig künstlerischen Vorbereitung der französischen Revolution«, deren deutsches ideologisches Pendant die Klassik darstelle. Im Vergleich mit Goethe verkörpere Lenz aber »die Kehrseite der Medaille«: »Zwar kann Lenz als Menschengestalter, als Schöpfer einzelner Szenen ehrenvoll vor seinen besten Zeitgenossen bestehen, aber seine Dramen bauen sich stets auf einer aufgeregt-philiströsen anspruchsvoll-sinnlosen Schrulle auf«. Lenz fehle die »Genialität der ahnenden Voraussicht«. Durch eine »subjektiv-lyrische Ungeformtheit« werde sein Werk »als Ganzes [...] verzerrt und erdrückt« (Kurze Skizze einer Geschichte der neueren deutschen Literatur. Darmstadt 1975. S. 33).

Die Literaturgeschichten der DDR urteilen hier anders. Das liegt sicher zum einen am Einfluß Brechts und seiner »Hofmeister«-Bearbeitung (1950), zum andern daran, daß die sozialkritische Literatur der Vergangenheit ideologisch beerbt werden kann. So gilt Lenz in den »Erläuterungen zur deutschen Literatur« (Sturm und Drang. Berlin 1958) als »selbständiger realistischer Dichter von Rang«, der »Grundforderungen einer realistischen Ästhetik entwickelt habe

(S. 156, 162). Da die Kanonisierung der deutschen Klassik in der marxistischen Erbetheorie der DDR lange anhält, sind der Lenz-Aufwertung auch Grenzen gesetzt. Meist wird er – wie bei Nahke (1955) und bei Lorenz (1968) – als »Realist« analysiert. Die deutlich subjektivistischen und phantastischen Elemente seines Werkes werden dabei vernachlässigt. Auch wenn die Wertung in der »Geschichte der deutschen Literatur« (Bd. 6, Berlin 1979) differenzierter ist (vgl. S. 521 f., 612–632), so fehlen doch in der DDR – abgesehen von Damm – neuere Arbeiten, die den seit 1973 revidierten Positionen der Erbetheorie und der Wertung der Literaturgeschichte im 18. Jahrhundert entsprechen würden.

Schon im 19. Jahrhundert gibt es Außenseiter, die auf der Genialität Lenz' gegen die herrschenden Vorurteile bestehen. Zum Teil sind es Forscher, die aus lokalem Interesse auf Lenz gestoßen sind und aufgrund von neuem Material das etablierte Lenz-Bild anzweifeln. Zu diesen gehört der elsässische Forscher Johannes Froitzheim (u. a.: Lenz und Goethe, 1891). Er korrigiert viele Behauptungen Goethes in »Dichtung und Wahrheit«, wird aber von der herrschenden Wissenschaft nicht anerkannt, weil er seinerseits dem allgemeinen Urteil teilweise nur Vermutungen und Spekulationen entgegensetzen kann. Das Gleiche gilt für den Livländer Paul Theodor Falck, dem sogar Fälschungen vorgeworfen werden (u. a.: Der Dichter Lenz in Livland, 1878). Der Schweizer Eduard Dorer-Egloff (1857) kritisiert, korrigiert und ergänzt die unzulängliche Lenz-Ausgabe Tiecks. Der Berliner Literat und Wissenschaftler Otto Gruppe erkennt und anerkennt die poetologische und Werk-Alternative Lenz' zu Goethe und versucht 1861, in einer romanhaften Würdigung, die »Ehrenschuld« an Lenz abzutragen. Gruppe nimmt neuere Positionen der gattungspoetologisch orientierten Literaturwissenschaft vorweg, wenn er Lenz als »eigentlichen Begründer« der Mischgattung des »Schauspiels« bezeichnet. Außerdem weist er auf die Lyrik Lenz' hin, die zwischen Klopstocks und Goethes Werk einzuordnen sei. Diese Hinweise nehmen dann die jungen »Stürmer und Dränger« des Naturalismus auf.

Das Eintreten eines Teils der Naturalisten für Lenz, die von ihm »die Formel« des naturalistischen Charakterdramas« (Max Halbe) formuliert sehen, bewirkt in der Wissenschaft zunächst keinen Umbruch. Im Gegenteil, der verdienstvolle Lenz-Biograph Rosanow (1909) und der Herausgeber der Werkausgabe Franz Blei (1909) grenzen sich dagegen ab. Im Umkreis des Zirkels um den Münchner Literatur- und Theaterwissenschaftler Arthur Kutscher, dem Lenz-Anhänger und Bearbeiter der »Soldaten«, entsteht die in der Forschung einflußreiche Dissertation von Oskar Gluth (1912). Wie die

8

Naturalisten trennt Gluth die »realistischen« Werke Lenz, zu denen vor allem »Der Hofmeister« und »Die Soldaten« zählen, von den subjektivistischen ab, in denen für ihn ein »krankhafter Idealismus« herrscht (S. 11). Hausdorff (1913) spricht diesbezüglich von den »objektiven« und »subjektiven« Werken. Diese Trennung führt zu einer partiellen Aufwertung der explizit sozialkritischen Werke, während die übrigen von der Forschung meist weiterhin vernachlässigt werden.

Dies gilt nicht für Heinz Kindermanns Arbeit »J.M.R. Lenz und die deutsche Romantik« (1924). Kindermann ist ein Anhänger der antiaufklärerischen ›romantischen‹ Wende in der Germanistik. Er deutet den Sturm und Drang als Präromantik und Lenz als Irrationalisten. Die Arbeit hat das Verdienst, das Gesamtwerk Lenz' von einem übergreifenden Gesichtspunkt aus zu betrachten. Sie nimmt viele Einsichten in den Subjektivismus, die Religiosität, die Ästhetik Lenz' vorweg, an die später vor allem die französische Germanistik (Girard, Genton) anknüpfen kann. Doch ist die Arbeit zum einen wegen ihrer forciert geistesgeschichtlichen Tendenz überholt, zum andern wegen der Ausklammerung oder Uminterpretation der realistischen Elemente im Werk.

In den zwanziger und dreißiger Jahren erscheinen einige Dissertationen zu Spezialfragen. Ein wirklicher Umbruch der Lenzforschung setzt erst Ende der fünfziger Jahre ein. Ein neuer geistesgeschichtlicher Aspekt, der das ganze 18. Jahrhundert umfassende Prozeß der Säkularisation religiöser Inhalte und Werte, erlaubt es Albrecht Schöne, 1958 Lenz' Leben und Werk in Selbstdeutung und Ablauf bestimmt zu sehen durch den »Modellzwang« des biblischen Gleichnisses vom verlorenen Sohn. Damit zeigt Schöne auf, daß Lenz nicht an eigener Unfähigkeit scheiterte, sondern als Beispiel anzusehen ist für eine übergreifende Entwicklung. So innovativ dieser Ansatz im Hinblick auf die damalige Forschungslage ist, diese Deutung aus *einem* Gesichtspunkt rekonstruiert Leben und Werk notwendigerweise einseitig. Zudem fehlt eine Berücksichtigung sozialgeschichtlicher Aspekte, die aber integrierbar wären.

Einen entscheidenden Anstoß für die jüngere Lenzforschung gibt Brechts ausführlich kommentierte »Hofmeister«-Bearbeitung, die nach Oskar Negt und Alexander Kluge (in »Geschichte und Eigensinn«) gültig die »ungeschützte Lage« der Intelligenz »zwischen Klassenverhältnissen und Staat« beschreibt (Frankfurt 1981. S. 413). Brechts episches Theater und die antiaristotelische Dramenpraxis anderer moderner Autoren veranlaßt die Germanistik, Lenz unter formanalytischen und gattungstypologischen Gesichtspunkten zu rehabilitieren. Walter Höllerer sieht 1958 im »Lapidarstil« Lenz', in seiner Aufwertung der Gestik, in der Technik der Kurzszenen und in der »Dekomposition des Tragischen« Bestandteile einer antiaristotelischen Tradition, die über Büchner, den jungen Hauptmann und Wedekind bis zu Brecht reiche. Volker Klotz vergleicht in diesem Sinne »Offene und geschlossene Form im Drama« (1960). Mit den methodischen und thematischen Problemen dieser Arbeit setzt sich 1984 Guthrie neu auseinander. Karl S. Guthke (1959, 1961) versucht den Bau der Dramen Lenz' unter dem Gesichtspunkt der Tragikomödie zu erfassen. Die Schwäche dieser Interpretation liegt in der vorausgesetzten Gattungsbestimmung, die den Stücken eher oktroyiert wird. Dagegen können Hinck (1965), Genton (1954, 1966) und Arntzen (1968) zeigen, daß für Lenz' Stücke der Begriff Komödie, für den sich der Autor nach einigem Schwanken entscheidet, durchaus zutreffend ist. Insbesondere Girard (1968) zeigt, daß Lenz' Verbindung von Tragischem und Komischen die ästhetischen und sozialen Funktionen der zeitgenössischen Komödie parodiert und entlarvt. Girard verbindet deshalb die Gattungsuntersuchung mit einer sozialgeschichtlichen Interpretation. Den innovatorischen Charakter von Lenz' Dramentheorie stellt zuerst Fritz Martini (1970, 1971) heraus. In Zusammenhang mit dem gattungstypologischen und formanalytischen Interesse werden auch die historischen Bezüge von Lenz' Theorie und Werk genauer untersucht. Hinck (1965) stellt den Zusammenhang mit der Tradition der Haupt- und Staatsaktionen, dem Puppenspiel und der Commedia dell' arte her. Die Bezüge auf Shakespeare hatte schon Rauch (1892) untersucht; seine Analyse führen Schwarz (1971, 1976) und Inbar (1977) weiter. Roger Bauer (1972) stellt die Komödientheorie Lenz' in den Zusammenhang der älteren Plautuskommentare. Britta Titel (1962) untersucht Lenz' Nachahmungsbegriff im Kontext der zeitgenössischen Diskussion.

Brecht gibt auch die Anregung, Lenz als Sozialkritiker zu untersuchen. Diese wird zuerst in der Zeit der Studentenbewegung aufgegriffen, als die ›gesellschaftliche Funktion‹ der Literatur in Frage gestellt wird. In dieser Zeit wird auch eine heftige politische Kritik an der »Klassik-Legende« (Grimm/Hermand) formuliert. Dieser Kritik ist noch 1980 das Lenz-Kapitel in Leo Kreutzers »Mein Gott Goethe« verpflichtet. Doch schon Hans Mayer (1966) sieht in dem Nachwort zu Titel/Haugs Werkausgabe in Lenz eine Alternative zur Weimarer Klassik, die nicht zum Zuge gekommen sei. Die Literaturgeschichte des 18. Jahrhunderts wird, wie sich schon bei Mayer zeigt, neu bewertet. Es wächst das Interesse an den sozial-kritischen Stücken des Sturm und Drang, die »noch realistisch und zugleich poetisch« seien und wo »die Idee nicht das Stoffliche vergewaltigt«

(Brecht: Zu »Der Hofmeister« von Lenz. In: Werke. Bd. 17, S. 1221). In vehementer Abgrenzung gegen die »formalistische Germanistik der sechziger Jahre« wertet Peter Christian Giese von Brecht herkommend Lenz' Komödien – insbesondere den »Hofmeister« – als realistische Dokumente der »deutschen Misere« (Engels), des Ausbleibens einer erfolgreichen Revolution. Glaser (1969) untersucht den »Hofmeister« und stellt die zwischen Ohnmacht und Aufruhr schwankende Haltung des Autors heraus. Werner (1981) untersucht umfassend das Verhältnis zwischen »sozialer Unfreiheit und bürgerlicher Intelligenz« als »organisierenden Gesichtspunkt« im »Hofmeister«. Die sozialgeschichtliche Analyse verbindet McInnes (1977) in dem Kommentar zu seiner Ausgabe der »Soldaten« mit einer biographisch orientierten Interpretation. Besonders hervorgehoben sei Klaus Scherpes (1977) wichtiger Beitrag zum Widerspruch zwischen »dichterischer Erkenntnis« und »Projektmacherei«. An der Diskrepanz zwischen Lenz' Reformvorschlägen und der in den Texten ausphantasierten Realität macht er den Gegensatz zwischen Lenz' pragmatisch orientierten Veränderungswillen und seiner Einsicht in die hierdurch nicht aufhebbaren gesellschaftlichen Widersprüche fest. In Andreas Huyssens wichtigem zusammenfassenden Beitrag (1980) zum Sturm und Drang wird Lenz als ein eigenständiger und eigenwilliger Autor geschildert. Er habe die »Funktionalisierung und Verdinglichung bürgerlichen Lebens schon unter absolutistischer Herrschaft« dichterisch als »gesellschaftlich vermittelt« dargestellt (S. 118, 120). Das mache die Modernität seiner Texte aus.

Mit dem verstärkten Interesse am 18. Jahrhundert als der Zeit des Umbruchs zur bürgerlichen Gesellschaft tritt in der Wissenschaft das Epochenproblem in den Vordergrund. Eine Reihe von Arbeiten gehen von einer ideengeschichtlichen Analyse der Essays Lenz' aus und versuchen von daher, die Eigenart seiner Erzählungen und Dramen und seine Stellung im Epochenzusammenhang zu erfassen. Zu diesen Untersuchungen gehört Ottomar Rudolf »J.M.R. Lenz. Moralist und Aufklärer« (1970). Im Gegensatz zu Huyssen, der das Spannungsverhältnis Lenz' zur Aufklärung betont, stellt Rudolf die Nähe von Lenz' Moralverständnis und Sittenlehre zu dieser Bewegung heraus. Durch den Rekurs auf die religiösen Anschauungen des Autors ergänzt diese Arbeit die sozialgeschichtlichen Interpretationen, die den »Realisten« Lenz in den Vordergrund stellen. Im Streben nach menschlicher Glückseligkeit und einem Gemeinschaft stiftenden sittlichen Handeln suche Lenz nach einer Synthese zwischen Pietismus und Aufklärung. John Osborne (1975) sieht bei Lenz einen Konflikt zwischen dem in den theoretischen Schriften ausgedrückten Willen zur »Selbstbehauptung« und einem eher resignativen Rückzug in die ästhetische Fiktion. Den letzteren macht er unter anderem an den ›versöhnenden‹ Schlüssen der Dramen fest. Wenn Osborne selbst darauf verweist, daß Lenz durch Ironisierung die am Ende hergestellte Harmonie wieder relativiere, stellt sich freilich die Frage, ob es sich hier um einen Rückzug in die Fiktion handelt oder nicht vielmehr um einen parodistischen Umgang mit bestimmten zeitgenössischen Publikumserwartungen (vgl. schon Girard). Während Osborne Lenz als Spätaufklärer sieht, betont Chantre (1982) in seiner Untersuchung der religiösen und ästhetischen Anschauungen den eigenständigen Stürmer und Dränger. Preuss (1983) interpretiert Lenz' Werk als eine »gekonnte Vermittlung zwischen Realismus und Allegorie« und sieht in Lenz einen freilich bis zum Nihilismus verstoßenden Nachfahr des barocken Weltzweifels. Es zeigt sich also, daß die ideengeschichtliche Einordnung Lenz' in den Epochenzusammenhang bis heute umstritten ist, zumal Lenz von sehr unterschiedlichen Seiten Anregungen erfahren hat.

Innovativ im Rahmen der Lenzforschung wäre eine genauere Auseinandersetzung mit der psychosozialen Disposition, aus der heraus Lenz schreibt (vgl. dazu u.a. Stephan/Winter 1983). Hier wäre die Kontroverse zwischen Lepenies (Melancholie und Gesellschaft. Frankfurt 1969) und Schings (Melancholie und Aufklärung. Suttgart 1977) über die Melancholie im 18. Jahrhundert einzubeziehen. An Lenz wäre zu prüfen, ob sein Leben und Werk Lepenies' These einer »Melancholisierung des Bürgertums« aufgrund eines erzwungenen Handlungsverzichts belegen – Mattenklott (1968) sucht das am »Hofmeister« nachzuweisen – oder ob Lenz die von Schings herausgearbeitete aufklärerische Melancholiekritik, bzw. die antiaufklärerische Identifikation mit der melancholischen Grundhaltung teilt. Mit Blick auf den »Hofmeister« und den »Engländer« ist, Scherpe weiterführend, zu fragen, ob Lenz in seiner »dichterischen Erkenntnis« nicht eine »produktive Melancholie« entwickelt, die sich schmerzlich und radikal die Unheilbarkeit der gesellschaftlichen Widersprüche bewußt hält und dadurch den Illusionen der Aufklärer entgeht, die Lenz andererseits, um als Intellektueller in der »deutschen Misere« zu überleben, auf pragmatischer Ebene teilen muß. Eine solche Untersuchung, die die Biographie und das Gesamtwerk betrachten müßte, könnte sozial- und ideengeschichtliche Analyse zusammenführen.

Gleiches gilt für eine Untersuchung der »Krankheit« Lenz', zu der medizinhistorische Analysen vorliegen, die unter psychiatrischem Gesichtspunkt zu einer Diagnose kommen (zuerst Weichbrodt

1920). Diese Ansätze legitimieren eher die traditionelle Abwertung Lenz' als »kranken« Autor und geben nur wenig Anregungen für die Werkinterpretation. Innovativ wäre dagegen, Lenz' Leben und Werk auf die aktuelle Diskussion über den Zusammenhang zwischen Aufklärung und Wahnsinn zu beziehen, auf die Ausgrenzung, die eine herrscherlich auftretende Vernunft gegenüber abweichendem Verhalten vornimmt und als deren Opfer und Opponent Lenz angesehen werden kann. »Die Figuren der Zerstörung [...], in der Literatur Lenz, Kleist, Hölderlin [...] oder Robert Walser [...] – sie sind in der Sphäre der Kunst symbolische Aufrechnungen jenes Zerstörungspotentials, das nicht von der Kunst ausgeht, sondern vom Typus der Zivilisation, dessen latente und verschleierte Destruktivität nur in ihrem Anti-Medium, nämlich der kritischen Kunst, Ausdruck gefunden hat« (Dem Zwangscharakter der Phantasmen entgehen. Florian Rötzer fragte Gernot und Hartmut Böhme. In: Frankfurter Rundschau 2. 8. 1986).

Eine Untersuchung unter dieser Perspektive könnte Lenz' Spätwerk rehabilitieren, mit dem die Beschäftigung gerade erst eingesetzt hat (vgl. Preuss). Bisher sind eindeutig die Dramen, und zwar insbesondere die »realistischen« Stücke bevorzugt worden. Von der Forschung vernachlässigt sind auch Lyrik und Prosa.

Sigrid Damm (1965) hat endlich die seit Rosanows verdienstvoller, aber veralteter Arbeit notwendige Biographie geschrieben. Die in der Verbindung zwischen Bericht und Fiktion gut lesbare Arbeit fügt dem Wissen um Lenz' Leben viele neue Details zu, klärt Zusammenhänge und erhellt zum ersten Mal genauer Lenz' Lebensumstände in Rußland. Zugleich beruht diese Arbeit auf einer behutsamen, nie verletzenden Einfühlung in die inneren und äußeren Zwänge, denen der Dichter unterliegt.

Die Wirkungsgeschichte Lenz' zu untersuchen, ist viel spannender als die wissenschaftliche Rezeption. Entgegen dem Verdikt in der Wissenschaft finden sich nämlich mit Büchner, den Naturalisten und Expressionisten, mit Huchel, Brecht und anderen immer wieder bedeutende Autoren, die produktiv an Lenz anknüpfen. Unglaub (1983) hat das Bild des Dichters in der literarischen Öffentlichkeit bis 1814 untersucht. Genton (1966) stellt ausführlich die Wirkungsgeschichte Lenz' auf dem Theater dar. Harris (1973) und Osborne (1975) geben einen knappen und prägnanten Überblick über die Lenz-Bilder von Büchner bis Bobrowski, bzw. Schneider. Stephan/ Winter haben sich ausführlich mit der produktiven Rezeption beschäftigt. Zum Teil weniger geglückt in Auswahl und Rezeptionsverständnis scheint mir Timm Menkes (1984) Beschäftigung mit den »Lenz-Erzählungen«.

Die wissenschaftliche Literatur bis 1970 wie auch die Werkpublikationen sind bei Benseler (1971) gesammelt. Entsprechend sind in diesem Band nur die heute noch relevanten Arbeiten aus diesem Zeitraum gesammelt. Die Manuskriptorte sind angegeben aufgrund eigener Überprüfungen, sowie aufgrund der Angaben Benselers. Die Hinweise auf Krakau stammen aus der Ausgabe von Sigrid Damm. Für die Hand des interessierten Lehrers sind die zuverlässigen Arbeiten von Udo Müller (2. Aufl. 1981) und Herbert Haffner (1979) gedacht. Sie beziehen die produktive Rezeption der Dramen (Brecht, Kipphardt) ein und geben auch didaktische und methodische Hinweise. Außerdem gibt es die wichtigsten Dramen, die »Anmerkungen« und eine Auswahl der Gedichte in preiswerten Ausgaben, die zum Teil auch ausführlich kommentiert sind.

1. Bibliographie

Benseler, David Price: Jakob Michael Reinhold Lenz. An Indexed Bibliography with an Introduction on the History of the Manuscripts and Editions. Diss. Phil. Univ. of Oregon 1971 (Masch.) Diese Bibliographie enthält die Lenz-Ausgaben, Rezensionen und wissenschaftliche Literatur bis 1970

2. Wissenschaftliche Literatur

Arntzen, Hellmut: Die ernste Komödie. Das deutsche Lustspiel von Lessing bis Kleist. München 1968
Bauer, Roger: Die Komödientheorie von J. M. R. Lenz, die älteren Plautus-Kommentare und das Problem der ›dritten‹ Gattung. In: Corngold, Stanley, Curschmann, Michael, Ziolkowsky, Theodor (Hrsg.): Aspekte der Goethe-Zeit. Göttingen 1977. Seite 11–37
Chantre, Jean-Claude: Les considérations religieuses et esthétiques d'un ›Stürmer und Dränger‹. Etude des écrits théoriques de J. M. R. Lenz (1751–1792). Berne, Francfort/M. 1982
Damm, Sigrid: Vögel, die verkünden Land. Das Leben des J. M. R. Lenz. Berlin, Weimar 1985
Dorer-Egloff, Edward: J. M. R. Lenz und seine Schriften: Nachträge zu der Ausgabe von Ludwig Tieck und ihren Ergänzungen. Baden 1857
Dwenger, Heinz: Der Lyriker Lenz. Seine Stellung zwischen petrarkistischer Formensprache und Goethescher Erlebniskunst. Diss. phil. Hamburg 1961 (Masch.)
Falck, Paul Theodor: Der Dichter J. M. R. Lenz in Livland: Eine Monographie nebst einer biblographischen Parallele zu M. Bernays' jungem Goethe von 1766–1768, unbekannte Jugenddichtungen von Lenz aus derselben Zeit enthaltend. Winterthur 1878
Froitzheim, Johannes: Lenz, Goethe und Cleophe Fibich von Straßburg.

Beiträge zur Landes- und Volkskunde von Elsaß-Lothringen, Bd. 1, 4. Straßburg 1888

Froitzheim, Johannes: Lenz und Goethe. Mit ungedruckten Briefen von Lenz, Herder, Lavater, Röderer, Luise König. Stuttgart, Leipzig, Berlin, Wien 1891

Genton, Elisabeth: Lenz – Klinger – Wagner: Studien über die rationalistischen Elemente in Denken und Dichten des Sturmes und Dranges. Diss. phil. Berlin 1955. (Masch.)

Genton, Elisabeth: J. M. R. Lenz et la scène Allemande. Paris 1966

Giese, Peter Christian: Das Gesellschaftlich-Komische. In: ders.: Komik und Komödie am Beispiel der Stücke und Bearbeitungen Brechts. Stuttgart 1974. S. 160–210

Girard, René: J. M. R. Lenz 1751–1792: Genèse d'une dramaturgie du tragicomique. Paris 1968

Glaser, Horst Albert: Heteroklisie – der Fall Lenz. In: Kreuzer, Helmut (Hrsg.): Gestaltungsgeschichte und Gesellschaftsgeschichte: Literatur-, Kunst-, und Musikwissenschaftliche Studien. Stuttgart 1969. S. 132–151

Gluth, Oskar: Lenz als Dramatiker. Diss. phil. München 1912. München und Leipzig 1912

Grimm, Reinhold, *Hermand,* Jost: Die Klassik-Legende. 2. Wisconsin Workshop. Frankfurt 1971

Gruppe, Otto Friedrich: Reinhold Lenz. Leben und Werke. Mit Ergänzungen der Tieckschen Ausgabe. Berlin 1861

Guthke, Karl S.: Lenzens Hofmeister und Soldaten: Ein neuer Formtypus in der Geschichte des deutschen Dramas. In: Wirkendes Wort 9 (1959), S. 274–286

Guthke, Karl S.: Geschichte und Poetik der deutschen Tragikomödie. Göttingen 1961. S. 51–72

Guthrie, John: Lenz and Büchner. Studies in dramatic form. Frankfurt/M., Bern, New York 1984

Haffner, Herbert: Lenz: Der Hofmeister – Die Soldaten. Mit Brechts ›Hofmeister‹-Bearbeitung und Materialien. München 1979

Harris, Edward P.: J. M. R. Lenz in German literature. From Büchner to Bobrowsky. In: Colloquia Germanica 1973, S. 214–233

Hausdorff, Georg: Die Einheitlichkeit des dramatischen Problems bei J. M. R. Lenz. Diss. phil. Würzburg 1913

Heinrichsdorff, Paul: J. M. R. Lenzens religiöse Haltung. Berlin 1932. Nachdruck Nendeln 1967

Hinck, Walter: Das deutsche Lustspiel des 17. und 18. Jahrhunderts und die italienische Komödie. Stuttgart 1965. S. 326–328, S. 328–348

Hirschfeld, Anni: J. M. R. Lenz als Lyriker. Diss. phil. Frankfurt 1924 (Masch.)

Höllerer, Walter: Lenz: Die Soldaten. In: Wiese, Benno von (Hrsg.): Das deutsche Drama. Düsseldorf 1958, Bd. 1, S. 128–147

Huyssen, Andreas: Drama des Sturm und Drang. München 1980

Inbar, Eva Maria: Lenz and Shakespeare. Diss. phil., Irvine, Univ. of California 1977

Kindermann, Heinz: J. M. R. Lenz und die deutsche Romantik. Ein Kapitel aus der Entwicklungsgeschichte romantischen Wesens und Schaffens. Wien, Leipzig 1925

Klotz, Volker: Geschlossene und offene Form im Drama. 2. Ausgabe. München 1962

Kreutzer, Leo: Literatur als Einmischung: J. M. R. Lenz. In: Hinck, Walter (Hrsg.): Sturm und Drang. Ein literatur-wissenschaftliches Studienbuch. Kronberg 1978, S. 213—229

Lorenz, Heinz: Die ästhetischen Anschauungen des Dramatikers J. M. R. Lenz: Eine Untersuchung zur Tradition des Realismus in der deutschen Dramenliteratur. Diss. phil. Greifswald 1968 (Masch.)

Martini, Fritz: Die Einheit der Konzeption in J. M. R. Lenz' »Anmerkungen übers Theater«. In: Revue d'Allemagne, Paris, janvier-mars 1971, Bd. III, Nr. 1. S. 267—296. Ebenso in: Jahrbuch der deutschen Schillergesellschaft 14 (1970), S. 159—182

Martini, Fritz: Die Poetik des Dramas im Sturm und Drang. Versuch einer Zusammenfassung. In: Grimm, Reinhold (Hrsg.): Deutsche Dramentheorie. Beiträge zu einer kritischen Poetik des Dramas in Deutschland. Frankfurt/M. 1971, Bd. I, S. 123—166

Matt, Peter von: ... fertig ist das Angesicht: Zur Literaturgeschichte des menschlichen Gesichts. München, Wien 1983. S. 63—82

Mattenklott, Gert: Melancholie in der Dramatik des Sturm und Drang. Stuttgart 1968

Mayer, Hans: Lenz oder die Alternative. In: Titel, Britta, Haug, Hellmut (Hrsg.): J. M. R. Lenz: Werke und Schriften. Stuttgart 1967, Bd. 2, S. 795—827

McInnes, Edward: Die Regie des Lebens. Domestic Drama and the Sturm und Drang. In: Orbis Litterarum (1977) 32, S. 269—284

Menke, Timm Rainer: Lenz – Erzählungen in der deutschen Literatur. Hildesheim, Zürich, New York 1984

Müller, Udo: Stundenblätter Lenz/Brecht: Der Hofmeister. Lenz/Kipphardt: Die Soldaten. Stuttgart 1980

Nahke, Evamarie: Über den Realismus in J. M. R. Lenzens sozialen Dramen und Fragmenten. Diss. phil. Berlin (DDR) 1955. (Masch.)

Oehlenschläger, Eckart: J. M. R. Lenz. In: Wiese, Benno von (Hrsg.): Deutsche Dichter des 18. Jahrhunderts. Berlin 1977. S. 747—781

Osborne, John: J. M. R. Lenz: The Renunciation of Heroism. Göttingen 1975

Preuss, Werner Hermann: Selbstkastration oder Zeugung neuer Kreatur. Zum Problem der menschlichen Freiheit in Leben und Werk von J. M. R. Lenz. Bonn 1983

Rauch, Hermann: Lenz und Shakespeare. Ein Beitrag zur Shakespearomanie der Sturm- und Drangperiode. Diss. phil. Freiburg 1892. Berlin 1892

Rosanov, Matjev. N.: J. M. R. Lenz. Der Dichter der Sturm- und Drangperiode. Sein Leben und seine Werke. Leipzig 1909

Rudolf, Ottomar: J. M. R. Lenz: Moralist und Aufklärer. Bad Homburg 1969

Scherpe, Klaus R.: Dichterische Erkenntnis und ›Projektmacherei‹. Widersprüche im Werk von J. M. R. Lenz. In: Goethe-Jahrbuch 94 (1977), S. 206—235

Schmidt, Erich: Lenz und Klinger. Zwei Dichter der Geniezeit. Berlin 1878. S. 4−61

Schöne, Albrecht: Wiederholung der exemplarischen Begebenheit: J. M. R. Lenz. In: ders.: Säkularisation als sprachbildende Kraft: Studien zur Dichtung deutscher Pfarrersöhne. Göttingen 1958, S. 92−138

Schwarz, Hans-Günther: Lenz und Shakespeare. In: Jahrbuch der deutschen Shakespeare-Gesellschaft West 1971, S. 85−96

Sivers, Jégor von: J. M. R. Lenz: Vier Beiträge zu seiner Biographie und zur Literaturgeschichte seiner Zeit. Riga 1879. Leipzig 1879

Stephan, Inge: *Winter*, Hans-Gerd: Ein vorübergehendes Meteor? J. M. R. Lenz und seine Rezeption in Deutschland. Stuttgart 1984

Titel, Britta: Nachahmung der Natur als Prinzip dramatischer Gestaltung bei J. M. R. Lenz. Diss. phil. Frankfurt/M. 1961 (Masch.)

Unglaub, Erich: ›Das mit den Fingern deutende Publicum‹: das Bild des Dichters J. M. R. Lenz in der literarischen Öffentlichkeit 1770−1814. Diss. phil. München 1981. Frankfurt/M., Bern 1983

Weichbrodt, Rudolf: Der Dichter Lenz. Eine Pathographie. In: Archiv für Psychiatrie und Nervenkrankheiten 62 (1921), S. 153−188

Werner, Franz: Soziale Ungleichheit und ›bürgerliche Intelligenz‹ im 18. Jahrhundert. Der organisierende Gesichtspunkt in J. M. R. Lenz' Drama ›Der Hofmeister oder Vorteile der Privaterziehung‹. Diss. phil. Heidelberg 1978. Frankfurt/M. 1981

1.2. Kurze Geschichte der Lenz-Manuskripte und Werkausgaben

Der Geschichte der Lenz-Manuskripte ist Benseler (1971) am ausführlichsten nachgegangen. Die folgende Darstellung beruht im wesentlichen auf seinen Angaben.

Dem Verdikt über Lenz in der Wissenschaft entspricht eine unglückliche Verkettung von Zufällen und nicht mehr aufzuklärenden Mißhelligkeiten in der Manuskriptgeschichte, so daß bis heute eine historisch-kritische Ausgabe fehlt, was sich negativ auf die Forschung ausgewirkt hat, zumal auch die Texte in den zugänglichen Ausgaben meist unzuverlässig sind. (Dies wird sich mit den angekündigten Ausgaben von Damm und Daunicht ändern.) Immerhin gibt es inzwischen mit Damms Arbeit eine Biographie, die den neuesten Forschungsstand repräsentiert. Davor mußte die Forschung immer noch auf Rosanows Biographie von 1911 zurückgreifen, die auch heute noch in Einzelheiten gültig ist. Die zahlreichen Pläne für Biographien im 19. Jahrhundert wurden alle nicht verwirklicht. Nur zwei − die von Georg Friedrich Dumpf und Jégor von Sivers − erreichten partiell das Manuskriptstadium.

Lenz übergibt zu Lebzeiten einen Teil seiner Manuskripte und Abschriften Goethe, der zum Teil auch ihren Druck vermittelt. Goethe hat aber nach seiner Distanzierung von Lenz nichts mehr für eine Publikation unternommen. Fast die gesamte Korrespondenz zwischen ihm und Lenz hat er vernichtet. Auf Schillers Nachfrage überläßt er diesem 1797 den Roman »Der Waldbruder«, das Dramolett »Tantalus« und das Gedicht »Die Liebe auf dem Lande«. Den Roman druckt Schiller 1798 in den »Horen« ab, die anderen Texte im »Musenalmanach« des gleichen Jahres. Als Lenz 1778 nach Livland reist, hinterläßt er Schlosser eine Kiste mit Manuskripten und vielleicht auch Erstdrucken, die 1784 nach Riga verschifft wird. Sie gelangt in den Besitz der Familie, die aber mit dem Inhalt recht sorglos umgeht. Ein Teil wird an unbekannte Interessenten weitergegeben (vgl. Carl Franzos: Ein Lenz-Curiosum. In: Deutsche Dichtung 13 [1893], S. 176). Der Rest gelangt nach 1792 an den livländischen Arzt Georg Friedrich Dumpf (1777–1849). Dieser plant eine erste Ausgabe, findet aber keinen Verleger. Eine geplante Biographie kann er wegen seines Todes nicht vollenden. Ludwig Tieck tritt 1820 über den Studenten Ferdinand O. L. von Freymann, der Lenz' Neffen, den Oberpastor Lenz in Dorpat kennt, an Dumpf heran. Dieser schickt Tieck auf dessen Bitte große Teile seines Materials, so daß die Ausgabe, soweit sie Unveröffentlichtes enthält, weitgehend auf diesem basiert. Die Ausgabe in drei Bänden von 1828 ist freilich in den Texten sehr ungenau und vor allem unvollständig. Vermutlich mit Rücksicht auf Goethe enthält sie nicht die von Schiller veröffentlichten Texte. Fälschlich bezieht Tieck nicht nur eine Rezension Häfeles und eine Ode des mit Jakob nicht verwandten Altenburger Beamten Ludwig Friedrich Lenz in die Ausgabe ein, sondern auch Klingers Drama »Das leidende Weib«. Die dürftigen biographischen Notizen halten ein falsches Todesdatum (1780) fest.

Der Straßburger August Stöber veröffentlicht im Stuttgarter »Morgenblatt für gebildete Stände« 1831 einige Lenz-Briefe, sowie 1842 in »Der Dichter Lenz und Friederike von Sesenheim« zum Teil zusätzliche Briefe, ferner Gedichte. Die Briefe an Salzmann veröffentlicht er vollständig 1855 in dem Band »Der Aktuar Salzmann«. Die Originale der Salzmann-Briefe gehen bei der Besetzung Straßburgs 1870 in Flammen auf. Georg Friedrich Dumpf hatte nur einige Notizen, Briefe und Erstpublikationen behalten. Sie werden nach seinem Tod auktioniert. Ein Teil dieser Materialien, vor allem Dumpfs Aufzeichnungen für eine Lenz-Biographie, gelangen 1851 an Tieck. Ein anderer Teil der Notizen und Briefe gelangt an Jégor von Sivers, der sie publizieren will, aber vorher stirbt. Diese Materialien liegen heute in der Stadtbibliothek Riga (Fundamentale Bibliotheka).

Offen ist, ob Schlosser alle Materialien nach Riga geschickt hat und ob die Eltern Lenz Manuskripte nach Moskau nachsandten. Diese Unterlagen wären vermutlich verloren. Tiecks Unterlagen erhält nach seinem Tod sein Biograph Rudolf Köpke. Dieser gibt sie an Jégor von Sivers weiter. Sivers plant eine Edition und Biographie, von denen er aber zwischen 1855 und 1879 nur kleine Teile publizieren kann. Die Unterlagen gelangen nach seinem Tod an den Germanisten Karl Weinhold und nach dessen Tod in die Königliche Bibliothek in Berlin. Auch Wendelin Freiherr von Maltzahn, der 1845 die Gedichte, Erzählungen und Essays zu sammeln beginnt, plant erfolglos eine Publikation. Seine Sammlung gelangt nach seinem Tod ebenfalls in die Königliche Bibliothek in Berlin. Die Studien und Kopien erhält zunächst Karl Weinhold. Otto F. Gruppe und Eduard Dorer-Egloff sammeln ebenfalls Material. In ihren Publikationen korrigieren und ergänzen sie die Ausgabe Tiecks.

Im Zeitalter des Positivismus und bis zum ersten Weltkrieg beschäftigt sich die deutsche Philologie ausführlich mit der Sicherung und Edition von Lenz' Schriften. Die Kanonisierung Goethes bewirkt immerhin auch ein Interesse an gesicherten Texten seines Freundes Lenz. Freilich beschränkt die meist negative Bewertung des Autors die Benutzbarkeit der Editionen, zumindest ihrer Kommentare. Mit sorgfältigen und für die Zukunft verbindlichen Editionen, die die Handschriften berücksichtigen, macht sich vor allem Karl Weinhold verdient. Er publiziert 1884 den »dramatischen Nachlaß« von Lenz, 1889 die »Moralische Bekehrung eines Poeten«, 1891 die Gedichte. 1896 gibt Erich Schmidt nach den Handschriften beide Fassungen des »Pandämonium Germanicum« heraus. (Eine hatte bereits 1819 Dumpf publiziert). 1901 beschreibt Schmidt die Manuskripte der Sammlung Sivers-Weinhold der Berliner Königlichen Bibliothek und veröffentlicht einen Teil als »Lenziana«. 1845 bzw. 1918 werden zwei neu gefundene Manuskripte herausgegeben, die später wieder verlorengehen: von Karl Ludwig Blum das Drama »Der verwundete Bräutigam« und von Lotte Schmitz-Kallenberg die »Briefe über die Moralität des jungen Werthers«. 1908 ediert Theodor Friedrich aufgrund der Handschriften und des Erstdruckes die »Anmerkungen übers Theater«. 1913 ediert Karl Freye die Schrift »Über die Soldatenehen«. Matjer N. Rosanow, Privatdozent in Moskau, veröffentlicht 1901 in russischer, 1909 in deutscher Sprache seine Lenz-Biographie. Im Anhang publiziert er Materialien aus der Rigaer Bibliothek und der Königlichen Bibliothek Berlin. Das Jahr 1909 ist für die Werkerschließung noch aus einem anderen Grunde sehr wichtig. Es erscheinen zugleich zwei umfangreiche Werkausgaben, Dokumente des gestiegenen Interesses an Lenz. Die von

Ernst Lewy herausgegebenen »Gesammelten Schriften« in vier Bänden hat Wedekind angeregt, der auch mit der Arbeit begonnen hatte. Sie stellen eine Liebhaberausgabe dar, was allein schon die radikal modernisierte Orthographie und Interpunktion zeigten. Leider sind die Texte in einem oft unzuverlässigen Wortlaut wiedergegeben; Anmerkungen fehlen. Franz Bleis fünfbändige Ausgabe ist bis zum Erscheinen der Ausgabe von Sigrid Damm die vollständigste. Leider geht auch er nicht in allen Fällen auf zuverlässige Quellen zurück, sondern auf die ihm jeweils gerade leicht erreichbare Druckvorlage. So nimmt Blei Weinholds Editionen nicht zureichend zur Kenntnis. Fälschlich gibt er in Band 4 Lichtenbergs »Einige Umstände von Kapitän Cook« als einen Lenz-Text wieder. Auch Blei modernisiert die Orthographie und glättet sprachliche Eigentümlichkeiten. Immerhin enthält die Ausgabe einen Kommentar.

Jégor von Sivers' Plan einer Briefausgabe verwirklicht partiell bereits 1894 Fritz Waldmann mit seinem »Lenz in Briefen«. In diese Edition, die freilich nur kurze, oft recht willkürlich ausgewählte Ausschnitte enthält, nimmt er auch Äußerungen von Zeitgenossen auf. Karl Freye und Wolfgang Stammler veröffentlichen dann 1918 eine Briefausgabe mit vollständigen Texten, die auch an den Manuskripten – soweit vorhanden – streng überprüft sind. Leider lassen die Editoren manche Moskauer Briefe weg und kürzen andere aus dieser Zeit. Sie meinen, damit der Lenz-Wirkung Peinlichkeiten zu ersparen. Inzwischen ist diese Ausgabe auch dadurch überholt, daß neue Briefe gefunden wurden – zum Beispiel in der Rigaer Stadtbibliothek (Nachweise zu ihrer Veröffentlichung bei Benseler).

Nach dem ersten Weltkrieg gibt es dann kaum noch Lenz-Editionen. Otto von Petersen veröffentlicht 1926 in seiner Dissertation den Text des Dramas »Myrsa Polagi oder die Irrgärten«. Seine Beweisführung, daß dieses Stück von Lenz sei, wird – trotz einiger Relativierungen – 1964 von Guthke unterstützt, der den Text erneut abdruckt. Johannes H. Müller veröffentlicht 1930 Lenz' »Coriolan«-Fragmente in revidierter Fassung. Nach dem zweiten Weltkrieg kommen in der Staatsbibliothek Hamburg lagernde Fragmente von Lenz' Plautus-Bearbeitung »Die Algierer« ans Licht, die Daunicht veröffentlichen will, ferner in Weimar die »Exposito ad hominem« (1962 von Genton veröffentlicht).

Im zweiten Weltkrieg wird die Sammlung Maltzahn von Berlin nach Tübingen ausgelagert. Jetzt ist sie als Teil der Stiftung preußischer Kulturbesitz in der preußischen Stadtsbibliothek in Berlin-West. Die Sivers-Weinholdsche Sammlung geht im Gegensatz zu der Angabe bei Benseler nicht in Flammen auf, sondern befindet sich heute in Krakau. Ein vollständiger Katalog aller Berliner »Lenziana«

befindet sich in der Staats- und Universitätsbibliothek in Berlin-DDR.

Eine neue fragmentarische wissenschaftliche Ausgabe in zwei Bänden wagen erst 1966/67 Britta Titel und Hellmut Haug. Wie auch das Nachwort von Hans Mayer ausweist, ist diese Ausgabe eine Folge des aufgrund von Brechts Anregungen gestiegenem Interesses an Lenz als Autor antiaristotelisch strukturierter Dramen und als Sozialkritiker. Die Herausgeber bemühen sich um einen Standardtext, der, soweit ihnen möglich, am Manuskript überprüft ist. Die Herausgeber geben ihre Quellenbasis jeweils an. Zum Teil verändern sie die Zeichensetzung der ersten Ausgaben. Verdienstvoll sind die zum Teil ausführlichen Kommentare, die auch Angaben zur Entstehungsgeschichte der jeweiligen Werke enthalten. Bedauerlicherweise fehlen in der Edition die wichtigsten Erzählungen, die Shakespeareübersetzungen, die meisten Plautusübertragungen, die erste Fassung des »Hofmeisters« (bis auf Textproben), ein Teil der Essays und Dramen, sowie das Spätwerk. Es überrascht, daß Haug in seiner Edition der Gedichte bei Reclam dann zum Teil andere Fassungen publiziert, ohne auf die Abweichungen von der Werkausgabe hinzuweisen. Richard Daunichts zuverlässige und gut kommentierte Ausgabe von 1967 ist über Band 1 nicht hinausgekommen. Dieser Band »Dramen« enthält auch Texte, die bei Titel/Haug fehlen: »Der vernünftige Bräutigam«, alle Plautusbearbeitungen, »Der Hofmeister« und die Schlußszene des »Neuen Menoza« in einer früheren Fassung. In der schmalen Auswahl »Werke und Schriften« in der Reihe »Texte deutscher Literatur 1500−1800« ediert Daunicht unter anderem die »Meinungen eines Laien«, »nachdem ein Exemplar des sehr seltenen Originals aufgefunden werden konnte«.

In dem »Almanach zur Eröffnung der Bibliothek deutscher Klassiker« »Warum Klassiker« (Frankfurt 1985) ist die geplante Werkausgabe von Daunicht beschrieben. In Band 2, der die Gedichte und das erzählerische Werk enthalten soll, kündigt der Verlag den Abdruck »unbekannter Gedichte, einer unbekannten Novelle, sowie zweier Texte aus Wielands »Teutschem Merkur« an, »die sich bisher in keiner Lenz-Ausgabe finden«. Auch Lenz' Übersetzung von Pleschtschejews »Übersicht des Deutschen Reichs« soll abgedruckt werden. Band 3, der Lenz' theoretisches Werk umfaßt, enthält als Neufund den Abdruck der »Philosophischen Vorlesungen für empfindsame Seelen«. Alle Texte sollen in ihrer »ursprünglichen Gestalt« erscheinen und kommentiert werden.

Im Insel Verlag (Leipzig) und im Carl Hanser Verlag erscheint 1987 eine dreibändige Leseausgabe der Werke von J. M. R. Lenz. Herausgeberin ist Sigrid Damm. Der erste Band versammelt die Dra-

men, dramatischen Fragmente und die Übersetzungen Shakespearescher Stücke. Der zweite Band enthält die Übertragungen der Lustspiele Plautus' und das erzählerische Werk bis auf die späten, in Livland entstandenen Texte, deren Verfasserschaft nicht sicher ist, sowie die theoretischen Schriften. Im dritten Band findet der Leser die
Gedichte und die Briefe von (diese, soweit vorhanden, vollständig)
und an Lenz (letztere in Auswahl, beschränkt auf die wichtigsten,
die Lenz' Leben und Schaffen erhellen). Als Textgrundlage dienen
die Erstdrucke, wobei andere Editionen (Blei, Titel/Haug, Weinhold, Daunicht) zu Rate gezogen wurden. Soweit möglich, wurden
die Texte auch an den Handschriften in Berlin, Weimar, Riga und
Krakau überprüft. Dabei gab zum Beispiel der von Weinhold veröffentlichte dramatische Nachlaß Probleme auf, weil der Herausgeber
die sparsame Interpunktion des Dichters nicht akzeptierte. Weinholds Eingriffe wurden aufgrund der Einsicht in die Handschriften
getilgt. Jeder der drei Bände enthält einen Anhang, der die Erschlie-
ßung der Texte erleichtern soll. Er gliedert sich in die Nachweise der
jeweiligen Textgrundlage, Angaben zum Verbleib der Handschriften, Kommentare zur Entstehungs-, Druck- und Wirkungsgeschichte, sowie in Sach- und Worterklärungen. Außerdem werden inter-
pretatorisch bedeutsame und werkgeschichtlich wichtige Varianten,
Notizen, Paralipomena aufgeführt. Die Ausgabe beschließt ein Essay der Herausgeberin. Der Lenz-Forschung dürfte mit dieser Ausgabe erstmals eine gesicherte Textgrundlage gegeben werden.

1. Sammelausgaben zu Lenz' Lebzeiten

Kayser, Philipp Christoph (Hg.): Flüchtige Aufsäzze von Lenz. Zürich:
Füessli 1776. (Enthält: Die beiden Alten; Matz Höcker; Über die Bearbei-
tung der deutschen Sprache; Über die Veränderung des Theaters im Shake-
speare; Über die Vorzüge der deutschen Sprache.)
Philosophische Vorlesungen für empfindsame Seelen. Frankfurt/Leipzig:
Weygand 1780. (Enthält: Vom Baum der Erkenntnis Guten und Bösen;
Erstes, zweites und drittes Supplement; Einige Zweifel über die Erbsünde;
Unverschämte Sachen.)

2. Sammelausgaben nach Lenz' Tod

Tieck, Ludwig (Hg.): Gesammelte Schriften von Jakob Michael R. Lenz.
Bde. 1−3, Berlin: Reimer 1828. (Enthält: Dramen; Lustspiele nach dem
Plautus; Anmerkungen übers Theater; Wiederabdruck von Kayser: Flüch-

tige Aufsäzze von Lenz; Aufsätze; Gedichte; Prosa; Pandämonium Germanicum.) (Siehe Erläuterung im Text.)

Weinhold, Karl (Hg.): Dramatischer Nachlaß von J. M. R. Lenz. Frankfurt/M.: Rütten und Loening 1884. (Enthält: Boris; Caroline; Catharina von Siena; Cato; Der Geizhals; Der großprahlerische Offizier; Der Magister; Der Truculentus; Der tugendhafte Taugenichts; Die alte Jungfer; Die Aussteuer (2. Akt); Die Familie der Projektenmacher; Die Kleinen; Graf Heinrich; Henriette von Waldeck oder die Laube; Piramus und Thisbe; Vertheidigung der Vertheidigung des Übersetzers der Lustspiele; Vorrede zu den Lustspielen; Verschiedene Entwürfe und Materialien zu: Der Engländer; Der neue Menoza; Die Freunde machen den Philosophen; Die Soldaten; Die Wolken.)

Weinhold, Karl (Hg.): Gedichte von J. M. R. Lenz. Berlin: Hertz 1891

Blei, Franz (Hg.): Jakob M. R. Lenz: Gesammelte Schriften. Bd. 1 u. 2, München/Leipzig: Georg Müller 1909. Bd. 3 u. 4, ebd. 1910, Bd. 5, ebd. 1913. (Enthält: Gedichte; Der Hofmeister; Anmerkungen übers Theater; Amor vincit omnia; Der Neue Menoza; Lustspiele nach dem Plautus [1909]; Dramen; Dramatische Fragmente; Coriolan; Schriften in Prosa [1910]; Schriften in Prosa [1913].)

Lewy, Ernst (Hg.): J. M. R. Lenz: Gesammelte Schriften. Bde. 1–4, Berlin: Paul Cassirer 1909 u. 1917. (Enthält: Dramen; Gedichte; Lustspiele nach dem Plautus; Fragmente; Prosa.)

Hammer, Klaus (Hg.): J. M. R. Lenz: Erzählungen. Leipzig: Reclam 1962. (Enthält: Zerbin oder die neuere Philosophie; Der Landprediger; Empfindsamster aller Romane.)

Titel, Britta, *Haug*, Hellmut (Hg.): J. M. R. Lenz: Werke und Schriften. Bde. 1 u. 2, Stuttgart: Goverts 1966. (Enthält: Gedichte; Prosadichtungen; Theoretische Schriften; Dramen; Dramatische Fragmente; Lustspiele nach dem Plautus) (Siehe Erläuterung im Text.)

Daunicht, Richard (Hg.): J. M. R. Lenz: Gesammelte Werke in vier Bänden. München: Fink 1967. Band 1 [mehr nicht erschienen]. (Enthält: Der verwundete Bräutigam; Der Hofmeister; Lustspiele nach dem Plautus; Das Väterchen; Die Aussteuer; Die Entführungen; Die Buhlschwester; Die Türkensklavin; Der neue Menoza.) (Siehe Erläuterung im Text.)

Haug, Hellmut (Hg.): J. M. R. Lenz: Gedichte. Reclams Universal-Bibl. Nr. 8582. Stuttgart: Reclam 1968

Daunicht, Richard (Hg.): J.M. R. Lenz: Werke und Schriften. Texte deutscher Literatur 1500–1800, Bd. 34, Reinbek: Rowohlt 1970. (Enthält: Das Väterchen; Der Engländer; Der Hofmeister; Pandämonium Germanicum; Meynungen eines Layen; Tantalus; Zerbin.)

Richter, Helmut (Hg.): J. M. R. Lenz. Werke in einem Band. Bibliothek deutscher Klassiker. Einleitung von Rosalinde Gothe. Berlin u. Weimar: Aufbau 1972. (Enthält: Gedichte; Die Buhlschwester; Der Hofmeister; Die Soldaten; Pandämonium Germanicum; Zerbin; Der Landprediger; Über Götz von Berlichingen; Anmerkungen übers Theater.)

Schwarz, Hans-Günther (Hg.): J. M. R. Lenz: Anmerkungen übers Theater. Shakespeare-Arbeiten und Shakespeare-Übersetzungen. Stuttgart: Reclam 1976. (Enthält: Anmerkungen übers Theater; Amor vincit omnia; Über die

Veränderung des Theaters im Shakespeare; Das Hochburger Schloß; Verteidigung des Herrn W. gegen die Wolken [Auszug]; Coriolan [Auszug]; Shakespeares Geist.)

Seyppel, Joachim (Hg.): J. M. R. Lenz: Erzählungen und Briefe. Berlin: Buchverlag Der Morgen 1978. (Enthält: Zerbin; Der Waldbruder; Der Landprediger; Empfindsamster aller Romane; 12 Briefe.)

Damm, Sigrid (Hg.): J. M. R. Lenz: Poesialbum 1 u. 2. Berlin (DDR): Vlg. Neues Leben 1979. (Enthält: Gedichte.)

Hohoff, Ulrich u. Bettina (Hg.): J. M. R. Lenz: Der Engländer. Der tugendhafte Taugenichts. Die Aussteuer. Dramen und Gedichte. Frankfurt: Dagyeli 1986. (Enthält: Der Engländer; Der tugendhafte Taugenichts; Die Aussteuer; Gedichte [Auswahl])

Damm, Sigrid (Hg.): J. M. R. Lenz: Werke und Briefe in 3 Bänden. Hg. und mit einem Essay von Sigrid Damm. Leipzig: Insel. München/Wien: Hanser 1987 (Siehe Erläuterung im Text.)

3. Lenz' Werke in anderen Ausgaben

Sauer, August (Hg.): Stürmer und Dränger. Zweiter Teil: Lenz und Wagner. Deutsche National-Litteratur, Bd. 80. Berlin u. Stuttgart: Spemann 1883. (Enthält: Der Hofmeister; Die Soldaten; Pandämonium Germanicum; Der Waldbruder; Gedichte.)

Grotthus, J. E. von (Hg.): Das Baltische Dichterbuch. Eine Auswahl deutscher Dichtungen aus den baltischen Provinzen Rußlands mit einer literaturhistorischen Einleitung und biographisch-kritischen Studien. Reval: Kluge 1894. (Enthält: Gedichte.)

Freye, Carl (Hg.): Sturm und Drang. Dichtungen aus der Geniezeit. Goldene Klassiker-Bibliothek, 2 Bände. Berlin, Leipzig, Wien, Stuttgart: Bong & Co. 1911. Bd. I, Teil 2, S. 1–463. (Enthält: Catharina von Siena; Cato; Der Engländer; Der Hofmeister; Der tugendhafte Taugenichts; Die beiden Alten; Die Buhlschwester; Die Entführungen; Die Freunde machen den Philosophen; Die Soldaten; Pandämonium Germanicum; Der Waldbruder; Zerbin oder die neuere Philosophie; Gedichte.)

Credner, Karl (Hg.): Sturm und Drang: Der junge Goethe und sein Kreis: Herder, Lenz, Klinger, Friedrich Müller u.a.. Eine Auswahl aus ihren Schriften. Voigtländers Quellenbücher, Bd. 70. Leipzig: Voigtländer 1914. (Enthält: Der Hofmeister; Der neue Menoza; Die Soldaten; Pandämonium Germanicum; Anmerkungen übers Theater; Über die Bearbeitung der deutschen Sprache im Elsaß; Über die Vorzüge der deutschen Sprache [jeweils in Auszügen]; Gedicht: Matz Höcker.)

Hoppe, Karl (Hg.): Sturm und Drang. Leipzig: Weber 1925. (Enthält: Der Hofmeister; Die Soldaten; Der Waldbruder; Gedichte.)

Kindermann, Heinz (Hg.): Kultur- und Gesellschaftskritik. Deutsche Literatur: Sammlung literarischer Kunst- und Kulturdenkmäler in Entwicklungsreihen. Reihe Irrationalismus, Bd. 8. Leipzig: Reclam 1939. (Enthält: Das Väterchen; Der Hofmeister; Der neue Menoza; Die Soldaten.)

Loewenthal, Erich, *Schneider*, Lambert (Hg.): Sturm und Drang. Dramati-
sche Schriften. 2. Ausgabe, 2 Bände. Heidelberg: Schneider 1963. Bd. 1,
S. 135—554. (Enthält: Cato; Der Hofmeister; Der Magister; Der neue Me-
noza; Der tugendhafte Taugenichts; Die Aussteuer; Die Buhlschwester;
Die Entführungen; Die Freunde machen den Philosophen; Die Soldaten;
Fragment aus einer Farce; Pandämonium Germanicum.)
Strasser, René (Hg.): Sturm und Drang. Werke in drei Bänden. Zürich:
Stauffacher 1966. Bd. 2. (Enthält: Der Hofmeister; Die Soldaten; Ge-
dichte.)
Nicolai, Heinz (Hg.): Sturm und Drang. Dichtungen und theoretische Texte.
Mit Anmerkungen von Elisabeth Raabe u. Uwe Schweikert. München:
Winkler 1971. Bd. 1. (Enthält: Gedichte; Der Waldbruder; Zerbin; Der
Hofmeister; Die Soldaten; Die Freunde machen den Philosophen; Pandä-
monium Germanicum; Tantalus; Über Götz von Berlichingen; Anmer-
kungen übers Theater; Briefe über die Moralität der Leiden des jungen
Werther.)
Müller, Peter (Hg.): Sturm und Drang. Weltanschauliche und ästhetische
Schriften. Berlin u. Weimar: Aufbau 1978. Bd. 2. (Enthält: Entwurf eines
Briefes an einen Freund, der auf Akademien Theologie studiert; Zweierlei
über Virgils erste Ekloge; Über Götz von Berlichingen; Anmerkungen
übers Theater; Vom Baum der Erkenntnis Guten und Bösen; Nur ein
Wort über Herders Philosophie der Geschichte; Briefe über die Moralität
der Leiden des jungen Werther; Rezension des Neuen Menoza; Über die
Natur unseres Geistes; Verteidigung des Herrn W. gegen die Wolken; Das
Hochburger Schloß.)

4. Briefausgaben

Waldmann, Fritz (Hg.): Lenz in Briefen. Zürich: ›Sterns literarisches Bulle-
tin in der Schweiz‹ Presse 1894. (Enthält: Auszüge aus Briefen an und von
Lenz sowie von Zeitgenossen, die sich über Lenz äußern.)
Freye, Karl, *Stammler*, Wolfgang (Hg.): Briefe von und an J. M. R. Lenz.
2 Bände. Leipzig: Kurt Wolff 1918. Neuauflage: Bern: Lang & Co. 1969
Damm, Sigrid (Hg.): Band 3. (Enthält: Vollständiger Abdruck der bisher bekannten Briefe Lenz'.)

2. Der »erloschene Blitz aus Livland« –
Lenz' Biographie und Werk

2.1. Kindheit und Jugend

Jakob Michael Reinhold Lenz wird am 23. 1. 1751 in Seßwegen (Livland) geboren. Livland ist seit der Eroberung durch Zar Peter den Großen russische Provinz und erholt sich allmählich von den schweren Zerstörungen des schwedisch-russischen Krieges, der erst 1721 durch den Frieden zu Nystadt beendet worden ist. Bürgertum, Adel und der überwiegende Teil der Pfarrer bilden eine dünne deutsche Oberschicht über – häufig leibeigenen – lettischen und estnischen Bauern. Lebensstandard und kulturelles Niveau des Landadels sind äußerst niedrig. Besser sieht es mit der Landgeistlichkeit aus. Dem Adel sozial gleichgestellt, obwohl meist von ihm eingesetzt, stehen dem Pfarrer ein Bauernhof und lettische Leibeigene zur Verfügung. Im Gegensatz zu den adligen Gütern sind die kirchlichen meist schuldenfrei.

Für den Vater Christian David Lenz, den Sohn eines Kupferschmiedes und einer Soldatentochter, geboren 1729 in Köslin (Pommern), ist nach dem Studium in Halle wie für viele Norddeutsche eine Pfarre in Livland wegen der besseren Dotierung attraktiver als eine Stellensuche in den preußischen Provinzen. Nach zwei Hofmeisterstellen bei adligen Familien erlangt er eine Pfarre in Serben und heiratet dort 1742 die Pfarrerstochter Dorothea Neoknapp. Diese bringt ihm acht Kinder zur Welt. Jakob ist nach zwei Töchtern der zweite Sohn. 1749 übernimmt Vater Lenz die Pfarre in Seßwegen, wo er Propst im Wendischen Kreis wird. Er hat dort eine auch ökonomisch privilegierte Stellung und hält sich zuletzt für seine Kinder einen Hauslehrer. 1758 nimmt der Vater die Stelle eines Oberpastors von St. Johannis in Dorpat an. Damit sind die Ämter eines Assistenten des Oberkonsistoriums und eines Aufsehers der Stadtschule (Lateinschule), die Jakob dann besucht, verbunden. Den Ausschlag für den Stellenwechsel, der nicht mit ökonomischen Verbesserungen verbunden ist, geben vermutlich die besseren Ausbildungsmöglichkeiten für die Kinder und die Betreuung einer deutschen Gemeinde. Der Vater ist ein nicht nur in Livland bekannter streitbarer theologischer Schriftsteller. Er verfaßt Predigt- und Erbauungsbücher und

Streitschriften. In Halle pietistisch geprägt, paßt er sich, ohne seine Haltung ganz zu verleugnen, der Haltung der Amtskirche an, die den Erfolg der pietistischen Bewegung bei der lettischen Unterschicht durch ein Lehr- und Versammlungsverbot bekämpft. So kritisiert Pastor Lenz 1750 in einer Schrift die »Kreuztheologie« der Herrnhuter. Er ist aber keineswegs lettenfeindlich, sondern versucht, seine Vorstellungen durch Übersetzungen seiner Bücher (u. a. »Lettisches Predigtbuch«, 1764/67) unter ihnen zu verbreiten. In Dorpat gehört er der Partei der kirchlich positiven Geistlichkeit an, die die »Bestie der Freigeisterei« bekämpft. Er hat Umgang mit dem kleinen Kreis der Gebildeten um Friedrich Konrad Gadebusch, der 1766 Syndikus, 1771 Bürgermeister der Stadt wird, und um den Pastor der estnischen Gemeinde Theodor Oldekop. Die Pflege ererbter Privilegien steht in diesem Kreis im Vordergrund – im Gegensatz zum Rigaer Kreis um Berens, Hamann, Hartknoch und Herder, der sich den Ideen der Aufklärung ungleich weiter öffnet.

Christan David Lenz ist ein herrscherlich auftretender Mann. In Dorpat ist er nicht unumstritten, was seine häufigen Auseinandersetzungen mit dem Rat, den Ständen und mit Kollegen und Gemeindeangehörigen belegen. Quellen weisen den Vater als überstrengen, Normen setzenden Patriarchen aus. Sein Name verbindet sich vor allem mit Bußpredigten, die zu einer völligen Lebensumkehr, zu einer religiösen Wiedergeburt aufrufen. Jakob Lenz erfährt – wie die meisten seiner Zeitgenossen – einen autoritär organisierten Sozialzusammenhang »Familie«, an dessen Spitze unangefochten der Vater steht. Die Mutter, von der nur ein Brief an den Sohn überliefert ist, tritt demgegenüber in ihrem unmittelbaren Einfluß deutlich zurück. Die Rigorosität, mit der Christian Lenz seine Vaterautorität lebt und Gehorsam beansprucht, bildet für den Sohn, dem zudem dauerhafte Erfolge und die Einbindung in eine Institution versagt blieben, eine lebenslang unbewältigte Herausforderung, der er meist nur mit Selbstherabsetzung gegenübertreten kann. Dabei bildet die beanspruchte patriarchale Autorität nur einen Ausschnitt aus dem allgemeinen Verhalten des Vaters, der gegenüber Kollegen, Gegnern und Untergebenen seine Amtsautorität energisch einzusetzen weiß – ein Grundzug, der sicher zu seinem steilen Aufstieg in der Kirchenhierarchie – er wird 1779 Generalsuperintendent Livlands – mit beiträgt. Massive offene Konflikte zwischen Vater und Sohn treten entsprechend erst auf, als Lenz sich im fernen Königsberg der vorbestimmten und erfolgverheißenden Laufbahn, Pfarrer zu werden, entzieht. Mit Ausnahme des Lieblingssohnes Jakob entwickeln sich nämlich alle Kinder nach den väterlichen Vorstellungen. Alle drei Töchter gehen Ehen mit Pfarrern ein; die Söhne üben angesehene akademische

Berufe aus, auch sie heiraten. Allerdings darf der Vater nicht nur in seinen herrscherlichen Zügen gesehen werden. Zu dessen Erbe gehören auch die für Jakob typischen Gefühlsumschläge und zum Teil auch sein Hang zur Selbstbeobachtung. Dies belegt die Handschrift eines pietistischen Tagebuchs, in dem der noch junge Vater seinen Weg zu Gott und den stets zu erneuernden Kampf gegen den eigenen Stolz und weltliche, vor allem fleischliche Triebe beschreibt (vgl. Otto von Petersen).

Lenz dichterische Anfänge sind deutlich durch den Vater und seinen Umkreis geprägt. Die ersten erhaltenen Gedichte sind »Das Vertrauen auf Gott« (datiert 1764/65), ein liedhafter Preis der göttlichen Hilfe und der »Neujahrswunsch an meine hochzuehrenden Eltern von dero gehorsamsten Sohn Jakob Michael Reinhold Lenz«. Er enthält Bitte und Dank für Gottes Schutz für Eltern und Familie. Bezeichnenderweise wünscht Lenz dem Vater, seine Predigten sollten für die Zuhörer »lauter Spieß und Nägel« sein. Die Betonung des persönlichen Gefühls im Glauben, an das der Vater in seinen Predigten appelliert, und das Ethos der Tat – ein Reflex der pietistischen Pflicht zur Liebesarbeit – sind auch später noch Ausdruck eines bleibenden Einflusses, obwohl Lenz sich im theologischen Denken später zeitweise dem aufklärerischen Neologen Spalding nähert. Ein wichtiges Dokument des Einflusses der zum Teil pietistischen Anschauungen des Vaters bildet das Hexameterepos »Über den Versöhnungstod Jesu Christi«. Oldekop veröffentlicht es mit seiner Einleitung 1766 in den »Gelehrten Beyträgen zu den Rigischen Anzeigen«. Er preist Lenz als »glückliches Genie«. Die Versöhnung des Menschen mit Gott muß nach pietistischer Anschauung durch das gefühlmäßige Nacherleben dieses Todes geschehen; denn die Wahrheit wird zuerst von Herzen ergriffen. Zu Recht hat die Forschung die ›naturalistische Sprache‹ und die genaue Selbstbeobachtung des Erzählers hervorgehoben. Der Text ruft zur Reue und Buße im Sinne der Predigten des Vaters auf. Vermutlich im Zusammenhang mit dem »Versöhnungstod« entsteht 1766 das »Fragment eines Gedichtes über das Begräbnis Christi«. Ein biblisches Drama »Diana« über die Tochter Jakobs mit seiner Magd Lea (1. Mose, c. 34) ist verloren.

1766 schreibt Lenz aus Anlaß der Hochzeit des mit der Familie befreundeten Barons Igelström, für die er auch ein »Festlied« verfaßt, das Stück »Der verwundete Bräutigam«. Er knüpft an eine wahre Begebenheit an. Der Baron wird am 17. 6. 1766 von einem Diener überfallen und schwer verletzt, erholt sich aber bis zur Hochzeit. Der Diener war von seinem Herrn wegen unerlaubten Fernbleibens öffentlich ausgepeitscht worden. Er gehört nicht zu den lettischen Leibeigenen, sondern zur ärmeren deutschen Schicht. Die sozialen

Spannungen, die sich auch in der offenen Sympathie der Dorpater Bevölkerung für den Diener zeigen, nimmt Lenz in seinem Stück auf. Er entschärft sie aber, indem er die Tat des Dieners Tigris als individuelles Fehlverhalten aufgrund eines unangemessenen Ehrgefühls interpretiert und den grausamen Schock des Mordanschlages nutzt, um die Gefühle der Liebenden füreinander und die Teilnahme der Freunde um so rührender auszumalen. Immerhin liegt in der Gestalt des Dieners, der gegen soziale Unterdrückung rebelliert, eine »Keimzelle von Lenzens Freiheitsmaxime« (Kindermann).

Den ersten wichtigen literarischen Einfluß auf den Autor bildet eine intensive Bibellektüre, deren Spuren sich auch in den späteren Werken finden. Die Texte der Jugenddichtungen belegen ferner bereits Einflüsse zeitgenössischer Autoren, so den Klopstocks im »Versöhnungstod«, den des »Frühling«-Dichters Ewald von Kleist in der dynamischen Gestaltung des Naturerlebens im »Fragment« und den der Anakreontik im »Glückwunsch« zur Verlobung des Bruders Friedrich David.

Werke

»Das Vertrauen auf Gott«
MS: Verloren
E: Heidelberger Taschenbuch. (1812), S. 219. – *Blei*, Bd. 1, S. 436–438; *Lewy*, Bd. 2, S. 3–4; *Sauer*, S. 213–214; *Tieck*, Bd. 3, S. 233–234; *Weinhold* (Gedichte), S. 12–13

»Der Versöhnungstod Jesu Christi, besungen von einem Jüngling in Dorpat«
MS: Verloren
E: Gelehrte Beyträge zu den Rigischen Anzeigen. (1766), S. 49–60. – *Blei*, Bd. 1, S. 425–436; *Falck*, S. 43–49; *Weinhold* (Gedichte), S. 1–11
S: *Anwald*, Oskar: Beiträge zum Studium der Gedichte von J. M. R. Lenz. Diss. phil. München 1897, S. 24–36

»Der verwundete Bräutigam«
MS: Verloren
E: *Blum*, Karl Ludwig (Hg.): Der verwundete Bräutigam: Im Manuskript aufgefunden. Berlin: Duncker & Humblot 1845. – *Blei*, Bd. 1, S. 463–501; *Daunicht*, Bd. 1, S. 5–37
S: *Nahke*, S. 147–157

»Fragment eines Gedichts über das Begräbnis Christi«
MS: Verloren
E: J. M. R. *Lenz*: Die Landplagen. Ein Gedicht in sechs Büchern: nebst einem Anhang einiger Fragmente. Königsberg: J. D. Zeisens Wittwe und J.

H. Hartungs Erben 1769. S. 99–105. – *Blei*, Bd. 1, S. 55–59; *Tieck*, Bd. 3,
S. 56–60; *Weinhold* (Gedichte), S. 68–73
S: *Kindermann*, S. 14–17, 26–28

»Glückwunsch zur Verlobung für seinen Bruder Friedrich David Lenz,
Pastor in Tarwast«. (11. 10. 1767)
MS: Riga: Fundamentala Biblioteka der Latvijas PSR Zinatnu Akademija
E: *Weinhold* (Gedichte), S. 16–17. *Blei*, S. 440–441; *Rosanov*, S. 514–515;
Freye/Stammler, Bd. 1, S. 3–5 (Auszüge)

»Neujahrswunsch an meine hochzuverehrende Eltern«
MS: Riga
E: *Freye/Stammler*, Brief Nr. 1
S: *Rudolf*, Ottomar: Die Moralphilosophie von J. M. R: Lenz. Ein Beitrag
zur Geistesgeschichte des 18. Jahrhunderts. Diss. phil. Univ. of Pennsylva-
nia 1964, S. 177–178

Sekundärliteratur allgemein

Falck, Paul Theodor: Das Haus Lenz und dessen Stammbaum nach einem
neuen System: Ein Beitrag zur Geschichte der baltischen Literatenfamilie
Lenz von 1742–1892. Mit einer Tafel. In: Vierteljahresschrift für Wap-
pen-, Siegel- und Familienkunde 22 (1894), S. 30–42
Falck, Paul Th.: Der Stammbaum der Familie Lenz in Livland nach einem
neuen System: Dazu als Pendant ein Goethe-Stammbuch nach demselben
System. Nürnberg 1907
Freye, Karl: J. M. R. Lenzens Knabenjahre. In: Zeitschrift für Geschichte
der Erziehung und des Unterrichts 6 (1916), S. 174–193
Kirschfeldt, Johann: Der Pietismus des Christian David Lenz. In: Baltische
Blätter für allgemein-kulturelle Fragen 2 (1925), S. 99–105
Petersen, Otto von: Lenz. Vater und Sohn. In: Braun, Fritz, Stegmann von
Pritzwald, Kurt (Hg.): Dankesgabe für Albert Leitzmann. Jena 1927.
S. 91–103
Marcuse, Max: Lenz. Vater und Sohn. In: Zeitschrift für Sexualwissenschaft
14 (1928), S. 395–397

2.2. Studium in Königsberg

Stipendien ermöglichen dem Vater, Lenz ab Herbst 1768 zum Theologiestudium nach Königsberg zu schicken. Dort kommt Jakob zum
ersten Mal – im Unterschied zu Dorpat – mit einer florierenden bürgerlichen Stadt in Berührung. Sechs Jahre nach dem Ende der russischen Besatzung ist Königsberg ein aufstrebender Handelsplatz, Sitz

einer großen preußischen Garnison und ein geistiges Zentrum. Über Lenz' Leben in Königsberg berichtet der Studienfreund und spätere Komponist Johann Friedrich Reichardt: »Er wohnte aber in einem ziemlich engen Hause, das ganz angefüllt war von lustigen Lief- und Kurländern [...], welche Tag und Nacht in unaufhörlichem Toben beisammen lebten. Oft befand er sich mitten unter ihnen, doch meistens mit seinem Geiste so abwesend, daß junge lustige Burschen häufig dadurch gereizt wurden, ihm allerlei unerwartete Streiche zu spielen, [...] die er allemal mit unbegreiflicher Geduld und Freundlichkeit ertrug« (Berlinisches Archiv der Zeit und ihres Geschmacks, Feb. 1796, S. 3). Diese Erfahrungen liegen der Schilderung des Studentenlebens im »Hofmeister« zugrunde.

Lenz liest in Königsberg neuere deutsche Literatur und besucht die Vorlesungen Kants, während ihm das Theologiestudium nicht zusagt. Auf Kant schreibt er 1770 im Auftrag aller »Cur- und Liefländer« Hörer eine Preisode aus Anlaß seiner Disputation zum Zweck der Übernahme des Lehrstuhls für Logik und Metaphysik. Lenz läßt das Widmungsexemplar – auch zum eigenen Ruhme – auf weißem Atlas in Folioformat drucken. Vermutlich über Kant wird Lenz mit Shaftesbury und Hume bekannt. Von Kant und den Engländern übernimmt er die Trennung zwischen Metaphysik und Moral. Der Ursprung des Sittlichen liegt für Lenz im moralischen Empfinden (›moral sense‹). Dieses drückt eine »empfundene Nötigung« zur Übereinstimmung mit dem allgemeinen Willen aus, enthält ein Sympathiegefühl, aber auch einen ästhetischen Sinn für Harmonie. Das von Kant formulierte Prinzip eines »ethischen Altruismus« nimmt Lenz später in seinen moralphilosophischen Schriften auf. Moral und Religion bringen es gemeinsam hervor. Die Kantrezeption bereitet also die Moralisierung der christlichen Botschaft vor, die Lenz in Straßburg unter dem Einfluß des aufklärerischen Neologen Spalding in einem Brief an Salzmann so formuliert:

»Die Pflichten des Christentums aber laufen alle dahin zusammen, diese Wahrheiten, die Christus uns verkündigt, zu glauben, [...] sein Leben immer besser zu studirn, damit wir ihn immermehr lieben und nachahmen, von ihm [...] zu Gott, als dem höchsten Gut, hinauf zu steigen, [...] um ihm als die Quelle alles Wahren, Guten und Schönen mit allen Kräften unserer Seele zu lieben und [...] seinen Willen auszuüben, d.h. [...] kein größeres Glück kennen, als Andere glücklich zu machen.« (Oktober 1772)

1769 publiziert Lenz den Gedichtszyklus »Die Landplagen«, an dem er schon in Dorpat geschrieben hat. Er dediziert ihn der von ihm zu dieser Zeit hochverehrten Zarin Katharina. Diese hatte 1764 Dorpat besucht, der Vater hielt für sie die Festpredigt. Die »Landplagen« mehren den Ruhm Jakobs in Livland nur begrenzt. Gadebusch schreibt in der »Livländischen Bibliothek« (2. TL, Riga 1777, S. 178), sie seien »nicht so aufgenommen worden, wie der neunzehnjährige Dichter es gewünscht hat«.

Die Folgen des schwedisch-russischen Krieges sind in Livland noch überall sichtbar. Außerdem kennt Lenz vermutlich Berichte über das Erdbeben in Lissabon. Wie der Vater in einer publizierten Predigt eine Feuersbrunst, die 1748 die livländische Stadt Wenden in Schutt und Asche legt, als ein Gottesgericht über von ihm abgefallene Menschen auslegt (was ihm jahrelange Prozesse einbringt), werden in den »Landplagen« irdische Katastrophen als »Gottesgerichte« interpretiert. Darüber hinaus bebildert der Sohn die vom Vater in jener Predigt genannten Greuel »Geiz, Hochmut, Kleiderpracht, Trunkenheit, Zorn, Haß, Feindschaft«. Auch die väterliche Verdammung der »fleischlichen Liebe« wiederholen die »Landplagen«. Die Frevler wie die Opfer ereilt der Tod. Dieser wird für den Leser der Lehrmeister eines besseren Lebens. Lenz schreibt eine zwischen der Ausmalung von erhabenem Schrecken und melancholischem Pessimismus schwankende »Rhapsodie«. Die singende Muse stellt sich dabei in der Gewißheit einer richtigen Lebensperspektive außerhalb des Strafgerichts. Angesichts der in naturalistischer Detaillierung vorgeführten Grausamkeiten sollen die Leser »fühlen und weinen«, dem Herrgott danken, der »die Gewitter der Rache« bisher von ihnen abgehalten habe. Die sinnlich drastische Darstellung, die hier noch im Auftrag einer religiösen Botschaft geschieht, wird später zum Medium und Forum engagierter Sozialkritik.

In die Königsberger Zeit fällt die Bekanntschaft mit den Schriften Shakespeares, Miltons, Thomsons, Popes – eine Übersetzung des »Essays on Criticism« ist nicht erhalten – und Lessings, dessen »Minna«-Aufführung in Königsberg Lenz vielleicht gesehen hat. Ferner liest Lenz aufklärerische Schriften zur Volkswirtschaft, Bauernbefreiung, zu Politik und Strategie. Die Plautus- und Shakespeareübersetzungen werden vorbereitet.

Als die Stipendien auslaufen, drängt der Vater auf einen schnellen Studienabschluß, zumal es Lenz nicht gelingt – im Gegensatz zu Herder einige Jahre zuvor –, sein Studium durch eigene Einnahmen abzusichern. Der Vater will, daß Jakob über eine zunächst anzunehmende Hofmeisterstelle in ein livländisches Pfarramt gelangt. Der Sohn mißachtet aber den väterlichen Rat und dringenden Befehl, indem er im Frühjahr 1771 das Angebot zweier kurländischer Barone und Studiengenossen Friedrich Georg und Ernst Nikolaus von Kleist annimmt, sie nach Straßburg gegen freie Kost und Logis zu begleiten. Dort wollen sie als Offiziere in die französische Armee eintreten. Es ist nicht sicher, ob Lenz zu diesem Zeitpunkt schon eine

Schriftstellerexistenz vor Augen hat. Sicher aber ist die Verweigerung gegenüber dem väterlichen Willen ein Befreiungsversuch und ein Bekenntnis zu sich selbst. Wie vor ihm Herder ziehen den mittlerweile literarisch breit Gebildeten die Enge Livlands und der Theologenberuf nicht mehr an. Sicher hat Lenz auch eine Abneigung dagegen, sich zu verkaufen: die Knechtsexistenz des Hofmeisters thematisiert er später in dem gleichnamigen Drama, an dem er bereits in Königsberg schreibt.

Auf dem Weg nach Straßburg, wo er im Mai 1772 eintrifft, besucht Lenz in Berlin Friedrich Nicolai. Ihm zeigt er seine Pope-Übersetzung. Nicolai behandelt ihn aber sehr herablassend. Lenz fühlt sich sehr gekränkt und behält sein Leben eine Abneigung gegen den einflußreichen Schriftsteller, Buchhändler und Herausgeber der »Allgemeinen Deutschen Bibliothek«.

Werke

»Die Landplagen«
MS: Verloren
E: *Lenz*: Die Landplagen. Ein Gedicht in sechs Büchern: nebst einem Anhang einiger Fragmente. Königsberg: J. D. Zeisens Wittwe und J. H. Hartungs Erben 1769. – *Blei*, Bd. 1, S. 3−54; *Tieck*, Bd. 3, S. 1−55; *Titel/Haug*, Bd. 1, S. 11−84; *Weinhold* (Gedichte), S. 19−68
S: S. 70−88; *Kindermann*, S. 21−33; *Rosanov*, S. 36, 47, 56, 59−72; *Rudolf*, S. 69, 140−151

»Als Sr. Hochedelgebohrnen der Herr Professor Kant, den 21. August 1770 für die Professorwürde disputierte. Im Namen der sämtlichen in Königsberg studierenden Cur- und Lief-Länder aufgesetzt von L… aus Liefland«
MS: Verloren
E: *Reicke*, Rudolf (Hg.): ders. Titel. Königsberg: Kanter 1867. – *Blei*, Bd. 1, S. 65−67; *Lewy*, Bd. 2, S. 8−9; *Sauer*, S. 215−216; *Weinhold* (Gedichte), S. 79−80
S: *Reicke*, Rudolf: Reinhold Lenz in Königsberg und sein Gedicht auf Kant. In: Altpreußische Monatsschrift 4 (1867), S. 647−658

2.3. Straßburg

Das Milieu und die soziale Struktur Straßburgs prägen Lenz und seine Werke stark. Wie schon Goethe in »Dichtung und Wahrheit« festgestellt hat, ist der Aufbruch der Sturm und Drang-Generation ohne den Wettbewerb zwischen deutscher und französischer Kultur in dieser geschäftigen Stadt, die schon über hundert Jahre zu Frankreich gehört, nicht zu denken. Elsässischer und französischer Adel und hoher katholischer und protestantischer Klerus bilden die Oberschicht, zu der auch die Professoren der protestantischen Universität und die hohen französischen Beamten gehören. Darunter stehen die Handwerker und ein Kleinbürgertum, das bereits Keime eines Proletariats enthält. Der Gegensatz zwischen deutscher und französischer Kultur deckt sich weitgehend mit dem Gegensatz der Konfessionen, fast vollständig mit dem Gegensatz zwischen Einheimischen und Fremden und nur partiell mit dem Ständegegensatz. Deutlich setzt sich in vielen Lebensbereichen der übermächtige Einfluß der französischen Kultur durch. Zum Beispiel ist das französische Theater ein wichtiger kultureller Mittelpunkt; fast alle wichtigen zeitgenössischen Stücke werden hier aufgeführt. Das deutsche Theater gibt ebenfalls zur Hälfte französische Stücke in Übersetzungen. Zusätzlich ist das Stadtleben geprägt durch die große Garnison. Vor allem die jüngeren Offiziere, häufig Adlige, die zum Teil auch aus Deutschland stammen, pendeln zwischen dem militärischen und dem zivilen Milieu hin und her. Sie stellen auch einen wichtigen Teil des Theaterpublikums. Seine Erfahrungen mit dieser Schicht beschreibt Lenz in dem Drama »Die Soldaten«. Daß die Sturm und Drang-Autoren einen neuen Volksbegriff entwickeln, der die Einbeziehung *aller* Stände in die Kultur fordert, ist nicht zu denken ohne ihre Straßburger Erfahrungen. Die Dominanz des französischen Klassizismus deckt sich dort in etwa mit den oberen sozialen Klassen und mit dem Volkstums- und Konfessionsgegensatz. Die Betonung des Individuellen und Originalen entwickelt sich aus der Auseinandersetzung mit der lebendigen Erfahrung französischer Selbsteinbindungen in ein Spiel geistvollen gesellschaftlichen Repräsentierens, welches dem einzelnen nur eine Rolle im Rahmen festliegender Konventionen läßt. So sehr die Sturm und Drang-Autoren – auch Lenz – Herders Ideen vom National-Originalen aufnehmen, der 1770/71 in Straßburg weilt, und die Geschichte und Volkstraditionen des Elsaß aufarbeiten, sind sie keineswegs in einem politischen Sinn frankreichfeindlich. Lenz spricht sich für ein Bewahren der kulturellen Identität der Deutschen aus, aber gegen jeden »Nationalhochmut« (»Über die Bearbeitung der deutschen Sprache im Elsass, Breisgau und den benachbarten Gegenden«, Vortrag 1775, publiziert 1776).

Lenz bleibt fünf Jahre in Straßburg. 1772 muß er freilich als Bedienter den Brüdern von Kleist in ihre Garnisonen folgen: ab Frühsommer nach Fort Louis, einen Militärstützpunkt auf einer Rheininsel gegenüber von Sesenheim und ab September über Weissenburg nach Landau, von wo er im Winter 1772/73 zurückkehrt. Als Bediensteter teilt er mit den adligen Offizieren die Kasernen, ist in ihre »allergeringsten [...] Geschäfte [...] verwickelt«, auf oft entwürdigende Art ihren Launen und Einfällen ausgeliefert. Materielle Gründe – er hat Kost und Logis frei – und die äußere Legitimation seines Straßburgaufenthaltes gegenüber seinem Vater, der ihn mehrfach zur Rückkehr mahnt, werden ihn bei den Brüdern Kleist gehalten haben. Im Herbst 1774 gibt Lenz diesen Dienst auf. Fortan ernährt er sich mühsam mit Stundengeben in deutscher Sprache, Geschichte, Geographie, Befestigungslehre und Militärkunde. Gleichzeitig immatrikuliert er sich an der protestantischen Universität für das Fach Theologie.

Trotz seiner armseligen Existenz macht Lenz in Straßburg einen Emanzipationsprozeß durch. Er entwickelt sich von den Normen des Elternhauses weg zum Kritiker aller kulturellen Normen und Werte. Er schließt sich dem Sturm und Drang-Kreis an und damit der kleinen Gruppe junger Schriftsteller, die sich gegen das herrschende Literaturverständnis und die bestehenden Literaturverhältnisse abgrenzen und gleichzeitig versuchen, sich aus den Bindungen der ständisch-feudalen Ordnung zu befreien. Wie die französische Aufklärung seit der Jahrhundertmitte in einen großbürgerlich-philosophischen Flügel, repräsentiert von Voltaire, und einen radikaleren kleinbürgerlich-plebejischen zerfällt, der von Rousseau repräsentiert wird, kommt in der jungen Sturm und Drang-Generation eine schon vorher in der deutschen Aufklärung vorhandene plebejische Komponente deutlich zum Ausdruck (vgf. Huyssen, Krauss).

Für Lenz bedeutet die Lektüre der Schriften Rousseaus eine Offenbarung. Sie setzt vielleicht schon in Livland, sicher aber in Königsberg ein, wo der Student durch Kant auf ihn verwiesen wird. Mehr als zwanzig Male nimmt Lenz in seinen Briefen und Werken seit der Straßburger Zeit explizit auf Rousseau Bezug. Diffey kommt zu dem Ergebnis, daß Lenz sich ›dialektisch‹ mit Rousseau auseinandergesetzt habe, d.h. im Gegensatz zum Beispiel zu Klinger eine enthusiastische Nachfolge vermieden habe. Die Nähe sei am größten im Bereich der Kultur- und Zivilisationskritik. Lenz zögere aber, Rousseaus radikal egalitäre Einstellung zu übernehmen. Doch beziehe er sich auf Elemente der Ideen Rousseaus in seinen gesellschaftsreformerischen Projekten.

Einen weiteren wichtigen geistigen Einfluß übt Herder aus, dessen Ideen Lenz teilweise vielleicht schon in Königsberg kennengelernt hat, sicher aber über Goethe vermittelt bekommt. Leider fehlt bisher eine eingehende Analyse dieser Beziehung. Ein persönlicher brieflicher Kontakt ergibt sich erst im Sommer 1775, als Lenz Herder bittet, ihn »unter seine Kinder« aufzunehmen (an Caroline Herder

Sommer 1775). Später gelangen die »Soldaten« über Herders Vermittlung zum Druck. Herders »Journal meiner Reise« von 1769 ist ein Dokument einer Flucht aus der »Sklaverei« des »Geburtslandes« Livland und eines radikalen Neuanfanges – wie Lenz' Weggang nach Straßburg gegen den Willen des Vaters den Grundstein für seine kurze dichterisch und menschlich produktivste Phase legt. Zwischen Herders Drang nach Tätigkeit, den er im »Journal« immer wieder betont, und Lenz' Pathos des »Handelns« besteht eine auffällige Korrespondenz. Beide Intellektuelle haben eine pietistische Erziehung hinter sich, die sie weiterhin prägt und von der sie sich auch zu befreien versuchen. Lenz' Interesse an Erziehungfragen ist sicher durch Herder mitbestimmt, der ja schon im »Journal« als »Genius Livlands« »die Jugend der menschlichen Seele in Erziehung« wiederhergestellt wissen will. Herders Hochschätzung der Nationalsprachen in seiner »Abhandlung über den Ursprung der Sprache« findet ihr Echo in Lenz' kulturemanzipatorischer Arbeit in der Straßburger »Deutschen Gesellschaft«. Die Hinweise auf Ossian und die Volkspoesie finden ihren Reflex in Lenz' Dichtungen. 1775 liest er Herders »Auch eine Philosophie der Geschichte zur Bildung der Menschheit«, die er »Gesang ewigen Lebens« nennt, und gegen Angriffe Nicolais verteidigt (»Nur ein Wort über Herders Philosophie der Geschichte«, 1775). Herder geht mit dem aufklärerischen Fortschrittsoptimismus ins Gericht und will »glühende Kohlen auf die Schädel unseres Jahrhunderts« laden. Das entspricht Lenz' eigener radikalen Zeitkritik. Nicht zufällig bringt der Rezensent Christian Heinrich Schmid Herders »Auch eine Philosophie« mit Lenz' »Menoza« in Verbindung, der geschrieben sei, »des kultivierten Europas zu spotten« (Teutscher Merkur 1774, IV, 1).

Vor allem setzt sich Lenz mit Goethe auseinander, den er 1771 im Kreis um den Aktuarius Salzmann kennenlernt. Goethe, der Student an der Universität und aus begütertem Elternhaus, verkehrt in anderen Kreisen als Lenz, der Bedienstete, aber »wir suchten doch Gelegenheit, uns zu treffen und teilten uns einander gern mit, weil wir als gleichzeitige Jünglinge ähnliche Gesinnungen hegten« (»Dichtung und Wahrheit«). Lenz will in der Teilnahme an Goethes Selbstentfaltung die eigene vorantreiben. Daher geht es auch, aber nicht nur um einen geistigen Einfluß, sondern um eine Suche nach Nähe. Goethe ist ihm unbedingt Autorität und Vorbild, Vaterfigur, aber auch Rivale. Goethe duldet die stürmischen Freundschaftsanträge und schätzt Lenz mehr, als er es später in »Dichtung und Wahrheit« wahrhaben will. Er erkennt, anerkennt und fördert Lenz' Talent, macht ihn in den ihm zugänglichen literarischen Kreisen bekannt und besorgt ihm vor allem Verleger, so für die »Lustspiele nach dem Plautus«, den

»Hofmeister«, den »Neuen Menoza« und die »Anmerkungen übers Theater«. Goethes »Goetz« und »Werther« beeindrucken Lenz tief. Er preist beide Werke in ausführlichen Rezensionen. In Gedichten (u. a. »Nachtschwärmerey«) stellt Lenz das Genie Goethes dar. In der dramatischen Streitschrift »Pandämonium Germanicum« läßt er Goethe bei der Gipfelbesteigung den Vorrang und sich mit weitem Abstand folgen – allerdings weitab vom Heer der Nachahmer und Schreiberlinge. Wie Lenz Goethe anläßlich seines Straßburger Besuchs 1775 als »Denkmal der Freundschaft« das Gedicht »Der Wasserzoll« widmet, schreibt dieser für Lenz Stammbuchverse als Dokument »zweier toller Dichter Herzen«. Trotz der Suche von Goethes Nähe ist die Beziehung zwischen den ungleichen Freunden von vornherein nicht ohne Spannungen. Wenn auch Lenz' Namen in der literarischen Öffentlichkeit sehr schnell neben dem Goethes genannt wird, schlägt gerade dies ihm zum Nachteil aus, weil seine Werke unter Nichtbeachtung ihrer besonderen Struktur an Goethes Schaffen gemessen werden, früh auch der Vorwurf der »Goethe-Nachahmung« fällt (vgl. Unglaub). Mit Goethes Entschluß, nach Weimar zu gehen, ergibt sich eine erhebliche Distanz, weil Lenz wie andere Stürmer und Dränger die Konsequenzen dieses Schrittes zunächst nicht mitvollzieht. Damm (S. 144 ff.) vermutet, daß es deshalb bei dem Straßburger Treffen 1775 zu erheblichen Meinungsverschiedenheiten zwischen den Autoren komme, die sich am Verhältnis zu Wieland entzündeten.

Lenz beschreibt in dem inzwischen in der Forschung häufig zitierten Anhang seiner »Goetz«-Rezension die durchschnittliche Biographie eines bürgerlichen Akademikers seiner Zeit:

»Wir werden geboren – unsere Eltern geben uns Brot und Kleid – unsere Lehrer drücken in unser Hirn Worte, Sprache, Wissenschaften – irgendein artiges Mädchen drückt in unser Hirn den Wunsch, es eigen zu besitzen [...] – es entsteht eine Lücke in der Republik wo wir hineinpassen – unsere Freunde, Verwandte, Gönner setzen an und stoßen uns glücklich hinein – wir drehen uns eine Zeitlang in diesem Platz herum wie die andern Räder und stoßen und treiben – bis wir, wenn's noch so ordentlich geht abgestumpft sind und zuletzt wieder einem neuen Rade Platz machen müssen [...].«

Gegen dieses Schicksal, eine »kleine Maschine« zu sein, »die in die große Maschine, die wir Welt [...] nennen, besser oder schlimmer hineinpaßt«, begehrt Lenz auf mit der Frage: »heißt das gelebt? heißt das seine Existenz gefühlt, seine selbständige Existenz, den Funken von Gott?« Sein Maßstab, an dem er das Leben mißt, ist die Vorstellung, der Mensch könne »frei« sein, »ein kleiner Schöpfer, der Gottheit *nachhandeln*« (»Meinungen eines Laien«). Deutlicher als bei anderen Sturm und Drang-Autoren verbindet sich bei Lenz das Individualitätspostulat mit dem Handlungspostulat. Es geht ihm darum, sich selbst zu verändern, die eigenen Fähigkeiten zu entwickeln, gleichzeitig enthält das Handlungspostulat von vornherein eine kritische Komponente: es muß die Realität erst geschaffen werden, in der es eine freie Entfaltung des einzelnen geben kann: »Alles verschwunden/ Was uns gebunden/ Frei wie der Wind/ Götter wir sind« (Lied zum teutschen Tanz, 1776).

Lenz' Drang nach Taten stellt die erste und wichtigste Schreibmotivation des Autors dar. Daß man »handeln muß, um reden zu können« – nach dieser Einsicht in »Über die Bearbeitung der deutschen Sprache« kann Lenz sich nicht verhalten. »Manches Genie unter uns würde kaum zwey Bändchen geschrieben haben, wenn ein anderes Feld da wäre, wo es seine Thätigkeit mit gleicher Lust, Ehre und Wirkung auslassen könnte: aber die Art, wie wir politisch thätig seyn dürfen, taugt nichts«, schreibt Johann Carl Wezel 1780 in einer Besprechung der »Politischen Fragmente« des Lenz-Freundes Johann Georg Schlosser. Da die eigene Welt außen nicht zu schaffen ist, baut Lenz sie in der Literatur auf. Der Wunsch, Menschen und Zustände in der Literatur nach den eigenen Forderungen zu schaffen, kollidiert dabei mit dem Zwang sich an der Realität abzuarbeiten. Es kennzeichnet Lenz' realistischen Anspruch, daß er seine Stoffe weitgehend aus der Realität nimmt, nicht aus der Phantasie oder literarischen Vorlagen. Der Wunsch, Figuren entsprechend den Forderungen an sich selbst darzustellen, kommt in den »Anmerkungen übers Theater« in der Feststellung zum Ausdruck, der Held der Tragödie solle »allein [...] Schlüssel zu seinen Schicksalen« sein, seine Handlungen sollten aus der »Person« hervorgehen. Andererseits hat Lenz ein solches Stück nicht schreiben können, weil gegen dieses Menschenbild seine eigene Grunderfahrung steht, die er zum Beispiel in der oben zitierten »Götz«-Rezension formuliert.

Schreiben hat für Lenz von vornherein auch kompensatorische Züge, es ist ein Mittel, um die Realität auszuhalten. In der Artikulation eigener Wünsche und Gefühle erlebt Lenz einen »Zuwachs« seiner Existenz. Den ersten Trieb, »s' ihm [Gott] nachzutun«, kann allein die Dichtkunst befriedigen (»Anmerkungen«).

In den »Anmerkungen« zeigt Lenz, daß der Dichter Genialität und Schöpfungskraft besitzen müsse. Freilich huldigt er dem Geniekult der meisten Stürmer und Dränger nur begrenzt. Genial ist für Lenz eine »vollkommen gegenwärtige« und »anschauliche« Erkenntnis, die er einer nur verstandesmäßigen oder nur sinnlichen entgegensetzt. Durch eine intuitive Wesensschau soll die zersplitterte Alltagserfahrung spontan geordnet werden. Entsprechend nennt Lenz diese Fähigkeit auch »Imagination oder Phantasie oder Einbildungskraft«. In dieser Definition zeigt er sich beeinflußt durch Gerstenbergs »Briefe über die Merkwürdigkeiten der Literatur« (20. Brief). Von der Genialität unterschieden ist die Fähigkeit des Autors, »den Gegenstand zurückzuspiegeln«: die poetische Gestaltungskraft, »Begeisterung, Schöpfungskraft, Dichtungsvermögen«. Dabei ist die Phantasie nicht frei, sondern bezieht sich auf die außersubjektive Wirklichkeit: »Der wahre Dichter verbindet nicht in seiner Einbildungskraft, wie es ihm gefällt [...] Er nimmt Standpunkt – und dann *muß er so verbinden*. Man könnte sein Gemälde mit der Sache verwechseln«. Es ist in der Forschung noch nicht entgültig geklärt, ob Lenz hier anknüpft an den »point de vue« der Leibnizschen Monade (Monadologie § 57, Principes § 3; vgl. Blunden; Titel/Haug, I, S. 653). An anderer Stelle spricht Lenz von der »spezifischen Schleifung der Gläser«, in der »Menoza« Rezension in Anlehnung an eine Formel in Merciers »Du Theatre« (1773), deren Übersetzung durch Wagner er später kommentiert (»Für Wagner« 1774), vom »Interesse« als »Hauptzweck des Dichters«. Dieses konstituiere die Einheit eines Werkes.

Die programmatische Definition der Phantasie als Erkenntnismedium steht in einem Spannungsverhältnis zu ihrer Funktion als Fluchtmedium. Solange sich die Phantasie mittels der Dichtung an der ihr entgegenstehenden Realität abarbeitet, entsteht eine kritische Dichtung, die die psychologischen und sozialen Defekte der Zeit darstellt und reflektiert. Wenn die Phantasien, Ängste, Wünsche die äußere Realität überspielen, entsteht eine subjektive Literatur, die von vornherein ein Schwinden der Fähigkeit zur poetischen Gestaltung dokumentiert. Lenz' Werk dokumentiert beide Möglichkeiten.

Lenz' Berufung auf Genialität impliziert eine Frontstellung gegenüber der älteren, von der Aufklärung geprägten Schriftstellergeneration, von deren Mustern er sich emanzipiert. Polemisch und satirisch ergreift Lenz Partei im Streit um die Position im literarischen Feld. Dies zeigt seine Gegnerschaft zu Nicolai und dessen »elender Scharteke« »Allgemeine deutsche Bibliothek«. Vor allem aber belegt das seine Fehde mit Wieland (vgl. Daunicht, Madland), der mit seinen Werken und als Herausgeber des »Deutschen Merkur« eine einflußreiche Stellung im literarischen Feld einnimmt. In Wielands Zeitschrift werden Lenz' Werke zurückhaltend bis negativ rezensiert. Vor allem stößt sich Wieland an der ›unregelmäßigen‹ Form von Lenz' Stücken und an seiner Schreibart, die er anläßlich der »Anmerkungen« als »wunderbares Rotwelsch« abqualifiziert (Teutscher Merkur, Jan. 1775). Wielands leichte, am Vorbild der Franzosen geschulte Schreibart, seine angeblich ›frivolen‹ Themen – hier zeigt sich Lenz' gebrochenes Verhältnis zur irdischen Lust –, die nach Ansicht der Stürmer und Dränger entstellenden Shakespeare-Übersetzungen reizen Lenz. Er gibt 1774 Goethes Posse »Götter, Helden und Wieland« heraus. 1775 veröffentlicht er eine längere Ekloge »Menalk und Mopsus«, in der er Wieland als wollüstigen Epikuräer zeichnet. Im gleichen Jahr veröffentlicht Lenz eine dreiteilige Satire mit dem französischen Titel »Eloge du feu Monsieur ˣˣnd écrivain tres célèbre en poésie et en prose. Dediè au beau sexe d'Allemagne«. Eine satirische Komödie »Die Wolken« läßt Lenz 1776 nach dem Druck wieder einstampfen und schreibt einen Essay »Verteidigung des Herrn Wieland gegen die Wolken«. Mit der »neueren Philosophie«, deren verheerenden Einfluß auf die Moral Lenz in der Erzählung »Zerbin« darstellt, ist vermutlich unter anderen Wielands »Sophistik« gemeint (vgl. Genton: Brief). Außerdem macht Lenz Wieland in Epigrammen lächerlich. Den Höhepunkt der Fehde stellt das »Pandämonium germanicum« dar, eine dramatische Streitschrift, die die Überlegenheit der Partei Goethes über die »Nachahmer«, »Philister« und »Journalisten« herausstellt und ein breit angelegtes satirisches Bild der unterschiedlichen zeitgenössischen Literatengruppierungen zeichnet. Hierin nimmt Lenz auch Partei gegen die orthodoxe und die aufklärerische Kritik am »Werther«. Die 1775 entstandene Streitschrift läßt Lenz im Freundeskreis kursieren. Gedruckt wird sie erst 1819. In der »Verteidigung« mildert und differenziert Lenz sein Urteil – auf Anraten von Freunden und weil Goethe sich wegen seines Entschlusses, nach Weimar zu gehen, um eine Aussöhnung mit Wieland bemüht. Wichtigstes Dokument der in Weimar erfolgenden Verständigung Lenz' mit Wieland ist das im »Deutschen Museum« und in Jakobis »Iris« veröffentlichte Gedicht »Epistel eines Einsiedlers an Wieland« (entstanden 1776 in Berka). Darin wird Wieland als Anwalt der Tugend, für die Lenz bisher gegen ihn stritt, gegen eine falsch deutende Rezeption in Schutz genommen. Lenz gibt seinen bisherigen Standpunkt nicht auf, sondern verbindet ihn jetzt mit einer positiven Wertung von Wieland als Mensch und Autor. Lenz differenziert freilich zwischen dem »dornigen (realen) Lebensgang« und den »Blumen«, die Wieland über ihn streue. Dieser bleibe ein Künstler der schönen Illusion, ein »Freudenwecker« in einem Dasein, das von dem, der »nicht träumen will«, als Last erkannt werde. Auf Wieland gemünzt sind sicher auch die 1777 entstandenen »Abgerissenen Beobachtungen über den launigen Dichter«, in denen Lenz noch einmal die Grenzen und Möglichkeiten dieser Schreibart bestimmt.

Der betonten und aggressiven Abgrenzung entspricht der bewußte Anschluß an die wenigen, von denen Lenz denkt, daß sie so eingestellt sind wie er. In Straßburg ist es der Kreis um den Aktuarius

Johann Daniel Salzmann: »Die Vorsehung hat mir einen liebenswürdigen Zirkel von Freunden geschenkt, mir Ihren Verlust zu ersetzen«, schreibt er am 15. 6. 1772 an seinen Vater. Lenz wird anerkanntes Mitglied im Freundeskreis der Sturm und Drang-Autoren Goethe, Wagner, Klinger, Merck, Herder. Mit Lavater, dem Verfasser der »Physiognomischen Fragmente« kommt Lenz auf eigene briefliche Initiative in ein persönliches Verhältnis. Ein aufopferungsvoller Freund ist ihm auch der Straßburger Pädagoge Johann Gottfried Röderer.

Ein besonders wichtiger Wirkungsbereich Lenz' ist die Straßburger »Gelehrte Übungsgesellschaft«. Salzmann gründet sie 1767. Als Lenz seit 1771 fast regelmäßig an den Sitzungen teilnimmt, nennt er sie »Gesellschaft der schönen Wissenschaften«. Darin drückt sich sein literarisch-künstlerisches Interesse aus. Angespornt durch das Beispiel der von Klopstock angeregten »Deutschen Gesellschaft zu Mannheim« formt Lenz 1775 die Gesellschaft zur »Deutschen Gesellschaft« um. Der Name knüpft auch an die alte, 1743 nach Gottscheds Vorbild in Straßburg gegründete gelehrte Gesellschaft an. Der Neffe Salzmanns, Friederich Rudolf, der während seines Studiums vom Göttinger Hainbund beeinflußt wird, tritt der Gesellschaft bei – ebenso mehrere Lehrer des Straßburger protestantischen Gymnasiums und bei der Stadt tätige Juristen. Auch Schlosser aus dem nahen Emmendingen wird Mitglied. Lenz eröffnet die Sitzungen mit zwei Vorträgen »Über die Vorzüge der deutschen Sprache« und »Über die Bearbeitung der deutschen Sprache im Elsaß, Breisgau und den benachbarten Gegenden«. Wenn auch die französische Sprache zugelassen bleibt, entwickelt sich die Gesellschaft zu einem Zentrum der deutschen Kultur. Lenz trägt als Sekretär viele seiner Schriften vor, bespricht Goethes »Werther« und »Goetz«. Heinrich Leopold Wagner, der Mitglied wird, liest aus der »Kindermörderin«. Die Gesellschaft soll nicht nur ein Gelehrtenzirkel sein, sondern in die Straßburger Öffentlichkeit hineinwirken. Dazu wird 1776 die deutsche Wochenschrift »Der Bürgerfreund« gegründet, die viele der vorgelesenen Abhandlungen und Teile der »Soldaten« abdruckt. Diese Zeitschrift besteht freilich nur ein Jahr. Sie gewinnt nur achtzig Abonennten – wie überhaupt der Ruf der »Gesellschaft« und Lenz' als deren Sekretär beim eher konservativen Bürgertum Straßburgs nicht der beste ist. Der Kreis versucht auch, die deutsche Kultur in den französischen Kulturkreis zu vermitteln. In diesem Zusammenhang ist der Beitritt von Ramond de Carbonnières wichtig, des Sohnes eines Armeezahlmeisters, der mit einer Elsässerin verheiratet ist. Sein Drama »Les Aventures du jeune Alban, fragment des amours alsaciens« (1777) ist im Werther-Stil geschrieben und Lenz gewidmet.

Die Straßburger Jahre bilden Lenz' fruchtbarste Zeit. Mit seinen theologischen und moralphilosophischen Schriften, seinen Erzählungen, Dramen, Gedichten, Rezensionen und den »Anmerkungen übers Theater« erobert er sich schnell eine herausgehobene Position im literarischen Feld. Als freier Schriftsteller leben zu können, ist Lenz freilich nicht vergönnt – wie nicht einmal einem Lessing oder Klopstock. Wie diese Autoren macht sich Lenz, der sich immer wieder als »arm wie eine Kirchenmaus« (an Merck, 19. 3. 1776) bezeichnet, Gedanken darüber, wie die ökonomische Existenz junger Autoren in einem Literaturmarkt gesichert werden kann, der sich gerade erst entwickelt. In der 1775 oder 1776 entstandenen Schrift »Expositio ad hominem« fordert Lenz eine »Leykasse« zur Finanzierung von Arbeiten »junger Schriftsteller von Genie«. Vermutlich sucht Lenz 1776 diese Idee dem Weimarer Schatzmeister Bertuch nahezubringen (vgl. Genton: Expositio). »Ein Brotgewinnst, ein Tagelohn, wie ihn unsere Buchhändler geben, erniedrigt den Geist, macht alle seine Triebfedern lahm, verengt das Herz, füllt es mit Mißtrauen, Schadenfreude, Neid [...]. Daher alle die halben Kenntnisse, schiefen Urtheile, Karrikaturempfindungen und gänzliche Ohnmacht zu handeln.«. Viele Äußerungen von Lenz zeigen, daß er äußerst sensibel auf die Konkurrenzmechanismen im Literaturmarkt reagiert. Er nennt sich »tollkühn«, »weil auch ich es gewagt zu dichten« (»Über die deutsche Dichtkunst«, 1775).

Der Umgang und die geistigen Einflüsse in Straßburg, sowie die dichterische Tätigkeit führen zwangsläufig zu einer Veränderung von Lenz' ursprünglichen religiösen Vorstellungen. Kindermann, Heinrichsdorf, Wiens und Rudolf haben den Wandel seiner theologischen und moralphilosophischen Vorstellungen aufgearbeitet, wie er sich vorrangig in seinen Essays dokumentiert, vor allem in »Vom Baum der Erkenntnis Guten und Bösen« (1771/72), »Versuchung über das erste Principium der Moral« (1772), »Meinungen eines Laien« (1775), »Stimmen des Laien« (1775). Beeinflußt wird Lenz zunächst durch den Aktuar Salzmann. In einem Briefwechsel mit ihm sucht Lenz 1772 nach einem Kompromiß zwischen der Monadenlehre und Theodizee Leibniz' und Rousseaus neuen zivilisationskritischen Ideen. Lenz sucht den Widerspruch zu vermitteln zwischen der Autonomie der Einzelmonade, der Freiheit des Individuums und der Wirksamkeit Gottes in der Welt, die die Einzelmonade zum Teil in einem großen Prozeß werden läßt. Die menschliche Freiheit, welche Gott erst mit der Vertreibung aus dem Paradies hergestellt habe, müsse sich angesichts des Triebes nach »Konkupiszenz« (Vereinigung), nach Genuß und Glück, der eine wichtige »Triebfeder« zur Veränderung und Selbstveränderung darstelle, in den »zeitlichen

Umständen«, in die Gott uns »versetzt«, bewähren. Die im Auf und Ab der menschlichen Geschichte wirksame göttliche Pädagogik ziele auf eine »Vereinigung« der »Zwecke« der Natur des Menschen, auf das »Himmelreich« auf Erden. Herders Geschichtsphilosophie und Theologie beeinflußt Lenz, wenn er die Wirkung göttlicher Handlungen auf die Bildungsgeschichte der Menschheit vom Sündenfall über die mosaische Gesetzgebung bis zu Christi Opfer untersucht. Christi Beispiel signalisiere das in freier Tat verwirklichte Gesetz. Lenz sieht in Christus einen zweiten Prometheus, der das »Lebensfeuer« vom Himmel bringe. Er lebe einen Einklang von Denken, Empfinden, Handeln und Leiden vor (»Über die Natur unseres Geistes«). Er sei das vollkommene Genie, dem zu folgen sei: »dich deinem Nächsten mitgeteilt – aufgeopfert – wer so sein Leben verliert, der wird es erhalten« (»Vom Baum der Erkenntnis«, 1. Supplement). In der ersten Schrift »Vom Baum der Erkenntnis« finden wir zwar noch viele der äußerst rigorosen Moralregeln, die in Lenz' Elternhaus als unumstößlich gelten, aber sie werden säkularisiert, d.h. nicht so sehr in Zusammenhang mit Christi Erlösungstat gesehen als vielmehr ethisch verstanden. Christi Beispiel ist nicht nur eine Erlösungs- sondern auch eine Erziehungstat. Religion drückt für Lenz das Verhältnis zwischen Mensch und Universum, Mensch und Mitmensch aus. Gott hat sich im Menschen verwirklicht und ihn verpflichtet, zu sich selbst zu finden: »Die Offenbarung konnte nichts weiter tun, als das in uns liegende Naturgesetz näher [zu] bestimmen […] zu dem Hauptzwecke der in uns gelegten Wünsche und Verlangen nach größerem Umfange von Glückseligkeit« (an Salzmann, Okt. 1772).

Von Fort Louis aus lernt Lenz im Sommer 1772 Goethes ehemalige Geliebte Friederike Brion kennen, von der sich dieser nach seiner Promotion und seinem Abschied aus Straßburg getrennt hatte. Ihre Situation beschreibt Lenz rückblickend in leicht ironischer Distanzierung in der 1775 oder 1776 entstandenen Ballade »Die Liebe auf dem Lande«. Mit der Perspektive Friederikes identifiziert er sich in dem Rollengedicht »Die Freundin aus der Wolke« (vermutlich 1775). Zwar erwidert Friederike die heftige Zuneigung zu ihr kaum, unter anderem weil sie Goethe noch nachtrauert und Lenz auch kein standesgemäß ausgestatteter Freier hätte sein können. Für ihn ist diese Beziehung dennoch ein einschneidendes und prägendes Erlebnis, an das er sich noch 1780 in einem Brief aus Rußland an sie erinnert. Seine Sicht der Beziehung dokumentieren die Briefe an Salzmann, die er von Fort Louis aus schreibt. Sie zeigen, daß nicht die elementare Erfahrung der Person Friederikes, sondern eine Idealvorstellung, ein idealisiertes Frauenbild die Beziehung auslöst und aufrechterhält: »Ich liebe meine Idee, als die höchste Schönheit, die meinen Sinnen unter Ihrem Geschlecht jemals aufgestoßen [...] Es ist mir wie Pygmalion gegangen. Ich hatte mir zu einer gewissen Absicht in meiner Phantasie ein Mädchen geschaffen – und ich sah mich um und die gütige Natur hatte mir mein Ideal lebendig an die Seite gestellt.« (an Salzmann, 3. 6. 72). Wenn die Idee entscheidender ist als der lebende Partner, werden die sinnlichen Gefühle unterdrückt und in die Gestaltung einer Phantasiewelt abgedrängt. Lenz weiß um diesen Sublimierungsvorgang, der in der tiefen, anerzogenen Angst vor der eigenen Sexualität wurzelt. Sexuelle Gefühle sind für Lenz nur in der Ehe erlaubt, welches Glück ihm nicht vergönnt ist. Als »moralische Freiheit« definiert er in dem »Entwurf eines Briefes an einen Freund« (1771) »die Stärke [...], den Trieben der Natur nach den jedesmaligen Erfordernissen unserer besseren Erkenntnis und unserer Situation zu widerstehen«.

1835 zeichnet Heinrich Kruse bei einem Besuch bei Friederikes jüngster Schwester Sophie aus dort vorhandenen Manuskripten elf Gedichte auf, die die Goethephilologie des 19. Jahrhunderts sogleich diesem Autor zuschreibt, obwohl er selbst nur zwei (»Kleine Blumen, kleine Blätter«, »Es schlug mein Herz«) in seine Sammlung aufgenommen hatte. Seit Ende des 19. Jahrhunderts ist mit biographischen, textphilologischen und ästhetischen Argumenten ein heftiger Streit um die Verfasserschaft geführt worden, als dessen Ergebnis heute in der Regel die Gedichte »Nun sitzt der Ritter an dem Ort«, »Ach, bist du fort?«, »Wo bist du itzt, mein unvergeßlich Mädchen« und »Dir, dem Himmel, wächst er ... entgegen« als Lenzisch gelten. Nach Dwenger ist »Erwache Friederike« zur Hälfte von Goethe und von Lenz. Von letzterem stammen die Strophen 2, 4, 5. Die bekanntesten Gedichte »Ach, bist du fort?« und »Wo bist du itzt?« sind auch in die Titel/Haug—Ausgabe aufgenommen worden. Sie behandeln das für Lenz' Liebeslyrik charakteristische Motiv der Trennung, der Trauer um die Geliebte, den Wunsch, sie wiederzusehen. Dwenger hat die Liebeslyrik im ganzen der petrarkistischen Tradition zugeordnet. In formelhafter Rhetorik würden unabänderliche Situationen (Schönheitspreis, Werbung und Liebesklage) beschrieben. Vor allem der für viele Gedichte charakteristische Wechsel zwischen Lust und Leid und die bejahte Unerfüllbarkeit der Liebe stehen für Dwenger in einer petrarkistischen Tradition. Obwohl ein mittelbarer und später direkter Einfluß Petrarkas nicht abzuweisen ist, wenn auch Lenz sich erst 1775 durch Cornelia Schlossers Anregung mit Petrarka auseinandersetzt (vgl. »Petrarch«), überkreuzt sich dieser Einfluß doch mit Einflüssen aus der eigenen Zeit wie Anakreontik und Empfindsamkeit. Insbesondere die Gedichte des Sesenheimer

Liederbuchs zeigen auch eine Nähe zur Erlebnislyrik, wie sie Goethe entwickelt hat, was die Verwechslungen begünstigt. Ferner darf bei einer Einordnung und Wertung der Gedichte die Eigenerfahrung des Autors nicht vergessen werden. Die von Dwenger als petrarkistisch angesprochene übersteigernde Darstellung von Gefühlsreaktionen wurzelt zum Beispiel in der Überzeugung Lenz', daß die Intensität des Fühlens einen zentralen Lebenswert darstellt. Die Liebe ist für Lenz ein Medium und Forum eigener Selbstbestätigung und -vervollkommnung. Allein in diesem Sinn hat seine Lyrik in Abwandlung von Schillers Diktum (an Goethe, 2. 2. 97) »pathologische Bedeutung«. Charakteristisch für Lenz gebrochenes Selbstbewußtsein und in der Lyrik seiner Zeit originell ist das deutliche Element der Aufhebung aller Emphase durch Ironie – bis hin zur Selbstdistanzierung:

Lieben, hassen, fürchten, zittern,
Hoffen, zagen bis ins Mark,
Kann das Leben zwar verbittern,
Aber ohne sie – wärs Quark!

So endet das auf Cleophe Fibich bezogene Gedicht »An das Herz« (gedruckt 1777) mit einer ironisch distanzierenden Wendung, die mehrere Interpreten an Heine erinnert hat. Friedrich Georg von Kleist, der ältere der beiden Brüder, die Lenz nach Straßburg begleitet hat, verliebt sich in die Tochter eines Straßburger Juweliers Susanne Cleophe Fibich, eine Freundin Friederike Brions. Er erwägt die Möglichkeit einer Ehe. Deshalb muß er, um die Einwilligung seiner Eltern einzuholen, nach Kurland reisen. Zur Sicherheit, die sich später freilich als trügerisch erweist, gibt er am 27. 10. 73 ein schriftliches Eheversprechen ab, das Lenz niederschreibt. In der Abwesenheit des Barons hält Lenz es für seine Pflicht, diesem Chleophes Liebe zu erhalten und gegen Übergriffe vor allem des jüngeren Bruders zu schützen. Freilich verstärkt sich in dieser Zeit auch seine eigene Zuneigung zu dem Mädchen, was er sich zunächst nicht eingestehen will und kann. Ein Dokument dieser Gefühlsverwirrung ist das unvollendete »Tagebuch«, welches Lenz ursprünglich auf englisch verfaßt, dann für Goethe übersetzt, in dessen Papieren es überliefert ist. In der Person des Icherzählers schildert der Verfasser sein Ringen um die eigene Identität. Seinen eigenen Liebeswunsch versteckt er hinter einer moralischen Konstruktion, der idealisierten »reinen« Araminte. Gleichzeitig kann er dieses Bild nur mühsam der kalten Grausamkeit ihrer Koketterie entgegenhalten und die mit dem eigenen erfolglosen Verlangen verbundenen Gefühle von Eifersucht und Schmerz nicht voll verdrängen. Die »Moralische Bekehrung eines Poeten, von ihm selbst aufgeschrieben« (1775) – wie das »Tagebuch« in Goethes Schubladen verwahrt und zu Lebzeiten des Autors nicht veröffentlicht – schildert dann die Ablösung von Cleophe und die Hinwendung zu Cornelia Schlosser, der Schwester Goethes, welche er bei einem Besuch in Emmendingen im April und Mai kennengelernt hat. Der Text könnte als ein kurzer Briefroman an Cornelia gerichtet sein. Die Beziehung spielt sich wieder zum größeren Teil in der Phantasie des Autors ab. Seine Sehnsucht nach Kontakt und Geborgenheit erschafft sich in Cornelia ein hohes göttliches Ideal, wobei er selbst feststellt: »sie kennt mich nicht, wird mich nie kennenlernen. Und hat mir sogar verboten, ihr zu schreiben.« Da die Liebe im Grunde kaum an die lebendige Erfahrung der Person gebunden ist, kann Lenz sie am Ende auf ihr Bild übertragen: »Dein Bild Cornelia – wird nun meine einzige Gesellschaft sein. O wie ich daran hangen will.« Dieses Verhalten wiederholt sich noch einmal in der »Beziehung« zu Henriette von Waldner, die schon wegen ihres adligen Standes unerreichbar ist. Ihre Briefe liest Lenz 1775 bei seiner Vermieterin Luise König. In dem im wesentlichen in Berka entstandenen Briefroman »Der Waldbruder« zeigt Lenz aus der Distanz, die er durch die Pluralität der Blickwinkel verschiedener Schreiber entstehen läßt, die hoffnungslose »Idolatrie« dieser Liebe. (an Röderer, Jan. 1776).

Hingegen bleibt die Beziehung zu Cornelia Schlosser für Lenz bis zu ihrem Tod 1776 wichtig. »Mir füllt diese Lücke nichts«, schreibt er, als er von ihrem Tod erfährt, »ihr Geist war hier wie in einem fremden unbekannten Wohnort, in den er sich nicht zu fassen wußte. Alles drückte auf sie, diese heilige reine Seele mußte sich Luft machen –«. Bei aller Idealisierung zeugen diese Sätze doch von einem deutlichen Sicheinlassen auf die Person. Cornelia muß Lenz Sympathie entgegengebracht haben, obwohl es bisher keine schriftlichen Zeugnisse dafür gibt. Sie fühlt sich in der Ehe unverstanden, in Emmendingen einsam. Vermutlich stimmt Ulrike Prokops These, daß Cornelia in dieser Situation auf die Sehnsucht nach dem verlorenen Bruder »regrediert«, sich – entgegen den Zwängen der Gesellschaft – an »Geschwisterlichkeit als Gleichheit« erinnert (U. P.: Männerphantasien. In: Feministische Studien. H. 1, 1985, S. 154). In der ambivalenten Beziehung zum »Bruder Goethe« könnte ein geheimer Berührungspunkt zwischen ihr und Lenz gelegen haben. Von Lenz her sprechen dafür die Verse, die er nach ihrem Tod 1777 klagend niederschreibt: »Auch ich, auch ich im seligsten Momente/Schlug eine zärtliche Tangente/ Zur großen Harmonie in ihrem Herzen an/ Mit ihrem Bruder, ihrem Mann«.

Die Cleophe-, Cornelia- und Henriette-Erlebnisse geben auch

Anlaß für Gedichte, die werbende Huldigung, Klage über Unerfüllbarkeit der Liebe und eigene Einsamkeit miteinander verbinden
(z.B. »Auf ein Papillote«, »Der verlorne Augenblick«, »In Emmendingen«). »Petrarch. Ein Gedicht aus seinen Liedern gezogen«
(1776) spiegelt die eigene vergebliche Liebeserfahrung in der unglücklichen Beziehung Petrarkas zu Laura, die hier entgegen der historischen Wahrheit seinen Freund Colonna heiratet.

Ende 1775 schreibt Lenz mit der Erzählung »Zerbin oder die
neuere Philosophie«, die 1776 im »Deutschen Museum« erscheint,
ein »wahres Gemälde einer Männerseele«. Insofern ist sie Reflex der
geschilderten Erfahrungen. Zugleich objektiviert und erweitert Lenz
dieses Thema durch eine gesellschaftsanalytische und -kritische
Komponente. Obwohl es sich um eines der wichtigsten Werke Lenz'
handelt, das durchaus neben den »Hofmeister« und die »Soldaten«
gestellt werden kann, weil es die besondere Stellung des Autors in
und zu seiner Zeit markant ausdrückt, ist es in der Forschung ungleich weniger rezipiert worden.

Der bürgerliche Zerbin ist zunächst der »wahre Empfindsame«,
welcher sich durch sein wahres Gefühl von den adligen »Wollustdie-
nern« unterscheidet, die nur »tändeln«. Er bemerkt anfangs aus
Mangel an Erfahrung nicht, daß er die für ihn unerreichbare adlige
Frau fälschlich zu einer »Heiligen« idealisiert. In dem Moment, wo
ein Mädchen aus einem ihm untergeordneten Stand ihm gegenüber
wahre Gefühle zeigt, schlägt dieses Bild der »heiligen« Frau, das ja
schon durch Renatchens Verhalten Sprünge bekommen hat, in sein
Gegenteil um. Zerbin erkennt auf einmal Liebe als etwas sehr Irdisches, das zweckrationalen Erwägungen unterworfen werden kann.
Er trennt jetzt zwischen einer Gefühlsbeziehung und einem Eheer-
hältnis. Letzteres beruht für ihn auf bloßer Konvenienz. Lenz bringt
Zerbin dann durch Maries Schwangerschaft und eine finanzielle Krise dazu, daß er, der inzwischen aufgrund von »egoistischen Grundsätzen« handelt, die Verhaftung, Verurteilung und den Tod Maries
in Kauf nimmt. Um eine vorteilhafte eheliche Beziehung und seine
Reputation zu retten, überläßt er Marie ihrem Schicksal. Der Erzähler rechtfertigt freilich weder das Bild der »heiligen« Frau, welches
von vornherein als Idealisierung gekennzeichnet ist, noch die zweck-
rationale Ordnung der Geschlechterbeziehungen nach Zweck-Mit-
tel-Relationen. Auch Marie, die ganz dem Manne hingegebene,
schemenhaft Fügsame, die sich konsequent in Verurteilung und Tod
schickt, ist, obwohl sie am Schluß effektvoll zur Märtyrerin gesteigert wird, keine Vorbildfigur; denn ihre passive Moral läßt sie zum
»Schlachtopfer« werden. Stirbt Werther einen Tod der »schönen
Tat« des Herzens gegen die gesellschaftliche »Vernunft«, scheitert

Zerbin am Ende, weil er eben dieser »Vernunft« folgt, die auch »Schlachtopfer« in Kauf nimmt.

Die Erzählung beginnt mit einer Erzählerreflexion: »Wir leben in einem Jahrhundert, wo Menschenliebe und Empfindsamkeit nichts seltenes mehr sind: woher kommt es denn, daß man so viele Unglückliche unter uns antrifft? Sind das immer Unwürdige, die uns unsere durch immer hellere Aussichten in die Moral bereicherten Verstandesfähigkeiten als solche darstellen«? Die Erzählung gestaltet den Widerspruch zwischen dem Anspruch der Aufklärung auf Ausgang des Menschen aus der Unmündigkeit, auf individuelle und soziale Emanzipation – hier verwirklicht im individuellen Aufstieg durch soziale Anpassung –, und einer Beschränkung des Vernunftanspruchs auf Anpassung an die herrschenden sozialen Verhältnisse. In diesen, d.h. »nach unsrer physischen, moralischen und politischen Einrichtung« müssen sich »Liebe und Liebe« »oft« verfehlen (an Sophie von LaRoche, Juli 1775).

Außer an den Ambivalenzen von Vernunft und vernünftiger Moral scheitert Zerbin an den Widersprüchen seines internalisierten Frauenbildes. Dem des »überirdischen Wesens« entspricht als negatives Pendant das Bild der Frau als Verführerin, »weiblicher Alexandergeist«. Beide Bilder entstehen aus der Verdrängung und Verschiebung der eigenen sexuellen Bedürfnisse, die als Bedrohung empfunden werden. Entsprechend diszipliniert sich Zerbin zu einem Manne von »aufgeklärtem Verstand«, der aber durch sein Zweck-Mittel-Denken die »Pflicht des Naturgesetzes« verletzt.

Seit Thomasius gibt es in Deutschland eine Kampagne der Aufklärer gegen Folter und Hexenprozesse. Beccaria fordert 1764 in »Dei Delitte e delle pene« die Abschaffung der Todesstrafe und der Folter und die Berücksichtigung der Umstände bei der Bemessung des Strafmaßes. Das Thema der Kindsmörderin, die nach herrschendem Recht zum Tode verurteilt werden muß – Lenz mildert es ab: das Kind kommt tot zur Welt –, wird von allen Sturm und Drang-Autoren behandelt. Lenz will aber mehr als eine Bewertung der Umstände, die eine mildere Strafe ermöglichen würde. Da der Verführer sozial höhergestellt ist als die Verführte, ist der dargestellte Konflikt klassenbezogen. Die Kritik trifft Zerbin als Vertreter des Bürgertums – so sehr er auch Opfer räuberischen Verhaltens von Adligen ist. Die extreme Unnatürlichkeit und Unvernunft einer verhehlten Schwangerschaft mit Todesfolge für das Kind und Todesurteil für die Mutter steht ein für die Unnatur und Unvernunft einer Gesellschaft, deren sozialpsychologische Mechanismen noch das Unnatürlichste als unvermeidlich, daß heißt ›natürlich‹, ›vernünftig‹ erscheinen lassen.

»Abgerissene Beobachtungen über den launigen Dichter«
MS: Verloren
E: Deutsches Museum 7 (1782), S. 195–196. – *Blei*, Bd. 4, S. 269–270; *Titel/Haug*, Bd. 1, S. 464–465

»Briefe über die Moralität der Leiden des jungen Werthers«
MS: Verloren
E: *Schmitz-Kallenberg*, Lotte (Hg.): Briefe über … Eine verloren geglaubte Schrift der Sturm- und Drangperiode. Münster 1918. – *Titel/Haug*. Bd. 1, S. 383–402
S: *Liebman*, Giuli: Werther fra impegno morale e autonomia estetica nei ›Briefe über … ‹ di J. M. R. Lenz. In: Amali. Ist. Univ. Orient. Sez. Germanica. Studie tedesci 18 (1975), S. 1–18; *Osborne*, S. 51–62; *Osborne*, John: Exhibition and criticism. J. M. R. Lenz' ›Briefe über … Werthers‹. In: Seminar 10 (1975), S. 199–212; *Sommerfeld*, Martin: J. M. R. Lenz und Goethes Werther: Aufgrund der neu aufgefundenen Lenz'schen Briefe über … In: Euphorion 24 (1922), S. 68–107. Nachdruck in: ders.: Goethe in Umwelt und Folgezeit. Leiden 1935, S. 60–101

»Etwas über Lenzens Neuen Menoza«
MS: Verloren
E: Frankfurter Gelehrte Anzeigen v. 08. 09. 1775, S. 595–597. – *Daunicht*, Richard: J. M. R. Lenz und Wieland. Diss. phil. Berlin 1941, Dresden 1942, S. 43–45
»Expositio ad hominem.«
MS: Goethe-Schiller-Archiv. Weimar
E: *Genton*, Elisabeth: Expositio ad hominem. Un Inédit de J. M. R. Lenz. In: Études Germaniques 17 (1962), S. 259–269

»Entwurf eines Briefes an einen Freund, der auf Akademien Theologie studiert«
MS: Stiftung Preuß. Kulturbesitz. Berlin (West)
E: *Stöber* (Röderer), S. 178–182. – *Blei*, Bd. 4, S. 20–24; *Lewy*, Bd. 4, S. 337–344
S: *Kindermann*, S. 84–87

»Meynungen eines Layen den Geistlichen zugeeignet. Stimmen des Layen auf dem letzten theologischen Reichstag im Jahr 1773«
MS: Verloren
E: Leipzig: Weygand 1775. – *Blei*, Bd. 4, S. 79–188; *Daunicht* (Texte), S. 167–244; *Titel/Haug*, Bd. 1, S. 510–571
S: *Girard*, S. 125–138; *Heinrichsdorff*, S. 64–97; *Kindermann*, S. 165–175; *Rudolf*, S. 210–216; *Wien*, Werner: Lenzens Sturm- und Drang-Dramen innerhalb seiner religiösen Entwicklung. Diss. phil. Göttingen 1935. Berlin 1935, S. 43–47, 58–69

»Nur ein Wort über Herders Philosophie der Geschichte«
MS: Verloren
E: Frankfurter Gelehrte Anzeigen v. 18. 07. 1775. S. 475–477. – *Dorer-Egloff*, S. 142–144; *Titel/Haug*, Bd. 1, S. 403–404

»Recension des neuen Menoza, von dem Verfasser selbst aufgesetzt«
MS: Verloren
E: Frankfurter Gelehrte Anzeigen v. 11. 07. 1775. S. 459–466. – *Dorer-Egloff*, S. 136–142; *Lewy*, Bd. 3, S. 373–380; *Titel/Haug*, Bd. 1, S. 414–420

»Über die Bearbeitung der deutschen Sprache im Elsaß, Breisgau und den benachbarten Gegenden«
MS: Stiftung Preuß. Kulturbesitz. Berlin (West). (Frühe Fassung.)
E: *Kayser*, S. 55–69. – *Blei*, Bd. 4, S. 241–249; *Credner*, S. 76–78 (Ausschnitte); *Lewy*, Bd. 4, S. 225–234; *Tieck*, Bd. 2, S. 318–325; *Titel/Haug*, Bd. 1, S. 449–457
S: *Rosanov*, S. 260–263, *Sinnreich*, Maria: Das gesellschaftskritische Element im Schaffen von J. M. R. Lenz. Diss. phil. Wien 1936. (Masch.) S. 101–105

»Über die Vorzüge der deutschen Sprache«
MS: Stiftung Preuß. Kulturbesitz. Berlin (West)
E: *Kayser*, S. 70–79. – *Blei*, Bd. 4, S. 236–241; *Lewy*, Bd. 4, S. 235–242; *Tieck*, Bd. 2, S. 326–330; *Titel/Haug*, Bd. 1, S. 458–463
S: *Sinnreich*, S. 101–105

»Über die Natur unseres Geistes. Eine Predigt über den Prophetenausspruch: Ich will meinen Geist ausgießen über alles Fleisch vom Layen«
MS: Stiftung Preuß. Kulturbesitz. Berlin (West)
E: Ausschnitt in *Rosanov*, S. 554-556. – Gleicher Ausschnitt in *Blei*, Bd. 4, S. 25–29; Ausschnitt in *Lewy*, Bd. 4, S. 327–336; Vollständ. Text in *Titel/Haug*, Bd. 1, S. 572–578
S: *Torggler*, Joseph: Sozialbewußtsein und Gesellschaftskritik bei J. M. R. Lenz. Diss. phil. Innsbruck 1957. S. 110–114

»Über Goetz von Berlichingen«
MS: Kraków. Biblioteka Jagiellońska
E: *Schmidt*, Erich: Lenziana. Sitzungsberichte der Königlich Preußischen Akademie der Wissenschaften zu Berlin. 24. 10. 1901, S. 994–996. – *Blei*, Bd. 4, S. 222–227; *Lewy*, Bd. 4, S. 299–306; *Richter*, S. 351–355; *Titel/Haug*, Bd. 1, S. 378–382
S: *Genton* (Lenz-Klinger-Wagner), S. 75, S. 117-120

»Vertheidigung des Herrn W. gegen die Wolken von dem Verfasser der Wolken«
MS: Verloren
E: *Schmidt*, Erich (Hg.): Deutsche Literaturdenkmale des 18. und 19. Jahr-

hunderts. 3. Folge, Nr. 1. Berlin 1902. Neuauflage: Wendeln 1968. – *Blei*,
Bd. 4, S. 293–320; *Titel/Haug*, Bd. 1, S. 421–448
S: *Daunicht*, S. 64–71

»Versuch über das erste Principium der Moral«
MS: Stiftung Preuß. Kulturbesitz Berlin (West)
E: *Stöber* (Röderer), S. 183–200. – *Blei*, Bd. 4, S. 3-20; *Lewy*, Bd. 4,
S. 345–364; *Titel/Haug*, Bd. 1, S. 483–500
S: *Rudolf*, S. 203–206, *Wien*, S. 47–55

»Vom Baum der Erkenntnis des Guten und Bösen«
MS: Fragment: Stiftung Preuß. Kulturbesitz. Berlin (W)
E: J. M. R. *Lenz*: Philosophische Vorlesungen für empfindsame Seelen.
Frankfurt/Leipzig: Weygand 1780. – *Blei*, Bd. 4, S. 31–78; *Titel/Haug*,
Bd. 1, S. 501–509 (Nachtrag); Auszug ›Meine Lebensregeln‹ in: *Lewy*, Bd.
4, S. 307–326
S: *Wiens*, S. 17–31, S. 56–58

»Über Ovid«
MS: Kraków. Biblioteka Jagiellońska
E: *Blei*, Bd. 4, S. 205–214. – *Titel/Haug*, Bd. 1, S. 473–482
S: *Genton* (Lenz-Klinger-Wagner), S. 34–35, S. 71; *Weiss*, Richard: The
Attitudes of J. M. R. Lenz toward the Ancient Classics. Diss. phil. New
York 1968. S. 88–89, S. 96–99

»Zweyerlei über Virgils erste Ekloge«
MS: Kraków. Biblioteka Jagiellońska
E: *Schmidt* (Lenziana), S. 996–999. – *Blei*, Bd. 4, S. 199–204; *Lewy*, Bd. 4,
S. 299–305; *Titel/Haug*, Bd. 1, S. 467–472
S: *Weiss*, S. 92–93

»Tagebuch«
MS: Stiftung Preuß. Kulturbesitz. Berlin (West)
E: *Urlichs*, Ludwig: Etwas von Lenz. In: Deutsche Rundschau 11 (1877),
S. 271–292. – *Blei*, Bd. 5, S. 1–47; *Lewy*, Bd. 4, S. 1–46; *Titel/Haug*,
Bd. 1, S. 207–253
S: *Urlichs*, ebd. S. 254–271

»Moralische Bekehrung eines Poeten, von ihm selbst aufgeschrieben«
MS: Goethe-Schiller-Archiv. Weimar
E: *Weinhold*, Karl: Anfang eines fantastischen Romans von Lenz, von dessen
eigener Hand. In: Goethe-Jahrbuch 10 (1889), S. 46–70. – *Blei*, Bd. 5,
S. 49–76; *Lewy*, Bd. 4, S. 47–74; *Titel/Haug*, Bd. 1, S. 254–282
S: *Kindermann*, S. 241–282; *Weinhold*, ebd. S. 89–105

»Zerbin oder die neuere Philosophie«
MS: Verloren
E: Deutsches Museum 1 (1776), S. 116–131 u. S. 193–207. – *Blei*, Bd. 5,

S. 77—106; *Daunicht* (Texte), S. 147—166; *Lewy*, Bd. 4, S. 135—164; *Richter*, S. 271—295; *Tieck*, Bd. 3, S. 143—170
S: *Nahke*, S. 342—361; *Osborne*, S. 84—95; *Rudolf*, S. 223—234; *Preuss*, S. 54—64

»Ach bist du fort?«
MS: Verloren. Abschrift H. Kruse Universitätsbibliothek Leipzig. Abschrift A. Stöber Goethe-Schiller-Archiv. Weimar
E: Deutscher Musenalmanach 1838. S. 4. – *Blei*, Bd. 1, S. 74—75; *Lewy*, Bd. 2, S. 11—12; *Richter*, S. 4—5; *Sauer*, S. 218—219; *Strasser*, Bd. 2, S. 246—247; *Titel/Haug*, Bd. 1, S. 108; *Weinhold* (Gedichte), S. 88—89
S: *Dwenger*, S. 121, 125—127, 131, 159, 163—166, 208—209, 226

»An das Herz«
MS: Verloren
E: Der Bürgerfreund 1776, S. 142—144 (1. Fassung); Musenalmanach oder poetische Blumenlese für das Jahr 1777. S. 28. (zweite Fassung). – *Blei*, Bd. 1, S. 98—99; *Dorer-Egloff*, S. 134; *Haug* (Gedichte), S. 10; *Lewy*, Bd. 2, S. 39; *Maltzahn*, Wendelin von: Der Dichter J. M. R. Lenz. In: Blätter für literarische Unterhaltung v. 24. 08. 1848, S. 947; *Richter*, S. 3; *Sauer*, S. 246—247; *Strasser*, Bd. 2, S. 245; *Titel/Haug*, Bd. 1, S. 110; *Weinhold* (Gedichte), S. 111—112; *Zöppritz*, Rudolf (Hg.): Lenziana. In: ders.: Aus F. H. Jacobis Nachlaß. Ungedruckte Briefe von und an Jacobi und andere. Nebst ungedruckten Gedichten von Goethe und Lenz. Leipzig 1869. Bd. 2, S. 307—308
S: *Stern*, Martin: Akzente des Grams. Über ein Gedicht von J. M. R. Lenz. Mit einem Anhang: Vier unbekannte Briefe von Lenz an Winckelmanns Freund Heinrich Füssli. In: Jahrbuch der deutschen Schillergesellschaft Bd. 9 (1966), S. 160—169

»Auf eine Papillote«
MS: Stiftung Preuß. Kulturbesitz. Berlin (West)
E: *Zöppritz*, Rudolf: Lenziana. Leipzig 1869, S. 310—311. – *Blei*, Bd. 1, S. 101—102; *Haug* (Gedichte), S. 14—15; *Lewy*, Bd. 2, S. 43; *Sauer*, S. 221—222; *Titel/Haug*, Bd. 1, S. 113—114; *Weinhold* (Gedichte), S. 114—115
S: *Dwenger*, S. 118, 122, 124—126, 132, 137, 139—141, 186, 216, 226, 240

»Der verlorne Augenblick, die verlorne Seligkeit«
MS: Stiftung Preuß. Kulturbesitz. Berlin (West)
E: *Weinhold* (Gedichte), S. 129—130. – *Blei*, Bd. 1, S. 114—116; *Haug* (Gedichte), S. 16—17; *Lewy*, Bd. 2, S. 135; *Richter*, S. 9—11; *Sauer*, S. 223—224; *Strasser*, Bd. 2, S. 255—256; *Tieck*, Bd. 3, S. 249—250; *Titel/Haug*, Bd. 1, S. 118—121
S: *Dwenger*, S. 116, 123, 127, 141, 144—147, 186, 191, 196—201, 209, 212—213, 216, 227, 238

»Der Wasserzoll. Denkmal der Freundschaft«
MS: Staatsarchiv. Weimar
E: Iris v. 02. 08. 1776. S. 147. – *Blei*, Bd. 1, S. 130–131; *Haug* (Gedichte),
S. 5; *Sauer*, S. 230; *Strasser*, Bd. 2, S. 253; *Titel/Haug*, Bd. 1, S. 104; *Weinhold* (Gedichte), S. 145

»Die Freundin aus der Wolke«
MS: Verloren
E: Iris v. 01. 07. 1775. S. 72. – *Blei*, Bd. 1, S. 76; *Haug* (Ged.), S. 6–7;
Lewy, Bd. 2, S. 20; *Richter*, S. 12; *Sauer*, S. 230; *Titel/Haug*, Bd. 1, S. 107;
Weinhold (Gedichte), S. 89
S: *Dwenger*, S. 105, 152, 160, 171–173, 217

»Die Liebe auf dem Lande«
MS: Verloren
E: Musen-Almanach für das Jahr 1798. Hg. von Friedrich Schiller. S. 74–79
(2. Fassung). – *Blei*, Bd. 1, S. 134–139; *Dorer-Egloff*, S. 131–134; *Haug*
(Gedichte), S. 41–44; *Lewy*, Bd. 2, S. 15–17; *Richter*, S. 13–16; *Sauer*,
S. 231–233; *Strasser*, Bd. 2, S. 267–270; *Titel/Haug*, Bd. 1, S. 139–141;
Urlichs, Ludwig: Neues von Lenz. In: Archiv für Literaturgeschichte 8
(1879), S. 167–170 (1. und 2. Fassung); *Weinhold* (Gedichte), S. 149–153

»Dir, Himmel, wächst er kühn entgegen«
MS: Stiftung Preuß. Kulturbesitz. Berlin (West)
E: *Weinhold* (Gedichte), S. 89. – *Blei*, Bd. 1, S. 76; *Lewy*, Bd. 2, S. 68

»Eloge de feu Monsieur [++]nd Ecrivain très célèbre en Poesie et en Prose.
Dédiè au beau Sexe de l'Allemagne«. (Auch unter den Titeln: »Das gute
Mädchen. Der neue Amadis. Die Grazien. Palinodie«.)
MS: Verloren
E: *Lenz:* ders. Titel. Hanau 1775. – *Blei*, Bd. 1, S. 86–92; *Lewy*, Bd. 2,
S. 88–93; *Titel/Haug*, Bd. 1, S. 186–191; *Weinhold* (Gedichte), S. 99–105

»Erwache Friederike« (Strophe 1 und 3 von Goethe)
MS: Verloren. Abschrift H. Kruse: Universitätsbibliothek Leipzig. Abschrift A. Stöber: Goethe-Schiller-Archiv, Weimar
E: Deutscher Musenalmanach. 1838. – Nachdruck in: *Goethe*, Johann Wolfgang von: Werke. Hamburger Ausgabe. Hrsg. von Erich Trunz. Bd. 1:
Gedichte und Epen. Hamburg 1948. S. 29f
S: *Dwenger*, S. 168. – *Spiess*, Heinrich: Erwache Friederike. In: Zeitschrift
für deutsche Philologie 56 (1931), S. 195–206

»Epistel eines Einsiedlers an Wieland«
MS: Verloren
E: Deutsches Museum 1 (1776), S. 1099–1102. – *Blei*, Bd. 1, S. 189–192;
Iris 7 (1776), S. 524–530 (Textvariante); *Lewy*, Bd. 2, S. 103–106; *Richter*,
S. 24–27; *Sauer*, S. 256–259; *Tieck*, Bd. 3, S. 263–266; *Titel/Haug*, Bd. 1,
S. 193–196; *Weinhold* (Gedichte), S. 205–208
S: Daunicht, S. 85–87

»Ich suche sie umsonst, die heilige Stelle. (In Emmendingen.)«
MS: Stiftung Preuß. Kulturbesitz. Berlin (West)
E: *Tieck*, Bd. 3, S. 253. – *Blei*, Bd. 1, S. 112–113; *Haug* (Ged.), S. 5; *Lewy*, Bd. 2, S. 129; *Richter*, S. 11–12; *Sauer*, S. 261; *Strasser*, Bd. 2, S. 264–265; *Titel/Haug*, Bd. 1, S. 48–49; *Weinhold* (Gedichte), S. 127
S: *Dwenger*, S. 121, 127, 128, 141, 142, 186, 192–196, 212, 219–220

»Lied zum teutschen Tanz«
MS: Stiftung Preuß. Kulturbesitz. Berlin (West)
E: *Weinhold* (Gedichte), S. 120–121. – *Blei*, Bd. 1, S. 107; *Haug* (Gedichte), S. 11; *Richter*, S. 6; *Strasser*, Bd. 2, S. 253–254; *Titel/Haug*, Bd. 1, S. 104
S: *Dwenger*, S. 186–188, S. 214

»Menalk und Mopsus. Eine Ekloge nach der fünften Ekloge Vergils«
MS: Verloren
E: Frankfurt u. Leipzig: Weygand 1775. – Rheinischer Most. 1775. S. 147–170; Gesammelte Schauspiele fürs deutsche Theater. 3. Sammlung. Frankfurt 1780; *Blei*, Bd. 1, S. 77–86; *Tieck*, Bd. 3, S. 67–76; *Titel/Haug*, Bd. 1, S. 177–185; *Weinhold* (Gedichte), S. 90–98
S: *Schmidt*, Erich: Satirisches aus der Geniezeit. In: Archiv für Literaturgeschichte 9 (1880), S. 179–190

»Nachtschwärmerey«
MS: Stiftung Preuß. Kulturbesitz. Berlin (West)
E: Teil des Briefes Lenz an Goethe. Februar 1775. In: *Freye/Stammler*, S. 86–89. – *Blei*, Bd. 1, S. 131–134; *Haug* (Gedichte), S. 7–9; *Lewy*, Bd. 2, S. 130; *Richter*, S. 22–24; *Sauer*, S. 238–240; *Strasser*, Bd. 2, S. 270–272; *Titel/Haug*, Bd. 1, S. 199–201; *Weinhold* (Gedichte), S. 146–148; *Zöppritz*, Bd. 2, S. 314
S: *Dwenger*, S. 186, 201–203, 227, 240

»Petrarch. Ein Gedicht aus seinen Liedern gezogen«
MS: Verloren
E: *Lenz*: ders. Titel. Winterthur: Heinrich Steiner 1776. (Mit Anhang: Ein Versuch über die neunte Kanzonette Petrarchs.) – *Blei*, Bd. 1, S. 117–130; *Tieck*, Bd. 3, S. 77–78; *Titel/Haug*, Bd. 1, S. 128–138; *Weinhold* (Gedichte), S. 131–145

»So kurz das Leben ist, so sehr mein Herz erschrickt. (An Cornelia)«
MS: Stiftung Preuß. Kulturbesitz. Berlin (W)
E: *Tieck*, Bd. 3, S. 251. – *Blei*, Bd. 1, S. 116; *Lewy*, Bd. 2, S. 61; *Sauer*, S. 242; *Strasser*, Bd. 2, S. 258–259; *Weinhold* (Gedichte), S. 131
S: *Dwenger*, S. 116, 126, 210, 224–225, 227

»Über die deutsche Dichtkunst«
MS: Stiftung Preuß. Kulturbesitz. Berlin (W). (Fragment)
E: *Tieck*, Bd. 3, S. 254–256. – *Blei*, Bd. 1, S. 148–150; *Lewy*, Bd. 2,

S. 148—150; *Richter*, S. 29—31; *Sauer*, S. 269—271; *Titel/Haug*, Bd. 1, S. 160—162; *Weinhold* (Gedichte), S. 163—165
S: *Hirschfeld*, Anni: J. M. R. Lenz als Lyriker. Diss. phil. Frankfurt/M. 1924. (Masch.). S. 54—56, 100, 111—112

»Wo bist du itzt, mein unvergeßlich Mädchen«
MS: Verloren. Abschrift H. Kruse: Universitätsbibliothek Leipzig. Abschrift A. Stöber: Goethe-Schiller-Archiv, Weimar
E: Blätter für literarische Unterhaltung v. 05. 01. 1837. S. 18. – *Blei*, Bd. 1, S. 73—74; *Lewy*, Bd. 2, S. 10; *Richter*, S. 4, *Sauer*, S. 217; *Strasser*, Bd. 2, S. 246; *Titel/Haug*, Bd. 1, S. 108; *Weinhold* (Gedichte), S. 87

Sekundärliteratur allgemein

Literatur zur Straßburger Zeit

Froitzheim, Johannes: Salzmanns Verhalten gegen Goethe und Lenz. In: ders.: Friederike von Sesenheim nach geschichtlichen Quellen. Gotha 1893. S. 72—81

Froitzheim, Johannes: Zur Straßburger Sturm- und Drangperiode, 1770—1776: Urkundliche Forschungen, nebst einem ungedruckten Briefwechsel der Straßburgerin Luise König mit Karoline Herder aus dem Herder- und Röderer-Nachlaß. In: Beiträge zur Landes- und Volkskunde von Elsaß-Lothringen. Bd. 1, 7. Straßburg: 1888. S. 24—59

Hausmann, J. F.: Die Übereinstimmung von Hamann, Herder und Lenz in ihren Ansichten über die deutsche Sprache. In: Euphorion 14 (1907), S. 256—259

Keller, J.: Les societés culturelles à Strasbourg vers 1770. In: Revue d'Allemagne. Bd. 3, Nr. 1, (janv. – mars 1971), S. 225—234

Leffzt, Joseph: Die gelehrten und literarischen Gesellschaften im Elsaß vor 1780. Heidelberg 1931

Pope, Timothey F.: J. M. R. Lenz' Literarischer Zirkel' in Straßbourg. In: Seminar 20 (1984), S. 235—245

Stöber, August: Der Aktuar Salzmann und seine Freunde. In: Alsatia. Jahrbuch für elsässische Geschichte, Sage, Altertumskunde, Sitte, Sprache und Kunst. Mühlhausen 1853. S. 64—77

Literatur zu den Einflüssen auf Lenz

Blunden, Allan G.: J. M. R. Lenz and Leibniz: a point of view. In: Sprachkunst 9 (1978), S. 3—18

Blunden, Allan G.: Language and Politics: The Patriotic Endeavours of J. M. R. Lenz. In: DVjs (1975), S. 168—189

Diffey, Norman R.: J. M. R. Lenz und Jean-Jaques Rousseau. Bonn 1981

Literatur zu Lenz und seinem Kreis

Burger, Heinz Otto: J. M. R. Lenz innerhalb der Goethe-Schlosserschen Konstellation. In: Dialog. Literatur und Literaturwissenschaft im Zeichen deutsch-französischer Begegnungen. Berlin 1973. S. 95−126

Daunicht (Wieland)

Diffey, s. o.

Düntzer, Heinrich: Friederike und Lenz. In: ders.: Friederike von Sesenheim im Lichte der Wahrheit. Stuttgart 1893. S. 88−122

Düntzer, Heinrich: Goethe und Lenz in Straßburg. In.: Die Gegenwart 34 (1888), S. 120−122

Frank, Richard A.: Lenz contra Wieland. An episode in Eighteenth Century Poetics. Rice University Press 1982

Genton, Elisabeth: Ein unveröffentlichter Brief von J. M. R. Lenz an Christian Heinrich Boie. In: Jahrbuch der Schillergesellschaft 8 (1964), S. 6−18

Kahn-Wallerstein, Carmen: J. M. R. Lenz und Cornelia Schlosser. In: Schweizer Rundschau 2 (1953), S. 93−100

Madland, Helga Stipa: Lenz and Wieland. The Dialectics of Friendship and Morality. In: Lessing Yearbook 18 (1985), S. 201−212

Pange, Jean de: Goethe en Alsace. Paris 1925. S. 160−170, 197f.

Stöber, August: Johann Gottfried Röderer von Strassburg und seine Freunde: Biographische Mitteilungen nebst Briefen an ihn von Goethe, Kayser, Schlosser etc. Mit einem Nachtrag von Briefen an Röderer und Lenz. Colmar 1874

Stöber, August: Der Dichter Lenz und Friederike von Sesenheim. Basel 1842

Stöber, August: Der Aktuar Salzmann. Goethes Freund und Tischgenosse in Straßburg. Frankfurt 1855

Literatur zu den Sesenheimer Liedern

Freise, Ernst: Zwei Goethe-Studien. In: PMLA 57 (1942), S. 169−181

Goebel, Julius: The Authority of Goethes Sesenheim Songs. In: Modern Philology 1 (1903−1904), S. 159−170

Kruse, Heinrich: Wallfahrt nach Sesenheim. In: Deutsche Rundschau 17 (1878), S. 218−226

Maurer, Theodor: Die Sesenheimer Lieder: Eine kritische Studie. In: Beiträge zur Landes- und Volkskunde von Elsaß-Lothringen. Bd. 32. Straßburg 1907

Schröder, Eduard: Die Sesenheimer Lieder von Goethe und Lenz: Mit einem Excurs über Lenzens lyrischen Nachlaß. In: Nachrichten von der königlichen Gesellschaft der Wissenschaften zu Göttingen, Philologisch-historische Klasse. Göttingen 1905, S. 51−115

Schröder, Eduard: Sesenheimer Studien. In: Jahrbuch der Goethe-Gesellschaft 6 (1919), S. 82−107

Siebs, Theodor: Die Sesenheimer Lieder von Goethe und Lenz. In: Preußische Jahrbücher 88 (1897), S. 407−454

2.4. Die Straßburger Dramen

Wie für alle Stürmer und Dränger wird Shakespeare, dessen Historien Lenz vermutlich schon in Königsberg liest, zum bedeutenden Anreger, den er in Essays und Dramen produktiv rezipiert. Der englische Dramatiker wird entgegen seiner »vernünftigen« und maßvollen Rezeption bei Aufklärern wie Lessing und Wieland für die junge Generation zur Kultfigur, das Bekenntnis zu ihm Ausdruck eines neuen Dichtungsverständnisses. Lenz' intensive Auseinandersetzung und Identifikation mit ihm belegen zunächst Hinweise, die über das ganze Werk und die Briefe verstreut sind. Shakespeares Geist wird in dem gleichnamigen dramatischen Monolog von 1776 und im »Pandämonium Germanicum« mit großer Verehrung beschworen. Im Manuskript der »Kleinen« von 1775 findet sich die Randbemerkung »Alles verkürzt sich in Shakespeare«. In den Gedichten »Über die deutsche Dichtung«, »Abschied von Kochberg« und »Was ist Satyre« – letzteres erst in Moskau entstanden – wird auf den Engländer Bezug genommen. Für die Fritz-Läuffer-Gustchen-Szenen im »Hofmeister« sind die Verweise auf »Romeo und Julia« zentral. Erwähnt oder zitiert wird Shakespeare in den Prosawerken »Moralische Bekehrung eines Poeten«, »Der Waldbruder« und »Der Landprediger«. In den »Anmerkungen übers Theater« fungiert er als Antipode des Aristoteles und der französischen Dramentradition (vgl. u.a. die Gegenüberstellung von »Julius Caesar« und Voltaires »Mort de César«). Der Vortrag für die Straßburger Gesellschaft »Über die Veränderung des Theaters« (1776) und der Essay »Das Hochburger Schloß« (1777) setzen sich mit Shakespeares Dramen auseinander. Der Einfluß des Engländers darf aber auch nicht überschätzt werden. Schon Genton zeigt, daß Lenz' Werke fast ebenso stark von Traditionen des deutschen Volkstheaters bestimmt sind, vom Marionetten- und Puppenspiel und der Praxis der Wanderbühnen, der Haupt- und Staatsaktionen (vgl. dazu auch Hinck). Strukturmerkmale der Dramen wie die Abkehr von den drei Einheiten, Vorrang der »Situation« gegenüber den Absichten der Figuren und die Vorliebe Lenz' für komische Effekte und karikierende Darstellungsform sind auch hierdurch angeregt. Entgegen Goethes abschätzigem Urteil in »Dichtung und Wahrheit«, daß Lenz sich »bilderstürmerisch« gegen die Theatertradition verhalten und »überall nach Shakespearescher Weise gehandelt« habe und vor allem entgegen Gundolfs einflußreichem Verdikt in »Shakespeare und der deutsche Geist« (1912) ist Lenz kein bloßer Nachahmer des Engländers, dessen Schreibart er zudem mißverstehe und übertreibe. Der englische Dichter dient ihm als Vorbild, als er mit der Tradition des klassizistischen Theaters bricht, die in Deutschland trotz Lessing noch weithin herrscht. Shakespeare gibt ihm viele Anregungen, wie das neue antiaristotelische Theater aussehen könnte (vgl. Rauch, Schwarz, Inbar). Dies gilt für die Freiheit in Ort, Zeit und Handlung, für die Einbeziehung komischer und tragischer Elemente in den Text. Doch während zum Beispiel bei Shakespeare von vornherein *ein* Element – Komik oder Tragik – dominiert, wird für Lenz' Stücke der wechselseitige Umschlag von Komik in Tragik strukturbildend. Zudem ist Shakespeares Welt bei allem Chaos, das in sie einbricht, letztlich ein hierarchisch geordneter Kosmos. So stellen die Dramenschlüsse die Ordnung wieder her, bei Lenz bleiben die Konflikte dagegen am Ende meist ungelöst. Das produktive Mißverständnis der Historien als »Charakterstücke« in den »Anmerkungen« – vorher schon bei Johann Elias Schlegel in der »Vergleichung Shakespeares und Andreas Gryphs« – bestärkt Lenz in seinem Postulat einer Charaktertragödie, das er gegen Aristoteles und Lessing entwickelt. Allerdings schreibt Lenz im Gegensatz zu Goethe mit dem von ihm bewunderten »Goetz« eine solche nicht, sondern ersetzt – hier weit radikaler und moderner – den Charakter als ein die Texteinheit konstituierendes Element durch das der »Situation« und des »Interesses«.

Die Eigentümlichkeit der produktiven Rezeption Shakespeares verstellt leicht den Blick darauf, daß Lenz sehr wohl wichtige Kompositionsprinzipien seines Vorbildes erkennt und studiert und er ihm keineswegs »Regellosigkeit« unterstellt. So kann er zum Beispiel in »Über die Veränderung« die Wirkung von Shakespeares »Schauspiel der Sinne«, die Technik der Illusion aus sprachlichen und szenischen Arrangements erklären. Damit weist er auf die Shakespearerezeption der Romantik voraus.

Wahrscheinlich noch in Königsberg beginnt Lenz, »Love's Labour's Lost« zu übersetzen mit dem Titel » Amor vincit omnia«. Die erste deutsche Übersetzung dieser Komödie – Wieland hatte sie ausgelassen – veröffentlicht Lenz im Anhang zu seinen »Anmerkungen übers Theater« 1774. Die Grundlage bildet Alexander Popes Ausgabe von 1725, woraus sich einige Auslassungen und Abweichungen erklären. Die Übersetzung des »Coriolan« (1775) bleibt Fragment wie auch die angefangenen Übertragungen der pseudo-shakespeareschen Stücke »Perikles« und »Sir John Oldcastle« (vgl. zu letzterem auch den Essay »Das Hochburger Schloß«). Lenz übersetzt – vielleicht in Anlehnung an Diderots und Merciers Forderung – in Prosa, abgesehen von den eingestreuten Gedichten. Er bemüht sich um einen anschaulichen und volkstümlichen Stil. Außerdem erklärt er nicht wie Wieland viele Stellen für unübersetzbar. Goethe stellt in »Dichtung und Wahrheit« »Amor vincit omnia« als charakteristi-

sches Beispiel der Shakespearerezeption im Straßburger Kreis heraus. Lenz »behandelt seinen Autor mit großer Freiheit, ist nichts weniger als knapp und treu, aber er weiß sich die Rüstung oder vielmehr die Possenjacke seines Vorgängers so gut anzupassen, sich seinen Gebärden so humoristisch gleichzustellen, daß er demjenigen,
den solche Dinge anmuteten, gewiß Beifall abgewann«.

1772 und 1773 beschäftigt sich Lenz intensiv mit Plautus, der ne-
ben Terenz als Begründer der römischen Komödie gilt. Seine Werke,
die auf griechische Vorbilder zurückgehen, stellen einen stilisierten
Ausschnitt aus der altrömischen Gesellschaft des dritten und zweiten
Jahrhunderts vor Christi dar, für die sinnliches Vergnügen eine
Hauptbeschäftigung war. Die wichtigsten Typen sind Hetären, geld-
gierige Kuppler, verliebte Soldaten und arbeitsscheue Müßiggänger.
Erst die Renaissance hatte Plautus wiederentdeckt. Lessing hatte die
»Captivae« (Gefangenen) 1750 in den »Beyträgen zur Historie und
Aufnahme des Theaters« übersetzt, ferner »Tricunumus« (Der
Schatz). Wie für Lessing die Beschäftigung mit Plautus eine wichtige
Station auf dem Weg seiner Befreiung von den Schemata der sächsischen Typenkomödie darstellt, sind für Lenz die Werke des römischen Autors ein Vorbild, das er dem »faden Geschwätz auf unsern
heutigen Bühnen« entgegensetzen kann, »das weder vergnügt noch
unterrichtet« (Nachwort zur »Buhlschwester«). »Lebhaftigkeit«,
»scharfer Witz«, tiefe Kenntnis typischer menschlicher Verhaltensweisen, »Leichtigkeit« und »Naivität« schätzt Lenz an den Komödien (»Verteidigung des Übersetzers der Lustspiele«). Sie entsprechen für ihn eher als die comédie classique, die sächsische Typenkomödie und das weinerliche Lustspiel Gellerts dem Volksgeschmack,
an den er mit den eigenen Texten appellieren und anknüpfen will.
Die Plautus-Übersetzungen zeigen die Suche Lenz' nach Traditionen, die nicht durch den moraldidaktischen Impetus vor allem der
sächsischen Aufklärung diskriminiert sind. Im »Neuen Menoza«
wird er aus dem gleichen Grund ausdrücklich an Elemente des Pup-
penspiels anknüpfen. Im Sommer 1774 erscheinen bei Weygand
(Frankfurt und Leipzig) die »Lustspiele nach dem Plautus fürs deutsche Theater«, nachdem die Straßburger Zensurbehörde den Druck
in der Stadt verweigert hatte, weil sie die Lenzschen sprachlichen
und inhaltlichen Aktualisierungen als anstößig empfand. Der Ver-
lagskatalog bemerkt zum Druck: »von Goethe und von Lenz«. Der
erstere hatte den Verlag besorgt und – vermittelt über Salzmann –
Lenz bei der Übertragung beraten. Die Druckkosten übernimmt die
Salzburger Sozietät. Sehr zum Vorteil der zweiten, schließlich ge-
druckten Fassungen fordert Goethe, die antiken Eigennamen aufzu-
geben und die Handlung in heimatliches Kolorit einzuschmelzen.

Lenz folgt dieser Anregung weitgehend. Der Band enthält »Das Väterchen« (nach »Asinaria«), »Die Aussteuer« (nach »Aulularia«), »Die Entführungen« (nach »Miles gloriosus«), »Die Buhlschwester« (nach »Truculentus«), »Die Türkensklavin« (nach »Curculio«). Im Nachlaß finden sich Notizen zu einer Übersetzung der »Menaechmi«, die Weinhold veröffentlicht. 1774 beschäftigt sich Lenz mit einer Überarbeitung der »Aussteuer«, von der der zweite Akt erhalten ist. Daunicht wird in Band 1 der in der »Bibliothek deutscher Klassiker« erscheinenden Lenz-Werkausgabe auch die wiedergefundene Übersetzung der »Captivi« veröffentlichen: »Freundschaft geht über Natur oder: Die Algierer«. Lenz hat diesen Text am 23. 11. 1775 in der »Deutschen Gesellschaft« vorgelesen – wie er die anderen Texte 1772 vortrug. Die gelungene Einbindung des altrömischen Milieus in zeitgenössisches deutsches bürgerliches Kleinstadtmilieu muß als Lenz' größte Leistung angesehen werden. (Nur »Die Algierer« läßt Lenz auswärts spielen.) Die Einbindung gelingt sehr wesentlich durch die prägnante volkstümliche Sprache, die verbreitete Sprichwörter und Redensarten, Schimpfworte und Derbheiten enthält. Gleichzeitig gelingt Lenz eine kongeniale Übertragung der markanten, Schlag auf Schlag folgenden Wechselreden. Zum Teil ändert Lenz bei der historischen Übertragung Figuren und Handlungszusammenhänge. Insbesondere mildert er Plautus »Obszönität«, vor allem bei der Übertragung des Hetärenmilieus, für das es im 18. Jahrhundert keine Entsprechung gibt. So wird aus der Hetäre im »Väterchen« »ein Opfer der verdammten« geldgierigen »Politik« der Mutter und der »Schwachheiten ihres Herzens [...] bei der es kindliche Ehrfurcht ist, wenn sie sündigt«. Lenz macht aus der Vorlage eine bürgerliche Familienkomödie: »Ein Vater, der gern weint, seiner Frau dazu stiehlt, die die Escarbaguas machen will und sich für seine Kinder einen [...] Hofmeister angenommen hat, der eigentlich die Regierung für ihren Mann übernommen und dem alle Hauptpersonen gram sind« (»Vertheidigung der Vertheidigung des Übersetzers der Lustspiele«).

Mit den »Anmerkungen übers Theater« publiziert Lenz 1774 eine Schrift, die einen Umbruch in der Geschichte des deutschen Dramas signalisiert und mit einigen Thesen auf die Moderne vorausweist. Entgegen Goethes Widerspruch in »Dichtung und Wahrheit« hat Lenz nachweislich eine erste Fassung im Winter 1771/72 vor der Gesellschaft in Straßburg vorgelesen (vgl. Friedrich). Die Entstehungsgeschichte ist auch nach Friedrichs' Rekonstruktion nicht vollständig geklärt. Fest steht aber, daß Lenz den Text mehrfach ergänzt und überarbeitet hat. Auch in der schließlich veröffentlichten Fassung vermeidet er es, seine Gedanken systematisch zu entwickeln, er bevorzugt eine »rhapsodenweise« Darlegung, die gewollt sprunghaft und assoziativ das intensive Mitdenken eines kleinen Kreises von Interessierten und Einverstandenen erfordert. Diese Darbietungsform entsteht, wie beim jungen Goethe und bei Herder, aus der Opposition gegen die regelorientierte traditionelle Gattungspoetik mit ihren systematischen und historischen Ableitungen. Sie signalisiert auch, daß Lenz die bestehende Praxis spontan und einfallsreich kritisieren, seine eigene Alternative aber nur andeuten kann. Die »Anmerkungen« sind daher das Dokument einer tastenden Selbstvergewisserung des Autors bezüglich einer neuen Dramenform. Auch weil sie vor der Vollendung der meisten Dramen formuliert werden, können sie heute nur in Zusammenhang mit seinen späteren dramentheoretischen Äußerungen und seiner Dramen interpretiert werden. Die rhapsodische Darstellungsform hat schon bei einem Großteil der Zeitgenossen eine angemessene Rezeption verhindert. So schreibt Wieland Januar 1775 im »Teutschen Merkur«: »Fürs Publikum ist so was freilich nicht.« Die Darstellungsform verhindert – zusammen mit Goethes Verdikt – auch lange eine gerechte literaturwissenschaftliche Würdigung. Das Verdienst, die Originalität der »Anmerkungen« erkannt und anerkannt zu haben, gebührt Fritz Martini, der sie »die eigenartigste und eigenwilligste Schrift« nennt, »die sich in der deutschen Literatur mit der Theorie der Dichtung und mit der ästhetischen Reflexion einer Gattung beschäftigt«.

Nach einem kurzen Überblick über die »Bühne aller Zeiten und Völker« fragen die »Anmerkungen« nach dem »Endzweck« der Dichtung. Damit verbindet Lenz eine Produktionstheorie, über die wir an anderer Stelle schon berichtet haben. Danach fragt Lenz nach der Struktur des Dramas, um anschließend das Schauspiel der Griechen und Franzosen, bzw. der Engländer und der Deutschen einander gegenüberzustellen. Die Anmerkungen schließen mit der Frage nach der Unterscheidung von Tragödie und Komödie.

Im Mittelpunkt des Textes steht die Auseinandersetzung mit der Poetik des Aristoteles, die noch Lessing als gültig anerkannt hatte, wenn er auch einzelne Formulierungen neu interpretierte. Im Gegensatz zu Goethes Vortrag »Zum Shäkespeare-Tag« (1771) und dem »Shakespeare«-Aufsatz Herders geht es Lenz nicht um allgemeine Überlegungen zur Poetik, sondern er will die inneren Regeln des Dramas ergründen. Er löst die Gattung endgültig von dem Zwang, einen gesellschaftlich anerkannten Tugendkanon zu vermitteln. Aus dem individuellen »Gesichtspunkt«, von dem aus der geniale Dichter einen Ausschnitt der Wirklichkeit »durchschaut« und »zurückspiegelt«, erfährt der Zuschauer nicht, wie er handeln soll, sondern welches die eher verborgenen Motive und Bedingungen für vorgeführte Handlungen sind. In der »Goetz«-Rezension entwickelt Lenz den zukunftsweisenden Gedanken, erst das Nachspielen der Rollen bewirke eine tiefer reichende Selbsterkenntnis. Dieses ›Rollenspiel‹-Konzept leitet sich vom Handlungspostulat des Autors ab: das Nachspielen als Übungsfeld für das Rollenspiel in der Realität.

Entsprechend dem Wunsch, dem Menschen »Platz […] zu handeln« zu verschaffen, soll die Tragödie, die im 18. Jahrhundert am höchsten gewertete Dramengattung, den Menschen mit seinen Interessen und Leidenschaften als »Schlüssel zu seinen Schicksalen« darstellen. Die Handlungen sollen dabei »um der Person willen« geschehen. Damit bricht Lenz mit dem Schicksalsbegriff (Tragödie als Nachahmung des Schicksals eines Menschen), wie er von Aristoteles definiert, von den Franzosen übernommen und noch von Herder für das griechische und englische Drama akzeptiert wird. Rechtfertigte sich der antike Begriff des fatum für Lenz durch die Religion, die »Furcht vor den Göttern«, so betont er für die eigene Zeit den unbedingten Zusammenhang von Handlung und Charakter. Seine heftige Kritik am dramatischen »Despotismus« des Schicksals erklärt sich daraus, daß Lenz neben der französischen klassizistischen Tragödie das in ihr zum Ausdruck kommende politisch-gesellschaftliche Herrschaftssystem des zeitgenössischen Absolutismus treffen will. Die zeitgenössische Gesellschaft – und nicht die Götter – bilden das Schicksal des einzelnen, wogegen Lenz – Anregungen Gerstenbergs weiterdenkend – das freihandelnde Individuum als Thema der Tragödie durchsetzen will. Indem Lenz das aristotelische Postulat, daß in der Tragödie die Situation, nicht der Charakter den »Hauptgegenstand« bilde, verwirft, wendet er sich auch gegen Lessing, der es in der »Hamburgischen Dramaturgie« noch bestätigt hatte. Lessing vertraut auf die Wirkung von Furcht und Mitleid und auf die »Verwandlung« der Leidenschaften, die eine Aufführung im Publikum erregt, in »tugendhafte Fertigkeiten«. Lenz stuft eine solche Theaterpraxis als illusionär und kompensatorisch ein: »Eine Nacht darauf geschlafen und alles ist wieder vertilgt« (»Goetz«-Rezension). Lenz weiß auch, daß es die bei ihr vorausgesetzte allgemeine »sich fühlende Menschheit« unabhängig vom sozialen Stand nicht gibt. Mit dieser Einsicht denkt Lenz auch über Merciers »Nouvel essai« hinaus, den er vermutlich erst nach oder kurz vor Fertigstellung der »Anmerkungen« durch die Übersetzung Wagners kennenlernt. Die affirmative Theaterpraxis Ifflands und Kotzebues, die durchaus an Lessings Wirkungstheorie anknüpft, bestätigt Lenz' Einschätzung.

In den »Anmerkungen«, mehr noch in der »Menoza«-Rezension entwickelt Lenz nicht die Tragödie, sondern im Unterschied zu Gerstenberg, Goethe und dem jungen Schiller die Komödie als die Gattung, die seiner Selbsterfahrung entspricht. Gegen die aristotelische Tradition und gegen Lessing ordnet Lenz ihr die Darstellung von »Begebenheiten« zu: »die Personen sind für die Handlung da«. Anknüpfend an den von Herder in »Das Lustspiel« beanspruchten Vorrang der Situation stellt Lenz entsprechend seiner Selbsterfahrung den lächerlichen Kontrast zwischen dem Selbstentfaltungsanspruch des einzelnen und den Zwängen der Umwelt dar: es wird mit ihm gehandelt. Offenkundig kann dieses Thema nicht nur komisch behandelt werden: »Komödie ist Gemälde der menschlichen Gesellschaft, und wenn die ernsthaft wird, kann das Gemälde nicht lachend werden« (»Menoza«-Rezension). Lenz nimmt hier mit neuer Begründung zeitgenössische Tendenzen zur Gattungsmischung auf, besteht aber andererseits durchaus auf der Entgegensetzung von Komödie und Tragödie. Er sieht in der Komödie eine Gattung, die dem »Volksgeschmack« entspreche. Das »Volk« soll durch die Einbeziehung tragischer Elemente in die Komödie allmählich an die Tragödie gewöhnt werden: »So erschafft der komische Dichter dem tragischen sein Publikum«.

Durch seine Veränderung der Gattung will Lenz also ein breiteres Publikum erreichen, »Personen von Geschmack und Erziehung« wie den »Pöbel«. Entsprechend will er auch »alle Stände darstellen wie sie sind« (an Sophie La Roche, Juli 1775). Bei der ständisch geprägten literarischen Öffentlichkeit seiner Zeit kann Lenz mit diesem Konzept keinen großen Erfolg haben. Die Tragik des Läuffer im »Hofmeister« hätte sicher ein Publikum von Kleinbürgern und Bauern leichter begriffen als das an der Aufklärung geschulte Publikum von Groß- und Bildungsbürgertum und einigen Adligen.

Die zeitgenössische Wirkung ist auch dadurch erschwert, daß das Tragische in Lenz' Komödie sich vom Tragischen der Charaktertragödie wie des von Lessing erfolgreich durchgesetzten Trauerspiels unterscheidet: »Es ist nicht die Tragik, individuellen Schicksals und Leidens [...], sondern das Trauerspiel eines Gesellschaftszustandes, der sich gewalttätig auf die unteren Stände niederschlägt« (Huyssen). Zwangsläufig muß Lenz dann auch seinen Hauptfiguren einen harmonischen Schluß verweigern und damit eine weitere herkömmliche Gattungserwartung enttäuschen.

Lenz gestaltet die gesellschaftliche Determination des einzelnen nicht als absolutes und unausweichliches Schicksal. Eine Schicksalstragödie neuen Typs vermeidet er, indem er den Zufall zu einem wichtigen Strukturelement seiner Dramen macht (vgl. Kreutzer). Ein Beispiel bildet der Lotteriegewinn Pätus' im »Hofmeister«, der ihm und Fritz die Heimkehr und damit letztendlich die Versöhnung mit dem Vater ermöglicht. Andererseits betont gerade der Zufall eindrucksvoll den Vorrang der Umstände vor den Einwirkungsmöglichkeiten des einzelnen. Zugleich kann er komische wie tragische Effekte auslösen. Gleiches gilt für die karikierende Darstellungsform, welche Lenz schon in den »Anmerkungen« bevorzugt. Gerade weil Lenz in konsequenter Weiterentwicklung von Lessings Öffnung der Komödie zur zeitgenössischen Realität in der »Minna« »die halbe Authentizität eines Geschichtsschreibers« beansprucht, gilt ihm der »Karikaturmaler zehnmal höher als der idealische«; dieser mache nämlich, wie Lenz in der »Menoza«-Rezension betont, die »Alltagscharaktere« »anzüglich« und »interessant«.

Mit der Umkehr der bisherigen Gattungsbestimmung und der Tendenz zur Gattungsmischung ist auch eine Abkehr von den drei Einheiten verbunden. Gelten läßt Lenz in »Über die Veränderung des Theaters im Shakespeare« – an Mercier anknüpfend – das »Interesse« des Autors als Element, das die Texteinheit konstituiert. Es kann einen häufigen Wechsel von Ort und Zeit legitimieren. Lenz konkretisiert es meist durch eine kontrastive Gegenüberstellung von Handlungssträngen: »bei uns ist's die Reihe von Handlungen, die wie Donnerschläge aufeinanderfolgen, eine die andere stützen und heben, in ein großes Ganzes zusammenfließen« (»Anmerkungen«). Lenz' Dramentheorie ist seit Brechts »Hofmeister«-Bearbeitung (1950) und seiner Theorie des epischen Theaters auch anerkannt worden hinsichtlich der Elemente, die auf die Moderne vorausweisen. Zunächst beruht diese Anerkennung auf dem Interesse an »offenen«, nichtaristotelischen Dramenformen und an der Gattungsmischung (vgl. Klotz, Guthke, Ziegler). Lenz' Theorie und Praxis wird als Beginn einer antiklassischen Tradition erkannt, die über Grabbe, Büchner, Wedekind und Hauptmann bis zu Brecht reicht. Auch auf Bezüge zwischen Dürrenmatts Tragikomödie und Lenz' Komödientheorie wurde verwiesen (u. a. Mayer), sowie auf Strukturähnlichkeiten mit Frischs Dramaturgie des Zufalls, die dieser in dem Briefwechsel mit Walter Höllerer »Über Dramaturgisches« entwickelt (Kreutzer). Bei all diesen aktuellen Bezügen darf natürlich nicht Lenz' Verhaftung in seiner eigenen Zeit vergessen werden.

Schon vor den »Anmerkungen« – im Frühjahr und Sommer 1772 – schreibt Lenz sein bekanntestes Stück »Der Hofmeister oder die Vorteile der Privaterziehung«, das 1774 durch Goethes Vermittlung gedruckt wird. Eine frühere Fassung könnte schon in Königsberg begonnen worden sein. In ihr tragen die Figuren überwiegend Namen wirklicher Persönlichkeiten. In der Überarbeitung sind diese Namen geändert. Doch zeigt dieses Detail die Nähe der geschilderten Handlung zur geschichtlichen Realität und eigenen Erfahrungen.

Immerhin hat Lenz' Vater für seinen Sohn eine Hofmeisterstelle vorgesehen und Lenz ist gezwungen, zeitweilig in Königsberg und später bei den Brüdern von Kleist demütigende hofmeisterähnliche Aufgaben zu übernehmen.

Der Untertitel deutet auf die aufklärerisch-didaktische Absicht hin, die Kritik der Hofmeistererziehung und die Propagierung der öffentlichen Schule. In der Tat verspricht der aufklärerisch gesinnte junge von Berg am Ende, sein uneheliches Kind auf eine öffentliche Schule zu schicken, wie er selbst eine solche besucht hat. Das unglückliche Schicksal des Hofmeisters Läuffer (!) kann als Exempel für die Kritik an diesem Stand aufgefaßt werden. Diese Kritik faßt der geheime Rat zusammen, indem er die Tätigkeit eines Hofmeisters als freiheits- und naturfeindlich bezeichnet. Lenz zeigt, wie dieser in jeder Hinsicht völlig von seinen Brotgebern abhängig ist, was ihn daran hindert, irgendein pädagogisches Konzept zu entwickeln. Eine kleinliche Karikatur adliger Tugendkataloge und Fertigkeiten soll er vermitteln. Dies entspricht den geringen Ansprüchen und dem wenig glanzvollen Dasein des niederen Landadels. Auch hierin muß Läuffer erfolglos bleiben, weil der Sohn als künftiger Herr auf die Anleitung durch ihn pfeift, der sozial unter ihm steht. Besonders deutlich wird die Ohnmacht des Hofmeisters an den ständigen Gehaltskürzungen. Aus der Enge bleibt Läuffer nur ein Ausweg, eine Kompensation, ein Verhältnis mit der adligen Tochter Gustchen anzufangen. Diese benutzt ihn freilich ihrerseits nur als willfährigen Ersatz für ihren Liebhaber, der abwesend und vermeintlich untreu ist. Die Uneigentlichkeit dieser Beziehung drückt Lenz auch dadurch aus, daß Läuffer und Gustchen literarische Vorbilder imitieren, bzw. in ihren Wahrnehmungen auf sie anspielen: Shakespeares Romeo und Julia, Rousseaus Julie und den mittelalterlichen Mönch Abaelard.

Ist der Hofmeisterstand in jeder Hinsicht abschreckend geschildert, so gilt dies auch für die öffentliche Schule, an die Läuffer auf der Flucht vor dem Major gerät, der seine entlaufene geschwängerte Tochter sucht. Die Schule Wenzeslaus' ist ein Ort konsequenter Unterdrückung selbständigen Denkens, wie der Dorfschullehrer selbst in seiner armseligen Existenz alle Triebe und Wünsche gezwungen ist durch Pfeiferauchen zu kompensieren. Seine Erziehung zum »Gradschreiben« legitimiert er mit einer Mischung aus religiösem Aberglauben und scheinrationaler Aufklärung. Dieses Bild der öffentlichen Dorfschule entspricht durchaus der zeitgenössischen Realität.

Daß die dargestellte öffentliche Schule also in keiner Hinsicht ein erstrebenswertes Ziel ist, relativiert die aufklärerisch-didaktische Intention des Stückes. Es beläßt seine Figuren wie den Leser in einer für Lenz' Werke typischen Ausweglosigkeit. Diese muß als Ausdruck eines Gesellschaftszustandes begriffen werden, der die einzelnen auf eine kaum erträgliche Weise einengt. Diese Erfahrung führt Lenz an Vertretern verschiedener Stände exemplarisch vor. Das zentrale Beispiel Läuffers belegt nämlich weniger die Schädlichkeit der Hofmeistererziehung für andere als für ihn selbst. Die Selbstkastration aus Reue über das uneheliche Kind ist nicht nur ein Resultat der Hofmeisterei, sondern einer schon vorher in ihm angelegten unterwürfigen Haltung. Sie drückt sein Vater, der sich für Läuffer nur einen Aufstieg über eine Hofmeisterstelle vorstellen kann, mit der Feststellung aus, daß »man [...] nicht immer seinen Willen haben kann«. (Das Kind Gustchens einem anderen Vater zuzuschreiben, wie es neuere Interpreten – Lappe, mit Einschränkungen auch Knopf – tun, würde dem Stück diese seine Stringenz nehmen.) Die Selbstkastration – die Anregung für das Motiv entnimmt Lenz Werken des livländischen Gelehrten und Pastors August Wilhelm Hupel (vgl. Daunicht: Lenz I) – bildet den letzten Akt versuchter Anpassung an die einengenden Verhältnisse: die Ausrottung des Sexualtriebes, der das letzte »aufrührerische« Element in Läuffer darstellt. Freilich zeigt Lenz, daß diese Selbstverstümmelung auch nichts nützt, wie die Versuchung durch Lise beweist. Ironisch springt der Autor hier seiner Figur mit einem unwahrscheinlichen Zufall bei, indem er Lise ihm eine Ehe gewähren läßt, die er ohne Kastration sinnvoller und befriedigender hätte haben können.

In die Schilderung dieses Schicksales eines jungen Intellektuellen ist mit Sicherheit das Lebensgefühl des Autors eingegangen: die Erfahrung der Marginalisierung des einzelnen durch die Umstände, im besonderen die des Intellektuellen aufgrund seiner prekären Stellung zwischen und außerhalb der einzelnen Stände. Diese unsichere Lage der Intelligenz wird auch an den Studenten Bollwerk, Pätus und Fritz vorgeführt. Bollwerk ist der angepaßte Realist, Pätus der Phantast, der aufgrund seiner finanziellen Misere zwangsläufig nur ein Minimum an Aufklärung lernt, von der Fritz sich aufgrund der gesicherten Finanzlage seines Vaters mehr leisten kann. Die Kritik an den Emanzipationsversprechen der Aufklärung setzt sich fort in der Schilderung des geheimen Rates, dessen aufklärerische Reden in einem deutlichen Kontrast zu seinem von Vorurteilen geprägten Verhalten und seiner Handlungsunfähigkeit in bestimmten Konfliktsituationen stehen.

Immerhin verhindern die Aufgeklärtheit von Vater und Sohn, letztlich die des Autors, daß das zur »Hure« gemachte Gustchen am Ende wie Emilia Galotti sterben muß. Die Gefahr, die in den Verführungskünsten und der »Schwachheit« des weiblichen Geschlechts für die Männer liegt, wird im Vorfeld der glücklichen Hochzeit im Familieninteresse durch das »vernünftige« distanzierte Verhalten der Männer eingegrenzt, die freilich ihrerseits viel verdrängen müssen. So bleibt der glückliche Schluß trotz seiner »Humanität« ambivalent.

Lenz knüpft – wie anfangs dargestellt – an den didaktischen Impetus der sächsischen Typenkomödie an: Fehler sollen durch vernünftige Kritik beseitigt werden. Diese Erwartung wird freilich durch die Handlungsführung und die drei Schlüsse widerlegt (vgl. Eibl). Die Schlüsse knüpfen an die ›Tugendseligkeit‹ des rührenden Lustspiels Gellerts an. Freilich genügt Lenz dieser Gattungserwartung nur äußerlich mit der in den drei Hochzeiten zum Ausdruck kommenden Familienharmonie, die auf den Werten privater Humanität beruht. Diese muß der Zuschauer, wie schon angedeutet, als brüchig empfinden angesichts des davorliegenden Verhaltens der Beteiligten. Dieses ist bestimmt durch eine Gesellschaftsordnung die auf der Ungleichheit der Stände, der Ausbeutung der Armen durch die Reichen und – im Zeichen des Übergangs zum bürgerlichen Zeitalter – auf durch Geld vermittelter Kommunikation beruht.

Lenz bezeichnet das Stück gegenüber Salzmann als »Trauerspiel« (an Salzmann, 28. 6. 1772), in einer durchgestrichenen Notiz zur Handschrift als »Lust- und Trauerspiel«, schließlich als Komödie. Diese Unsicherheit zeigt, wie sich für ihn eine angemessene Gattungsbezeichnung erst allmählich ergibt. Mit der letzten Bezeichnung entspricht er den »Anmerkungen«; denn im »Hofmeister« sind Menschen dargestellt, die durch die »Umstände« bestimmt werden. Daß ihre Vorführung nicht nur tragisch und nicht nur komisch sein muß, hatte Lenz bereits in den »Anmerkungen« festgestellt. Das Stück belegt seine Intention, Elemente der herkömmlichen Gattungstrukturen zu verbinden. Es als Paradigma einer tragikomischen Gattung zu nehmen wie Guthke, erscheint mir nur möglich, wenn unter Absehung von den historischen Bezügen, aus denen sich die Gattungsbestimmung erklärt, aktuelle wissenschaftliche Interessen an den Text herangetragen werden. Bei Guthke verbindet sich das Interesse an der antiaristotelischen Form mit der Überzeugung, daß die Tragikomödie die angemessene Darstellung von Welt in der Moderne sei, als deren Vorläufer er Lenz auffaßt. Giese kritisiert diese Haltung zu Recht als ideologisch voreingenommen. Die Bezeichnung des Stückes als »Komödie« ist kein Verlegenheitsausdruck, sondern gerade, wie Hinck, Genton und Arntzen haben zeigen können, Ausdruck einer Anknüpfung an Elemente der Wanderbühnen (Haupt- und Staatsaktionen, Puppenspiel, Commedia dell'arte) und an die Komödien des Plautus. Die Bezeichnung ist auch in Lenz' Absicht begründet, dem »Volksgeschmack« Rechnung zu tragen.

Die Tradition, in die Lenz sich stellt, legt ihm nahe, den überlieferten Begriff der Komödie um tragische Elemente zu erweitern (vgl. Arntzen). Dabei ist auch festzuhalten, daß das Stück die herkömmlichen sozialen und kulturellen Bezüge der Gattungen Tragödie und Komödie unterläuft, indem sowohl das Streben des Bürgertums nach Emanzipation als in sich gebrochen dargestellt wird als auch der Herrschaftsanspruch des Adels als zufällig und willkürlich. Komödie bei Lenz zeigt »das Verhalten der Personen wie die schlechten Verhältnisse zusammen als einen lächerlichen Zustand« (Giese), der gleichwohl für die Figuren zugleich ernsthaft und tragisch ist. So lächerlich zum Beispiel der »Hampelmann« Läuffer (Glaser) wirkt, sein Emanzipationsanspruch, der sich nur noch in der mißhellige Verwicklungen schaffenden Sexualität auswirkt, wird doch im Kern ernstgenommen.

Durch Goethes Vermittlung erscheint im Herbst 1774 »Der neue Menoza. Oder Geschichte des cumbanischen Prinzen Tandi. Eine Komödie«. Sie ist vermutlich 1773 oder in der ersten Hälfte von 1774 entstanden – auf jeden Fall aber nach dem Erscheinen von Wielands Staatsroman »Der goldene Spiegel« (1772), auf den im Text kritisch angespielt wird. In der »Rezension des neuen Menoza« (Frankfurter Gelehrte Anzeigen, 11. 7. 1775) erwähnt Lenz den Plan einer Umarbeitung. Von diesen ist die Schlußszene erhalten. Der Titel deutet auf eine Anregung durch den Roman des Dänen Eric Pontoppidan »Menoza, ein asiatischer Prinz, welcher die Welt umhergezogen, Christen zu suchen, aber des Gesuchten wenig gefunden«. Doch dürfte weniger die protestantisch-orthodoxe Tendenz dieses Werkes Lenz angezogen haben als die aufklärerische Motivtradition, einen ›edlen Wilden‹ der naturwidrigen europäischen Kultur einen Spiegel vorhalten zu lassen (vgl. Montesquieu »Lettres persanes«, Voltaire »L'Ingenu«). Auch Elemente Rousseauscher Kulturkritik gehen in die Konzeption des Dramas ein.

Lenz beabsichtigt, wie er später in seiner Selbstrezension schreibt, »ein Gemälde der menschlichen Gesellschaft«. Er stellt ihr Prinz Tandi gegenüber, der als asiatischer Prinz auf der Suche nach »Wahrheit, Größe und Güte« ist. Er verkörpert Ehrlichkeit, Anständigkeit, vor allem aber eine Einheit von Denken und Gefühl, eine persönliche Authentizität im Handeln: »ich baue zuerst mein Herz, denn um mich her«. Gegenüber dieser Kontrastfigur treten die widersprüchlichen und falschen Verhaltensweisen der anderen scharf hervor. Das Ehepaar Biederling ist ganz in den Normen bürgerlicher Wohlanständigkeit befangen. Bedacht auf Anpassung an die gesellschaftliche Realität durch »vernünftiges« Handeln verdrängt es die chaotischen Anteile der eigenen Familiengeschichte. In deutlichem Kontrast zu den Biederlings steht das Verhalten des Grafen Camäleon, das seinem Namen alle Ehre macht. Er ist ein Mörder, der sich bereichern wollte; außerdem wird er von einem egozentrischen Drang nach sexueller Ausschweifung beherrscht, den er durch schmeichlerische Eleganz äußerlich übertüncht. Die falsche Gräfin Donna Diana, ein verlassenes Opfer der Leidenschaften des Grafen und mitbeteiligt an einem Mord, bricht aus ihrer weiblichen passiven Rolle in einer männerdominierten Gesellschaft aus, um mit männlicher Brutalität und Konsequenz die eigene Zurücksetzung zu rächen: »Ich halt mich nicht besser als meinen Hund, so lang ich ein Weib bin. Laß uns Hosen anziehn und die Männer bei ihren Haaren im Blute herumschleppen.« Dieser »Furie« steht Wilhelmine gegenüber, die die Frau Tandis wird: ganz Naive, die aus ihrem Gefühl heraus lebt. Sie erkennt instinktiv das Gute, zum Beispiel, indem sie Tandi dem Grafen vorzieht. Im Gegensatz zu Donna Diana löst sie keine Angst bei den Männern aus, weil sie die eher passive Rolle der Frau für sich annimmt.

Lenz erweitert das Personal um zwei Figuren, die zeittypische philosophische Positionen vertreten. Der Magister Zierau ist ein aufgeklärter Epikuräer, dem Vernunft und Genuß Glückseligkeit bedeuten: »Die echte Vernunft lehrt uns glücklich sein, unsern Pfad mit Blumen zu bestreuen. *Prinz:* Aber die Blumen wollen sterben [...] *Zierau:* So pflückt man neue.« Bezeichnenderweise ist der Magister ein Wielandverehrer. Beza hingegen ist der »waisenhäuslerische Freudenhasser«, für den die Welt »in Feuer und Schwefel« untergehen wird »wie Sodom«. Beza vertritt die pietistische Weltschelte, die Lenz selbst bei seinem Vater erlebt hat und von der er sich nur schwer lösen kann.

Rudolf hat zu Recht betont, daß die positiven Wertvorstellungen, welche Tandi gegen das Fehlverhalten der anderen setzt, denen der moralisch-theologischen Schriften entsprechen: die Apologie des »Handelns« statt bloßen Genießens, die Aufforderung, Vernunft und Glaube, Geist und Herz zu versöhnen, die Proklamation eines christlichen Altruismus (vgl. hierzu die Bettlerszene). In Tandi einen Christus zu sehen, dürfte jedoch – trotz mancher Anspielungen – überinterpretiert sein; denn weder geht er einen Opfergang, noch vermag er die anderen durch seine Tat zu erlösen. Tandi ist der distanzierte Beobachter und Intellektuelle, der das Handeln der anderen zunächst nur studieren und bewerten will, dann aber selbst in das Chaos der Welt hineingezogen wird und lernen muß, seine Maximen im Handeln zu bewähren. Er muß von der »Grille« einer Gesetzestreue geheilt werden, die »Vater und Schwester und Mutter und alles zu grunde« gehen läßt, wie ihm sein Vater Biederling vorhält. Lenz erleichtert die Wiederherstellung der Familienharmonie und Tandis Heilung durch eine seiner typischen plötzlichen Wendungen: Wilhelmine, vorher für Tandis Schwester gehalten, ist gar keine. Gerade dieser »Zufall« hebt das glückliche Ende aber deutlich auf eine märchenhaft-unwirkliche Ebene, er ist eine Konzession an die Komödienkonvention, die einen harmonischen Schluß fordert, und zugleich ihre Parodie.

Nicht zufällig betont Lenz mit Bezug auf den »Menoza«, er habe »zu dem Gewöhnlichen [...] eine Verstärkung« hinzugetan (»Rezension«). Hinck hat die »stilistische Vorzeitigkeit« dieser Komödie hervorgehoben, die er an der Anknüpfung an Figuren- und Situationstypen von Commedia dell'Arte, Puppenspiel und sächsischer Typenkomödie festmacht. Diese Anknüpfung ist – wenn auch nicht so konsequent – ebenfalls in anderen Texten festzustellen. Allerdings sind im »Menoza« gegenüber dem »Hofmeister« die sozialen Bedingungen der Handlung deutlich weniger konkretisiert. Doch ist auch hier die Situation strukturbestimmend. Überraschung und Überrumplung prägen die Szenen, sie haben oft »gezackte Ränder« (Klotz), die Orte wechseln wegen der sich überstürzenden Ereignisse häufig. Hinck stellt zu Recht eine »explosionsartige Entfesselung der Gefühlskräfte« fest. Daher wird – wie aus andren Gründen auch im »Hofmeister« – die angestrebte Ausdrucksmittelbarkeit der Sprache erweitert um sprachlose Gebärden und Bewegungen, für die Lenz genaue Regieanweisungen gibt. Erst durch Hinck und Girard ist dieses Stück in seiner eigentümlichen Struktur erkannt und anerkannt worden. Die vorhergehende Forschung spricht von einem »tosenden Wirrwarr« (Schmidt). In der Übersteigerung der Affekte schlägt der Inhalt in die Form um, die Komödie vermittelt, was Tandi in Europa vermißt: »Feuer«, »Leben«, »Handlung«.

Die Komödie »Die Soldaten« entsteht im Winter 1774/75, wird aber erst im Frühjahr 1776 durch Herders Vermittlung gedruckt. Lenz waren nämlich wegen der deutlichen autobiographischen Bezüge des Werkes Bedenken gekommen. Eine Teilveröffentlichung im Straßburger »Bürgerfreund« 1776, als Lenz die Stadt schon verlassen hat, dürfte durchaus zu Klatsch Anlaß gegeben haben. Trotz der Änderung von Handlungsort, Personennamen und zahlreichen Details verweist das Drama eindeutig auf das Verhältnis von Cleophe Fibich zu dem Baron Friedrich Georg von Kleist. Gegenüber »Tagebuch« und »Moralischer Bekehrung« versucht Lenz aber die Geschehnisse zu objektivieren, indem er das Verhalten seiner Figuren auf psychosoziale Antriebe und Gegebenheiten zurückführt, die den Personen weitgehend unbewußt bleiben. Diese Objektivierungsabsicht benennt er mit der Äußerung, er wolle das Stück von der »politischen« Seite empfunden wissen (an Herder, 20. 11. 79). Diese Intention mündet in die Didaxe der Schlußszene mit ihrem »Reform«vorschlag einer »Pflanzenschule« für »Soldatenweiber« und schließlich in der gesellschaftsreformerischen Schrift »Über die Soldatenehen«, in welcher Lenz grundlegende Veränderungen in der Struktur der zeitgenössischen stehenden Heere und eine Abschaffung des Eheverbots für Soldaten fordert.

»Selbstverwirklichung«, »Platz zu handeln« sind die Ansprüche Lenz' an das Leben. Wie im »Hofmeister« stellt er in den »Soldaten« Menschen dar, denen diese Möglichkeiten versagt sind. Und er bezieht ihr Schicksal auf den Ständegegensatz, wobei er – ebenfalls wie im »Hofmeister« – auf die Idealisierung der einen Schicht auf Kosten der anderen verzichtet. Den Kern der Handlung bildet die Zerstörung bürgerlicher Existenzen durch das Handeln der Offiziere, aber auch aufgrund von Widersprüchen im Handeln der Bürger selbst. Marie, die Tochter des Galanteriewarenhändlers Wesener, möchte – ohne dies ausdrücklich zu reflektieren – aus ihrem bürgerlichen Lebenskreis ausbrechen, der ihr zu eng wird: »ich krieg doch bisweilen so eng um das Herz, daß ich nicht weiß, wo ich vor Angst noch in der Stube bleiben soll«. Maries Tragik liegt darin: sie entfremdet sich mit den Anfangserfolgen ihres Ausbruchs von ihrer Lebenssphäre und ihren ansozialisierten Verhaltensnormen, so daß ihre Identität unterminiert wird. Dies führt trotz eines anfänglichen Gewinns an »Emanzipation« zu Selbstzweifeln, einem immer hektischeren Bemühen um sozialen Aufstieg und letztlich zur Selbstzerstörung. Der Vater, ein sozialer Pendler, der hauptsächlich Adlige in seinem Laden bedient, täuscht sich über die Herrenmoral seiner Kunden. Er unterstützt zum Schaden seiner Tochter und seiner Familie das Werben der adligen Offiziere um Marie, wenn er auch bestrebt ist, nach außen den »guten Ruf« zu wahren.

Die Naivität, mit der Marie und der Vater die Klassenschranke zu überwinden trachten, kontrastiert scharf mit dem Verhalten der Offiziere, das die Soldatenszenen schildern. Sie halten sich als eine parasitäre Kaste von allen Ständen entfernt, die für sie nur Objekt der Ausbeutung oder des Vergnügens darstellen. Im Stück wird dieses Verhalten in ihrem Umgang mit Stolzius deutlich, dem von Marie verlassenen Verlobten. Seine Schwäche und seine Selbsttäuschung – er ist ebenfalls ein sozialer Pendler, die Offiziere sind die Hauptkunden seines Tuchhandels – treiben ihn zu den Kameraden des erfolgreichen Nebenbuhlers, die ihn zum Objekt ihrer destruktiven Späße machen. Zu Recht bezeichnet Scherpe Stolzius als eine »Karikatur eines bürgerlichen Selbsthelfers«, dieser Lieblingsfigur der Stürmer und Dränger. Die Erniedrigung, die Liebschaften Maries persönlich mit ansehen zu müssen, wobei sein neuer Herr sein altes Verhältnis einfach ignoriert, sowie die augenscheinliche Zerstörung von Maries Leben legen in Stolzius ein Rachegefühl frei, das ihm zunächst kaum bewußt ist. Es richtet sich als »tückische Rache« (Glaser) gegen den Mann, der ihm die Verlobte geraubt hat, statt daß er zunächst versucht, ihr zu helfen. Diese Tat hat keine verändernden Folgen, sie demonstriert nur die Handlungsunfähigkeit des Ohnmächtigen. »Hinter dem Stuhl, mit verzerrten Gesicht« wartet er »totenbleich«, bis das Gift seinen adligen Herrn tötet.

Marie ist auch durch die Gräfin nicht zu retten, die dem Mädchen durch Rückbindung an die Realitäten der Ständegesellschaft ihren »Roman« nehmen will. Sie ignoriert damit nämlich Maries berechtigtes Freiheitsstreben: »Was behält das Leben für Reiz übrig, wenn unsere Imagination nicht welchen hineinträgt, Essen, Trinken, Beschäftigungen ohne Aussicht, ohne sich selbst gebildetes Vergnügen sind nur ein gefristeter Tod.« Der Schluß, die Begegnung des durch die Schulden Desportes' und Maries ruinierten Wesener mit Marie, die nach der angedeuteten Vergewaltigung durch den Jäger sozial das ist, als was die Adligen sie immer behandelten, eine Prostituierte, darf nicht vorschnell als Chance eines Neubeginns interpretiert werden (vgl. McInnes). Marie kann nämlich nur als Gescheiterte in die bürgerliche Klasse zurückkehren, die sie nach oben in ihren Illusionen zeitweise, schließlich aber real nach unten verlassen hat. Ihr bleibt nur der von der Gräfin prophezeite »gefristete Tod« an Stelle eines Selbstmordes, wie ihn ihr Verlobter begeht.

Dieses Schicksal kontrastiert scharf zu dem Reformvorschlag des Obristen in der Schlußszene, als Entlastung der Bürgersfamilien und als Ventil für die vagabundierende Sexualität der Soldaten eine »Pflanzschule für Soldatenweiber« zu gründen. Seine Verwirklichung würde die geschilderten sozialen Widersprüche und ihre psychischen Auswirkungen überhaupt nicht berühren, wie die jüngere Forschung herausgearbeitet hat. Dieser aufklärerisch-didaktischen Komponente steht die Erkenntnis entgegen, daß Selbstverwirklichung im vollen Sinn in der bestehenden Ständegesellschaft unmöglich ist. Dieser Widerspruch zwischen Veränderungswillen und erfahrener Unveränderbarkeit prägt auch die Zeichnung der drei »reformerisch« gesinnten Figuren (Eisenhardt, Gräfin, Obrist). Die wohlmeinenden Initiativen der ersten beiden werden unmittelbar innerhalb der Handlung, alle drei letztlich durch die sozialen Verhältnisse widerlegt.

In der 1776 zumindest noch zum Teil in Straßburg entstandenen

Schrift »Über die Soldatenehen« zeigt Lenz, daß eine Reform des Soldatenstandes Teil einer allgemeinen Gesellschaftsreform sein muß. Die bestehenden Söldnerheere sollen in Volksheere umgewandelt werden, indem die Soldaten nicht als »ausgelernte Mörder« agieren, sondern als »begeisterte Verteidiger ihres Vaterlandes«. Der Bürger und Bauer als Soldat, der Handel und Produktion nicht vernachlässigt und nur zur Waffe greift, um Heimat und Familie zu schützen, ist Lenz' Ziel. Daher tritt er jetzt für Soldatenehen ein. Die Voraussetzung der Reform bildet ein gleichberechtigtes Zusammenarbeiten aller Stände zum Wohle von Staat und Gesellschaft, über denen der Fürst steht. Dazu gehört für Lenz auch ein Verzicht auf die im 18. Jahrhundert beliebten Kabinettskriege. Diese Schrift stellt ein markantes Beispiel dafür dar, wie Gedankengänge der Stürmer und Dränger auf die französische Revolution vorausweisen, die dann tatsächlich Volksheere gegen die Söldner der Fürsten schicken wird (vgl. Scherpe, McInnes).

Die Textstruktur der »Soldaten« ist – wie die des »Hofmeisters« geprägt durch eine relative Autonomie der Einzelszene. Maries Schicksal als »Soldatenhure« erfüllt sich nicht in einem finalen Nacheinander der Szenen. Aus dem sich über zweieinhalb Jahre erstreckenden Zeitraum werden zentrale Momente herausgegriffen, die einzelne der Elemente des Schicksals bereits enthalten, deren Summe das Ganze ausmacht. Diese Summe enthält in symbolischer Verdichtung bereits das Lied der Großmutter in II, 3. Die Einzelszenen werden durch »komplementäre (Handlungs-)Stränge« (Klotz) miteinander verbunden. Die Szenen, die das Leben der adligen Offiziere beschreiben, kontrastieren zu den bürgerlichen Szenen. Ein Teil der Offiziersszenen (z.B. die Aaron- und Madame Bischof-Szenen) erscheint als redundant für den Gang der Handlung, aber nicht für die Gesamtaussage des Stückes, die sie verdeutlichen: daß die adlige Lebenswelt über die Einmaligkeit des Schicksals der bürgerlichen Opfer hinaus besteht (so auch Mc Innes). Die bürgerlichen Schicksale verändern offensichtlich Einstellung und Verhalten des Adels nicht. Lenz verzichtet darauf, dem Antagonismus der Stände einen irgendwie gearteten höheren Sinn zu geben. Das unterscheidet ihn vom jungen Schiller, der in »Kabale und Liebe« Ferdinand mit einem Bewußtsein der gesellschaftlichen Widersprüche und mit einem Bekenntnis zu bürgerlichen Werten wie Freiheit und Gleichheit kämpfend untergehen läßt. Doch diese Heroisierung des bürgerlichen Protestes setzt voraus, daß der Ständekonflikt als tragischer Antagonismus gestaltet werden kann. So verdeutlicht er für den schwäbischen Autor auch den »Riß der Welt«, der zur Theodizeefrage und zu einer Anklage gegen Gott als Weltschöpfer führt. Kann Lenz die bürgerlich moralische Protesthaltung Schillers nicht teilen, so verzichtet er auch auf jede Verklärung der vorgeführten Handlung durch Religion oder Moral. Entsprechend geht er, wie er an Heroismus hinter Schiller zurückbleibt, doch an Realismus über diesen hinaus. Dabei muß freilich betont werden, daß ihm – auch in den »Soldaten« – jede grundlegende Perspektive der Veränderung der Verhältnisse fehlt. Gegenüber Lessings Theaterkonzept besteht die Veränderung darin, daß der gegen das Heroenideal der klassizistischen Tragödie entwickelte, »nach unserem Schrot und Korn« gemischte Charakter abgelöst wird durch Figuren, deren Schicksal sich aus der Handlungskonstellation, den sozialen Verhältnissen ergibt. Die Identität der Figuren wird dabei, wie »Die Soldaten« besonders eindrucksvoll zeigen, aufgesprengt. Einerseits machen Marie und Stolzius ein individuelles Bedürfnis nach Selbstverwirklichung, zumindest Selbstbehauptung, geltend. Andererseits werden sie durch die sozialen Zwänge in ihrem Denken, Fühlen und Handeln derart bestimmt, daß sie ihr Grundbedürfnis nur entstellt und verzerrt äußern können. Es trägt die Figuren nicht in ihrem Handeln so, daß es sie zu einer größeren Freiheit leitet oder sie derart untergehen läßt, daß dabei ein verborgener Sinn ihres Opfers sichtbar würde.

Der künstlerische Wert der beiden folgenden Dramen wird in der Forschung immer noch als gering eingeschätzt, indem man sie meist als »subjektive« Werke den sozialkritischen Dramen gegenüberstellt (zuerst Gluth). Eine einseitig biographische Perspektive verstellt aber den Zugang zu diesen Texten (vgl. Rosanow, Huber-Bindschedler, noch Titel). Rudolf bescheinigt Lenz noch »Naivität«. Dabei spiegelt sich in den Stücken signifikant Lenz' eigene und die Intellektuellenproblematik seiner Zeit. Und in der Darstellung greift Lenz im »Engländer« zu ungewöhnlichen Mitteln.

Die Entstehungszeit der Komödie »Die Freunde machen den Philosophen« läßt sich nicht genau rekonstruieren. Fest steht aber, daß Lenz das Stück am 19. 3. 1776 an seinen Verleger Boie schickt, und zwar als Ersatz für die zu unterdrückenden »Wolken«. Entgegen der eigenen Komödientheorie stellt er hier eine Person in den Vordergrund. Diese bleibt aber weitgehend bestimmt durch die Zwänge der Umwelt. Strephon wird im ersten Akt vorgestellt als ein reisender Dichter und Buchgelehrter. In einem Kreis von Freunden, die ihm Beifall zollen, aber ihn auch für sich ausnutzen, spielt er die Rolle des »Philosophen«, der »allem Reichtum der Menschheit« entsagt, um einen bloßen »Beobachter« darzustellen. Dafür vermitteln ihm seine Freunde ein Gefühl von Überlegenheit und Bedeutung, *machen* ihn also in diesem Sinne erst zum Philosophen. Lenz kritisiert hier den

Intellektuellen als bloßes Kopfwesen, der sich über seine eigentlichen Bedürfnisse durch Räsonnements hinwegtäuscht. Ganz sicher geht hier eine kritische Sicht der eigenen Rolle in Straßburg in die Schilderung ein: »Ich bin allen alles geworden – und bin am Ende nichts«, lautet der erste Satz des Dramas. In das Leben verwickelt wird Strephon wie Menoza durch die Liebe, durch seine ununterdrückbare Leidenschaft zu Seraphine. Aufgrund seiner Lebensferne und Selbstentfremdung kann er aber in dieser Beziehung weder planvoll noch realitätsgerecht handeln und sich auch nicht in die Lage der Frau versetzen, die seine Gefühle durchaus erwidert. Er redet darüber, den Helden zu spielen, er imitiert – wie schon Fritz und Gustchen – literarische Vorbilder: Ödipus, Hamlet und Werther – aber immer, ohne ernsthaft in die Praxis eingreifen zu können. Wegen der geplanten Ehe der Geliebten, die sich scheinbar von ihm abgewandt hat, mit Don Prado droht das Stück mit einem Selbstmord in der Nachfolge Werthers zu enden. Don Prado ist für Strephon von vornherein sowohl Vaterfigur als auch Konkurrent, »der alles das ist, was ich sein könnte – zu sein hoffe – nie sein werde«. Ein tragisches Ende verhindert eine von Lenz' plötzlichen Wendungen. Don Prado erweist sich als ungeheuer großmütig. Er will zwar der Form nach der Ehemann sein, jedoch den »beiderseitigen Beschützer« der Liebenden spielen. Das Stück endet mit den Worten Strephons: »O welche Wollust ist es, einen Menschen anzubeten!« Er, der eben durch einen Selbstmord seine Fähigkeit zum Handeln erstmals belegen wollte, tauscht nun also die Rolle des weltfernen Philosophen mit Don Prado, der durch seinen Verzicht auf seinen persönlichen Glücksanspruch zum »Philosophen« wird.

Wie im »Hofmeister« erweist sich auch hier diese Schlußidylle als von vornherein brüchig. Als eine privatistische »Konfliktlösung«, die zudem im Freiraum der Natur verkündet wird, läßt sie die reale Bewältigung in der Gesellschaft offen. Durch die übersteigerte Harmonie wird der konventionelle Komödienschluß ebenso parodiert wie die sich andeutende Tragödie durch die plötzliche Problemschärfung. Der Altruismus Don Prados erscheint nämlich durchaus durchtränkt von einer erheblichen Selbstverliebtheit: »Liebt mich, meine Freunde, ihr müßt mich lieben, ich zwinge euch dazu, ich bin das Werkzeug des Himmels zu eurem Glück.« Sein Entschluß beruht ganz wesentlich auf der Selbsttäuschung, Strephon habe ihn zu der Ehe mit Seraphine verhelfen wollen. Deutlich wird hier Lenz' Kritik an einem falsch verstandenen Altruismus, der eigene Bedürfnisse zugunsten der anderen zu unterdrücken versucht. Offensichtlich ist Lenz in diesem Stück über die Position eines moralischen Rigorismus hinaus, die er selbst einmal verkündet hat. Trotz aller Relativierung enthält der abrupte Schluß freilich – gegen Arntzen – auch ein utopisches Element. Er verdeutlicht schockartig, daß die gesellschaftliche Realität, die in der vorhergegangenen Handlung dargestellt wurde, das durchaus erwünschte Verhalten gerade nicht fördert, welches die anvisierte Dreierbeziehung als märchenhafte Utopie der Kommunikation voraussetzen würde: einen absolut aufrichtigen Umgang mit sich selbst und dem Mitmenschen. Insofern ist dieses Stück durchaus den sozialen Dramen Lenz' zuzuordnen und darf nicht als »subjektivistisch« gegen sie abgesetzt werden, wie es die ältere Forschung (z.B. Rosanow, Huber-Bindschedler, Titel) tut. Dagegen spricht auch, daß die dargestellte Intellektuellenproblematik ihre deutlichen sozialen Ursachen hat.

Von der Forschung werden die »Freunde« wie auch »Der Engländer« auf die unglückliche Liebe Lenz' zu Henriette Waldner bezogen, ferner auf die Spannungen mit dem Vater wegen der nicht erfolgenden Heimkehr. Lenz bietet den »Engländer« im August 1776 über Schlosser Boie für das »Deutsche Museum« an, der ihn wegen des Schlusses nicht aufnehmen will. Schließlich druckt der Verleger Reich 1777 das Stück. Wie Strephon ist Robert ein Buchgelehrter, der aufgrund der Entfremdung von der eigenen Körperlichkeit und Sinnlichkeit den lebenden Kontakt zur Umwelt verloren hat. Bereits in der ersten Szene klagt Robert, er habe zwanzig Jahre sich »alles versagt, was die Menschen sich wünschen und erstreben [...]; ohne Haar auf dem Kinn wie ein Greis gelebt, über nichts als Büchern und leblosen, wesenlosen Dingen, wie ein abgezogner Spiritus in einer Flasche, der in sich selbst verraucht«. Wie bei Strephon brechen aufgrund der Liebe zu einer Frau die verdrängten Wünsche auf nach lebendiger Selbstverwirklichung und nach einer Abkehr von dem durch den Vater und den Adelsstand vorherbestimmten Lebensweg. Ganz abgesehen davon, daß Robert die reale Armida nicht zu lieben vermag, sondern sich verliebt in das selbstgeschaffene Bild einer »Heiligen«, kann diese Liebe allein schon wegen des großen Standesunterschiedes – Armida ist Prinzessin – nicht erwidert werden. Ihre Unerfüllbarkeit ist freilich für Robert auch geradezu Bedingung und Ausgangspunkt der Beziehung. Sie führt zu einer grandiosen Steigerung der Leidenschaft und einem intensiven Erleben der durchbrechenden eigenen Gefühle. Von vornherein gibt es für Robert Hot(!) nur den Ausweg des eigenen Todes. Er wird lustvoll imaginiert – als Hoffnung auf eine Vereinigung im Jenseits – oder er löst Angst und Schrecken aus – wegen der Trennung von der weiterlebenden Geliebten, deren Zuneigung auch im Jenseits nicht gesichert ist. Anpassung an die gesellschaftliche »Vernunft«, ein Zurückstecken sind Robert unmöglich. Sein individuelles Beharren auf der unerfüllbaren Liebe ist zugleich Aufbegehren gegen die durch den Vater verkörperte Gesellschaft: »Weg mit den Vätern!« Hot ist als der »Stürmer« und »Narr« gekennzeichnet, der der Unbedingtheit seines – verqueren – Gefühls folgt – gegen alle Anfechtungen.

Die Prinzessin bezeichnet Robert als einen »heimlichen Melancholiker«. Die psychopathologischen Symptome der Melancholie und ihre Bewertung werden in der Aufklärung breit diskutiert. Schings, der diese Diskussion nachgezeichnet hat, findet viele Belege dafür, daß die Aufklärer die Melancholie ablehnen, weil sie in ihr eine Abweichung von einem vernunftbestimmten Verhalten sehen. Diese Position ist im Stück durch den Vater und vor allem durch Lord Hamilton vertreten. Sie verkörpern freilich zugleich die einengende und unterdrückende Instanz, von der Hots Leidensdruck ausgeht, der sich in seiner Melancholie ausdrückt. Darin liegt Lenz' Kritik an einer aufklärerischen Position, die letztlich die gesellschaftlichen Zwänge als »vernünftig« ausgibt. Hots Melancholie ist freilich nicht nur eine Folge seines Leidensdruckes, sondern auch ein Refugium, in dem sich, wenn auch verzerrt, sein Wunsch nach Entfaltung seiner emotionalen Kräfte und nach einem sinnvolleren Leben äußern kann. Darin, daß Lenz Hot die Melancholie als einen Fluchtraum ausgestalten läßt, drückt sich auch die Sozialerfahrung des Autors aus. Dieser sieht letztlich keine Möglichkeit zu »handeln«. Insofern belegt der »Engländer« Lepenies' These vom erzwungenen Handlungsverzicht der bürgerlichen Intellektuellen im 18. Jahrhundert und ihrer daraus folgenden »Melancholisierung«.

Alle Symptome, die in Freuds Aufsatz »Trauer und Melancholie« (in: Gesammelte Werke. Frankfurt 1968. Bd. 8. S. 427−447) aufgezeigt werden, finden sich bei Robert: Ichverarmung, dabei eine »aufdringliche Mitteilsamkeit«, die an der eigenen Bloßstellung Befriedigung findet, eine »genußreiche Selbstquälerei«, wobei die Stärke des Leidens zum Maßstab für Ich-Stärke wird. Die Depression kann plötzlich in Hochstimmung umschlagen, was vor allem die Schlußszene belegt. Hot wählt ein unerreichbares Objekt, auf das er gleichwohl seine Libido richtet. Die Feindseligkeit der Umwelt, die er aufgrund seines Verhaltens erfährt, nimmt er auf, indem er sich selbst aus dem Weg räumt. Der sich selbst Abschreibende zieht die Konsequenz daraus, daß die Umwelt ihn aufgegeben hat. In der radikalen Abkehr von den Normen, die das Überleben in der Gesellschaft ermöglichen, berührt sich die Haltung des Selbstmörders Hot mit dem Wahnsinnigen. Die Verwandtschaft kommt im Wort Lord Hamiltons zum Ausdruck: »Besser ihn tot beweint als ihn wahnwitzig herumgeschleppt.«

Einen Fragmentcharakter des Werkes, wie ihn Rosanow und Kindermann annehmen, schließe ich aus. In dem Stück perfektioniert Lenz eine grotesk-komische Darstellungsform, die auf extremer Verkürzung und Verknappung beruht und – gerade in der Darstellung jäh umschlagender Gefühle – Robert entindividualisiert, ihn sich marionettenhaft verhalten läßt.

Deutlicher als das in Weimar entstehende »Waldbruder«-Fragment ist »Der Engländer« Lenz' Pendant zu Goethes »Werther«. Die sehr unterschiedliche Sozialerfahrung der Autoren drückt sich in den Werken aus. In beiden findet sich der Zusammenhang unglückliche Liebe – Ablehnung gesellschaftlicher Integration – Melancholie – Selbstmord. Allerdings kann Hot den Fluchtraum der Melancholie nicht zu einem Freiraum machen, in dem er seine Produktivität partiell ausleben kann, was Lenz am »Werther« so bewundert. Hot ist eine viel schwächere Natur, in seinem Handeln gelähmt. Und Lenz vermeidet jede metaphysische Ausdeutung von Hots Mißverhältnis zur Welt; viel konkreter, aber auch verengter erscheint die Beziehung zum Vater als auslösender Moment.

Lenz' Produktivität als Dramatiker wird in Straßburg über die vollendeten Texte hinaus durch eine Fülle an Dramenfragmenten belegt, deren wichtigste hier vorgestellt werden, zumal sich viele behandelte Motive mit den anderen Werken verbinden lassen.

In den Komödienfragmenten »Die Kleinen« (1775 in Straßburg konzipiert, einige Bruchstücke vielleicht erst 1776 in Berka) behandelt Lenz das unter den Stürmern und Drängern beliebte Motiv der feindlichen Brüder. Es steht in einem aufgrund der Textlage nicht ganz zu klärenden Zusammenhang mit der Suche des Protagonisten Engelbrecht nach den »wahren Menschen«, die er unter den »Kleinen«, den niederen Ständen sucht. Hierin spricht sich Lenz' Orientierung auf das Volk deutlich aus. Neben dem Preis der »Tugend« und »Unschuld« der Niederen, der Lenz durch Rousseau und den »Werther« nahegelegt ist (Titel vermutet auch La Roches »Zwo moralische Szenen aus der Bauerswelt« aus den »Frauenzimmerbriefen« als Einfluß) sind die Fragmente geprägt von einer Tendenz, die darüber hinausgeht. Sie nehmen einen Gedanken auf, den Lenz auch an anderer Stelle, zum Beispiel in der Schrift über die »Soldatenehen« äußert: »Wer seid ihr, die ihr auf ihren (der Kleinen) Schultern steht und sie zertretet, und nicht lieber mit ihnen auf gleichem Boden euch hinstellt und sie auf eure Hand tupfen laßt. Ihr, die ihr nur durch ihre Vergünstigung da seid, ihr sie regieren?« Diese Kritik an den höheren Ständen verbindet sich mit einer Kritik an der Aufklärung, die über die Köpfe der Niederen weit hinweggeht. »Ach ihr großen aufgeklärten Menschen wenn ihr wüßtet, wie es in dem kleinen engen Zirkel jener Unterdrückten wirklich aussieht, denen ihr ihn immer weiter einschränkt.« Gegen eine falsche Idyllisierung der Niederen heißt es: »O setzt euch in ihren Gesichtspunkt und lernt die bemitleiden, deren eingebildetes Glück ihr beneidet.«

Der Intellektuelle Engelbrecht, der sich unter das Volk mischt, trägt Züge eines Wunschbildes seines Autors, der über alle und für alle Stände schreiben will: er hat ein »Herz«, das die »Größe« der niederen Stände empfindet und in sich »vereinigen kann [...] wie eine große Hauptstadt alles was schön und vorzüglich im Königreich ist, in sich verschlingt und dadurch allein Hauptstadt wird«.

Angeregt durch Schubarts Erzählung »Zur Geschichte des menschlichen Herzens«, die 1775 im »Deutschen Museum« erscheint und später Schiller zu den »Räubern« motiviert, nimmt Lenz in zwei fragmentarischen Fassungen »Der tugendhafte Taugenichts« das Thema der feindlichen Brüder und ihres Verhältnisses zum Vater wieder auf. Diese Fassungen sind 1775 und/oder 1776 entstanden. Der gehorsame Sohn David wird durch eine Intrige des bösen Just aus dem Vaterhaus verdrängt. Just ist der fleißige und scheinheilige, dessen Verhalten in Wirklichkeit durch den Neid auf den Erstgeborenen David bestimmt wird. Dieses Motiv ist neu gegenüber Schubart. Der Ältere leidet unter den Erwartungen des Vaters, denen er glaubt, nicht entsprechen zu können. Gleichzeitig ist er ein Werther ähnlicher Schwärmer – allerdings im Unterschied zu diesem mit einer Hoffnung auf eine militärische Karriere, wie sie der Autor zeitweise auch anstrebt. Die Fragmente zeigen nicht, wie Lenz den Konflikt löst.

In die Straßburger Zeit gehören auch die Fragmente zu einer Komödie »Die alte Jungfer«. Sie dreht sich um das »Clavigo«-Thema eines Mannes zwischen zwei Frauen, das mit dem Motiv der verlassenen Geliebten verbunden wird. Weit besser dokumentiert ist Lenz' Plan, ein Stück über die italienische Heilige des 14. Jahrhunderts Katharina von Siena zu schreiben. Er taucht zuerst im Mai 1775 auf. Auch 1776 in Berka arbeitet Lenz an diesem Projekt, vielleicht auch noch 1777. Möglicherweise hat Johann Georg Schlosser eine voll ausgearbeitete Fassung besessen (vgl. Genton: Ein Brief). Es sind Bruchstücke von Szenen erhalten, die sich – je nach Beurteilung – zu drei oder vier Fassungen zusammenfügen lassen (vgl. dazu Sivers, Köpke, Weinhold). Die Frage der Szenenfolge wie auch die zeitliche Priorität der Fassungen sind in der Forschung immer noch strittig (vgl. Wesle, Perugia, Titel/Haug). Am wahrscheinlichsten ist, daß Lenz zuerst ein religiöses Schauspiel, dann ein Künstlerschauspiel anstrebt. Er erhöht die historische Färberstochter zur Adligen. Sie steht – ein zentrales Motiv auch in anderen Straßburger Werken – zwischen zwei Männern: einem standesgemäß ebenbürtigen Edelmann, den der Vater will und einem Maler, der ihr Herz besitzt. Dieser liebt in ihr aber nur sein Bild der Frau, welches er in seiner Kunst darstellt. In der ersten Fassung ist dieses Motiv noch wenig entwickelt gegenüber Katharinas asketisch-enthusiastischer Weltabsage und Hingabe an Christus. Doch ist diese Weltabsage – wie im »Engländer« – bedingt durch die enttäuschte Liebe. Die eindrucksvollen Szenen der Selbstgeißelung sind – parallel zum »Engländer« – ein Versuch Katharinas, zusätzlich zum von außen zugefügten Schmerz sich selbst Schmerzen zuzufügen. Durch ihr Ertragen will sie ihre zutiefst erschütterte Selbstachtung und Identität wiedergewinnen. Mit dem »Engländer« ist das Fragment auch durch das Motiv der Absage an den Vater und die von ihm verkörperte »Welt« verbunden.

Werke

»Anmerkungen übers Theater nebst angehängten übersetzten Stück Shakespeares«
MS: Verloren
E: *Lenz:* ders. Titel. Leipzig: Weygand 1774. – *Lenz:* ›Der Hofmeister‹ und ›Anmerkungen übers Theater‹. Leipzig 1962. (Reclams Universalbibliothek Nr. 1375/76. Nachwort von Klaus Hammer); *Blei*, Bd. 1, S. 221–255; *Lewy*, Bd. 4, S. 243–278; *Richter*, S. 356–386; *Schneider*, Lambert, *Schleuning*, Waltraud (Hg.): Sturm und Drang. Kritische Schriften. 2. Ausgabe. Heidelberg: Schneider 1962. S. 715–745; *Schwarz*, S. 5–40; *Tieck*, Bd. 2, S. 199–239; *Titel/Haug*, Bd. 1, S. 329–362
S: *Duncan*, Bruce: Dark Comedy in 18[th.] Century Germany: Lessing and Lenz. Diss. phil. Cornell Univ. 1969. (Masch.), S. 131–150; *Duncan*, Bruce: A ›cool medium‹ as social corrective: J. M. R. Lenz' concept of comedy. In: Colloquia Germanica 1975. S. 2232–245; *Friedrich*, Theodor: Die ›Anmerkungen übers Theater‹ des Dichters J. M. R. Lenz: Nebst einem Anhang: Neudruck der ›A. ü. T.‹ in verschiedenen Typen zur Veranschaulichung ihrer Entstehung. Leipzig 1908, Probefahrten 13; *Girard*, S. 156–178; *Heinrichsdorff*, S. 53–64; *Huyssen*, S. 111–120; *Keckeis*, Gustav: Dramaturgische Probleme im Sturm und Drang. Untersuchungen zur neueren Sprach- und Literaturgeschichte Bd. 11. Bern 1907. S. 22–132; *Kindermann*, S. 107–121; *Markwardt*, Bruno: Geschichte der deutschen Poetik. Grundriß der Germanischen Philologie Bd. 13. Berlin 1956. S. 406–418 und 624–636; *Nahke*, S. 43–52, 78–108; *Osborne*, S. 36–50; *Pausch*, Holger: Zur Widersprüchlichkeit in der Lenzschen ›Dramaturgie‹. Eine Untersuchung der ›Anmerkungen übers Theater‹. In: Maske und Kothurn 1971, S. 97–108; *Sinnreich*, S. 105–121; *Titel*, S. 7–71; *Wien*, S. 70–84

»Das Hochburger Schloss«
MS: Verloren
E: Teutscher Merkur 5 (1777). S. 16−29. − *Blei*, Bd. 4, S. 227−235; *Tieck*,
Bd. 3, S. 192−199; *Titel/Haug*, Bd. 1, S. 369−377
S: *Clarke*, Karl H.: Lenz' Übersetzungen aus dem Englischen. In: Zeitschrift
für vergleichende Literaturgeschichte 10 (1896), S. 400−405

»Vertheidigung der Vertheidigung des Übersetzers der Lustspiele«
MS: Kraków. Biblioteka Jagiellońska
E: *Weinhold* (Dramen), S. 14−21. − *Blei*, Bd. 2, S. 335−346; *Titel/Haug*,
Bd. 1, S. 405−413

»Für Wagnern«
MS: Stiftg. Preuß. Kulturbesitz. Berlin (West)
E: *Zoeppritz*, Bd. 2, S. 319−320. − *Blei*, Bd. 4, S. 286−287; *Lewy*, Bd. 4,
S. 297−298; *Titel/Haug*, Bd. 1, S. 466

»Über die Veränderung des Theaters im Shakespeare«
MS: Verloren
E: *Kayser*, S. 86−95. − *Blei*, Bd. 4, S. 254−259; *Lewy*, Bd. 4, S. 279−296;
Tieck, Bd. 2, S. 335−340; *Titel/Haug*, Bd. 1, S. 263−268

»Amor vincit omnia«
MS: Verloren
E: *Lenz:* Anmerkungen übers Theater nebst angehängten übersetzten Stück
Shakespeares. Leipzig: Weygand 1774. − *Blei*, Bd. 1, S. 257−326; *Schwarz*,
S. 41−103; *Tieck*, Bd. 2, S. 230−298
S: *Clarke*, S. 122−150, *Kindermann*, S. 53−62

»Coriolan«
MS: Goethe-Schiller-Archiv. Weimar
E: *Blei*, Bd. 3, S. 411−448. − *Müller*, Johannes H.: J. M. R. Lenz' ›Corio-
lan‹. Diss. phil. Jena 1930. Text S. 48−77; Auszug in: *Schwarz*, S. 120−129
S: *Brinkhorst*, Martin: Shakespeares ›Coriolanus‹ in deutscher Bearbeitung.
Berlin 1973. S. 23−33; *Clarke*, S. 385−400; *Müller*, s.o.

»Sir John Oldcastle«
MS: Kraków. Biblioteka Jagiellońska
E: *Blei*, Bd. 3, S. 449−454
S: *Clarke*, S. 405−406

»Die Aussteuer (Aulularia)«
MS: Verloren
E: *Lenz:* Lustspiele nach dem Plautus fürs deutsche Theater. Frankfurt u.
Leipzig: Weygand 1774. Darmstadt: Wittich 1774. − *Blei*, Bd. 2, S. 41−84 u.
347−352; *Daunicht* (Werke), S. 157−194; *Hohoff*, S. 47−77; *Lewy*, Bd. 3,
S. 41−80; *Loewenthal/Schneider*, Bd. 1, S. 435−470; *Tieck*, Bd. 2,
S. 37−74; *Weinhold* (Dramen), S. 21−24 (2. Akt in 2. Fassung)

»Die Buhlschwester (Truculentus)«
MS: 1. Fassung: Stiftung preuß. Kulturbesitz. Berlin (West). Druckfassung:
Verloren
E: *Lenz:* Lustspiele nach dem Plautus ... 1774. – *Blei,* Bd. 2, S. 139–186;
Daunicht, Bd. 1, S. 241–281; *Lewy,* Bd. 3, S. 131–176; *Loewenthal/
Schneider,* Bd. 1, S. 515–554; *Richter,* S. 37–81; *Tieck,* Bd. 2, S. 123–164;
Titel/Haug, Bd. 2, S. 663–710; *Weinhold* (Dramen), S. 77–105 (1. Fas-
sung)

»Die Entführungen (Miles Gloriosus)«
MS: 1. Fassung: Verloren. Druckfassung: Stiftung preuß. Kulturbesitz. Ber-
lin (West)
E: *Lenz:* Lustspiele nach dem Plautus ... 1774. – *Blei,* Bd. 2, S. 85–138;
Daunicht, Bd. 1, S. 195–240; *Freye,* Bd. 1, Teil 2, S. 309–349; *Lewy,*
Bd. 3, S. 81–130; *Loewenthal/Schneider,* Bd. 1, S. 471–514; *Tieck,* Bd. 2,
S. 75–122; *Titel/Haug,* Bd. 2, S. 611–662; *Weinhold* (Dramen), S. 30–76
(1. Fassung)

»Freundschaft geht über Natur oder: Die Algierer (Captivi)«
MS: Staats- und Universitätsbibliothek Hamburg
E: In der Suhrkamp-Ausgabe von Daunicht angekündigt

»Die Türkensklavin (Curculio)«
MS: Verloren
E: *Lenz:* Lustspiele nach dem Plautus ... 1774. – *Blei,* Bd. 2, S. 187–224;
Daunicht (Werke), Bd. 1, S. 283–315; *Lewy,* Bd. 3, S. 177–212; *Tieck,*
Bd. 2, S. 165–198

»Das Väterchen (Asinaria)«
MS: Verloren
E: *Lenz:* Lustspiele ... 1774. – *Blei,* Bd. 2, S. 1–40; *Daunicht* (Werke),
Bd. 1, S. 125–156; *Daunicht* (Texte), S. 75–100; *Lewy,* Bd. 3, S. 5–40;
Tieck, Bd. 2, S. 3–36; *Titel/Haug,* Bd. 2, S. 573–610

»Der Hofmeister oder Vortheile der Privaterziehung. Eine Komödie«
MS: Stiftg. Preuß. Kulturbesitz. Berlin (West). (Erste Fassung)
E: *Lenz:* ders. Titel. Leipzig: Weygand 1774. – *Lenz:* ders. Titel. Biel 1775;
Lenz: ›Der Hofmeister‹ und ›Anmerkungen übers Theater‹. Leipzig: Reclam
1962. (Nachwort von Klaus Hammer.); *Lenz:* ders. Titel. Reclams Univer-
sal-Bibliothek Nr. 1376. Stuttgart 1963. (Nachwort von Karl S. Guthke.);
Lenz: The Tutor. The Soldiers. Übersetzung und Einführung von William E.
Yuill. Chicago, London 1972; *Blei,* Bd. 1, S. 327–421; *Daunicht* (Texte),
S. 7–73; *Lewy,* Bd. 1, S. 1–88; *Loewenthal/Schneider,* Bd. 1, S. 135–214;
Richter, S. 82–173; *Sauer,* S. 1–81; *Strasser,* Bd. 2, S. 288–361; *Tieck,*
Bd. 1, S. 1–84; *Titel/Haug,* Bd. 2, S. 9–104
S: *Burger,* Heinz-Otto: Lenz: Der Hofmeister. In: Steffen, Hans (Hg.): Das
deutsche Lustspiel. Bd. 1. Göttingen 1968. S. 48–67; *Eibl,* Karl: ›Realismus‹
als Widerlegung von Literatur. Dargestellt am Beispiel von Lenz’ ›Hofmei-
ster‹. In: Poetica 6 (1974), S. 456–467; *Harris,* Edward P.: The structure of

Dramatic Charakterisations in Four Plays by J. M. R. Lenz. Diss. phil. Tulane Univ. 1967. S. 72–108, 138–165; *Hausdorff*, Georg: Die Einheitlichkeit des dramatischen Problems bei Lenz. Diss. phil. Würzburg 1913. S. 15–37; *Hinderer*, Walter: Gesellschaftskritik und Existenzerhellung: ›Der Hofmeister‹ von J. M. R. Lenz. In: ders.: Über deutsche Literatur und Rede. München 1981. S. 66–94; *Hinderer*, Walter: Lenz: Der Hofmeister. In: Die Deutsche Komödie. 1977. S. 66–88 u. 370–373; *Huyssen*, S. 157–172; *Huyssen*, Andreas: Gesellschaftsgeschichte und literarische Form: J. M. R. Lenz' Komödie ›Der Hofmeister‹. In: Monatshefte 71 (1979), S. 131–144; *Kindermann*, S. 121–155, 173–177, 180–182, 207–215, 227–230; *Klotz*, S. 113, 116, 118, 121, 122, 131, 145, 195–198, 200, 201, 219, 220, 261; *Knopf*, Jan: Noch einmal Pätus. Zur Vaterschaft in Lenz' ›Hofmeister‹. In: DVjs 54 (1980), S. 517–519; *Lappe*, Claus O.: Wer hat Gretchens Kind gezeugt? Zeitstruktur und Rollenspiel in Lenzens ›Hofmeister‹. In: DVjs 54 (1980), S. 14–46; *Ders.:* Noch einmal zur Vaterschaftsfrage in Lenz' ›Hofmeister‹. In: DVjs 54 (1980), S. 520–521; *Lyman*, Linda M.: Lenz and the development of modern tragi comedy. Diss. phil. Univ. of Oregon 1975. S. 102–144; *Madland*, Helga Stipa: Gesture as evidence of language skepticism in Lenz' ›Der Hofmeister‹ and ›Die Soldaten‹. In: GQ 57 (1984), S. 546–557; *Mattenklott*, S. 122–168; *Meier*, Werner: Der Hofmeister in der deutschen Literatur des 18. Jahrhunderts. Diss. phil. Zürich 1938; *Mayer*, Willi: Lenz' ›Hofmeister‹: Ein Kapitel aus der Entwicklungsgeschichte der deutschen Literatur. Diss. phil. Erlangen 1933. (Masch.); *Michel*, Willi: Sozialgeschichtliches Verstehen und Kathartische Erschütterung. Lenz' Tragikomödie ›Der Hofmeister‹. In: ders.: Die Aktualität des Interpretierens. Heidelberg 1978. (medium literatur 11.), S. 34–57; *Nahke*, S. 157–285; *Osborne*, S. 100–116; *Parkes*, Ford B.: Epische Elemente in J. M. R. Lenz' Drama ›Der Hofmeister‹. Göppingen 1973. (Göppinger Arbeiten zur Germanistik 105.); *Rudolf* (1969), S. 158–175; *Scherpe*, (Goethe-Jb. 94), S. 216–235; *Schöne*, S. 92–101, 103–122; *Stammler*, Wolfgang: ›Der Hofmeister‹ von J. M. R. Lenz: Ein Beitrag zur Literaturgeschichte des 18. Jahrhunderts. Diss. phil. Halle 1908; *Stephan/Winter*, S. 144–165; *Titel* (1961), S. 77–270; *Unger*, Gerhard: Lenz' Hofmeister. Diss. phil. Göttingen 1942

»Der Engländer. Eine dramaturgische Phantasey«
MS: Stiftg. Preuß. Kulturbesitz. Berlin (West)
E: *Lenz*, ders. Titel. Leipzig: Weidmanns Erben und Reich 1777. – *Blei*, Bd. 3, S. 147–172; *Daunicht* (Texte), S. 123–140; *Hohoff*, S. 5–22; *Lewy*, Bd. 1, S. 277–300; *Tieck*, Bd. 1, S. 315–336; *Titel/Haug*, Bd. 2, S. 329–354
S: *Kaiser*, Ilse: Die Freunde machen den Philosophen, Der Engländer, Der Waldbruder von J. M. R. Lenz. Diss. phil. Erlangen 1917. S. 41–54

»Der Neue Menoza. Oder Geschichte des cumbanischen Prinzen Tandi: Eine Komödie«
MS: Kraków. Biblioteka Jagiellońska
E: *Lenz:* ders. Titel. Leipzig: Weygand 1774. – *Blei*, Bd. 2, S. 249–326 u. 455–460; *Daunicht* (Werke), S. 317–381; *Hinck*, Walter (Hg.): Berlin 1965.

(Komedia. 9.); *Lewy*, Bd. 1, S. 89–160; *Loewenthal/Schneider*, Bd. 1, S. 215–277; *Tieck*, Bd. 1, S. 85–150; *Titel/Haug*, Bd. 2, S. 105–180; *Weinhold* (Dramen), S. 307–312 (Letzte Szene in 2. Fassung)
S: *Chantre*, S. 447–476; *Diffey*, (1981), S. 173–186; *Girard*, S. 294–343; *Harris*, (Diss.), S. 109–137, 138–165; *Hausdorff*, S. 53–69; *Hinck*, (Lustspiel), S. 328–348; *Kindermann*, S. 174–187, 193–195, 207–210, 227–229; *Liewerstedt*, Dieter: J. M. R. Lenz: ›Der neue Menoza‹, eine apokalyptische Farce. In: WW 33 (1983), S. 144–152; *Lyman*, S. 147–176; *Osborne*, S. 117–128; *Rauch*, Hermann (1892), S. 59–60, 63–66, 72–73, 86–87, 94–99; *Wien*, (1935), S. 99–113

»Die Freunde machen den Philosophen. Eine Komödie«
MS: Verloren
E: *Lenz:* ders. Titel. Lemgo: Meyer 1776. – *Blei*, Bd. 3, S. 95–146; *Lewy*, Bd. 1, S. 223–268; *Tieck*, Bd. 1, S. 211–256; *Titel/Haug*, Bd. 2, S. 279–328
S: *Harris* (Diss.), S. 8–41, 138–165; *Kaiser*, S. 11–41

»Die Soldaten. Eine Komödie«
MS: Stiftg. Preuß. Kulturbesitz. Berlin (W)
E: *Lenz:* ders. Titel. Leipzig: Weidmanns Erben und Reich 1776. – *Lenz:* ders. Titel. Stuttgart 1966. Nachwort von Manfred Windfuhr. (Reclam 5899); *Lenz:* The Tutor. The Soldiers. Übersetzung und Einführung von William E. Yuill. Chicago/London: Univ. of Chicago Press 1972; *Blei*, Bd. 3, S. 29–94; *Forster*, Leonhard (Hg.): Cambridge Plain Texts. Cambridge 1950; *Lewy*, Bd. 1, S. 161–220; *Loewenthal/Schneider*, Bd. 1, S. 279–332; *Mc Innes*, Edward: J. M. R. Lenz: Die Soldaten. Text, Materialien, Kommentar. München, Wien: Hanser 1977; *Richter*, S. 175–236; *Sauer*, S. 83–135; *Strasser*, Bd. 2, S. 362–410; *Tieck*, Bd. 1, S. 257–314; *Titel/Haug*, Bd. 2, S. 181–248; *Weinhold* (Dramen), S. 324–328 (2. Version der letzten Szene)
S: *Duncan*, Bruce: The Comic Structure of Lenz's ›Soldaten‹. In: MLN 91 (1976), S. 515–523; *Girard*, S. 345–408; *Ders.:* Die Umwertung des Tragischen in Lenzens Dramaturgie unter besonderer Berücksichtigung der ›Soldaten‹. In: Dialog (1973), S. 127–138; *Gluth*, S. 11–48; *Harris* (Diss.), S. 42–71, 138–165; *Höllerer*, S. 128–147; *Klotz*, S. 103–104, 114–116, 119–122, 125–127, 131–134, 145, 150–154, 168, 172–173, 178, 189–191, 198, 200–201, 214, 220, 261; *Lyman*, S. 178–216; *Scherpe* (Goethe-Jb. 94), S. 216–235; *Sinnreich*, S. 45, 52–57, 62–63, 85–86, 94–98; *Stephan/Winter*, S. 165–177; *Titel*, S. 77–270

»Die Wolken«
MS: Zerstört
E: *Lenz:* Die Wolken. Lemgo: Helwing 1775. (Druck vernichtet.). – Fragment in: *Blei*, Bd. 3, S. 375–377; *Weinhold* (Dramen), S. 313–323

»Über die Soldatenehen«
MS: Kraków. Biblioteka Jagiellońska

E: *Freye,* Karl (Hg.): Über die Soldatenehen. Nach der Handschrift der Berliner Königlichen Bibliothek. Hamburg (Privatdruck) 1913. Nachdruck: Leipzig: Kurt Wolff 1914

»Pandämonium Germanicum«
MS: Stiftung Preuß. Kulturbesitz. Berlin (West). Fragment: Weimar
E: *Dumpf,* Georg Friedrich (Hg.): Pandömonium Germanicum: Eine Skizze. Aus dem handschriftlichen Nachlaß des verstorbenen Dichters. Nürnberg: Friedrich Campe 1819. – *Blei,* Bd. 3, S. 1−28; *Daunicht* (Texte), S. 101−122; *Kindermann,* Heinz (Hg.): Von deutscher Art und Kunst. Deutsche Literatur: Sammlung literarischer Kunst- und Kulturdenkmäler in Entwicklungsreihen. Reihe Irrationalismus, Bd. 6. Leipzig 1935, S. 283−303; *Lewy,* Bd. 1, S. 301−325; *Loewenthal/Schneider,* Bd. 1, S. 407−431; *Richter,* S. 237−265; *Sauer,* S. 137−160; *Schmidt,* Erich (Hg.): P. G., nach den Handschriften erläutert. Festschrift für Karl Weinhold. Berlin 1896; *Tieck,* Bd. 3, S. 207−299; *Titel/Haug,* Bd. 2, S. 249−278
S: *Kindermann* (1925), S. 251−266; *Kühn,* Julius: Der junge Goethe im Spiegel seiner Zeit. Beiträge zur neueren Literaturgeschichte Bd. 1. Heidelberg 1912. S. 30−42; *Murat,* Jean: Le ›Pandaemonium Germanicum‹. In: Revue d'Allemagne 3 (1971), S. 255−266; *Petter,* Walter: Das Satirische bei J. M. R. Lenz: Ein Beitrag zur Psychologie Lenzens und zur Geschichte des Satirischen im 18. Jahrhundert. Diss. phil. Univ. Halle 1920. (Masch.). S. 31−32, 82−90, 97−101

»Die Kleinen«
MS: Stiftg. Preuß. Kulturbesitz. Berlin (W)
E: *Tieck,* Bd. 3, S. 258−269. – *Blei,* Bd. 3, S. 315−341; *Lewy,* Bd. 3, S. 321−326; *Titel/Haug,* Bd. 2, S. 487−516; *Weinhold* (Dramen), S. 238−265
S: *Perugia,* Stefan: Die dramatischen Fragmente von J. M. R. Lenz. Diss. phil. München 1925. S. 70−75

»Der tugendhafte Taugenichts«
MS: Kraków. Biblioteka Jagiellońska
E: *Weinhold* (Dramen), S. 209−237. – *Blei,* Bd. 3, S. 342−374; *Freye,* Bd. 1, S. 257−274; *Hohoff,* S. 23−46; *Lewy,* Bd. 3, S. 315−320; *Loewenthal/Schneider,* Bd. 1, S. 377−397; *Titel/Haug,* Bd. 2, S. 517−550

»Die alte Jungfer. (Fragment)«
MS: Kraków. Biblioteka Jagiellońska
E: *Weinhold* (Dramen), S. 191−208. – *Blei,* Bd. 3, S. 299−314; *Lewy,* Bd. 3, S. 301−314
S: *Perugia,* S. 8−36

»Catharina von Siena«
MS: Kraków. Biblioteka Jagiellońska
E: *Weinhold* (Dramen), S. 133−190. – *Blei,* Bd. 3, S. 235−287; *Freye,* Bd. 1, Teil 2, S. 275−305; *Lewy,* Bd. 3, S. 247−300; *Titel/Haug,* Bd. 2, S. 427−486

S: *Perugia*, S. 36—63; *Wesle*, Curt: Über die Catharina von Siena von J. M.
R. Lenz. In: Zeitschrift für deutsche Philologie 46 (1915), S. 229—254

»Was ist Satyre?«
MS: Kraków. Biblioteka Jagiellońska
E: *Tieck*, Bd. 3, S. 294—298. — *Blei*, Bd. 1, S. 454—459; *Weinhold* (Gedich-
te), S. 249—254

Sekundärliteratur allgemein

Literatur zur Dramentheorie

Kunz, Josef: Die Dramaturgie von J. M. R. Lenz. Einige Überlegungen zu
René Girard: Lenz 1751—1792. In: Études Germaniques 25 (1970),
S. 53—61
San-Giorgiu, Jon: Sebastien Merciers dramaturgische Ideen im Sturm und
Drang. Diss. phil. Basel 1921. S. 60—79
Scherpe, Klaus R.: Historische Widersprüche in der Gattungspoetik des
18. Jahrhunderts. In: GRM 34 (1984), S. 312—322
Wolf, Hans M.: Zur Bedeutung Batteux's für Lenz. In: MLN 56 (1941),
S. 508—513

Literatur zu den Dramen

Huber-Bindschedler, Berta: Die Motivierung in den Dramen von J. M. R.
Lenz. Ein Beitrag zur Psychologie Lenzens. Diss. phil. Zürich 1922
Madland, Helga Stipa: Non-Aristotelian drama in 18th century Germany and
its modernity: J. M. R. Lenz. Diss. phil. Univ. of Washington 1981. Bern,
Frankfurt/M. 1982
Kliess, Werner: Sturm und Drang. Hannover 1966. S. 34—74
Kreutzer, Leo: Literatur als Einmischung: J. M. R. Lenz. In: Hinck, Walter
(Hg.): Sturm und Drang. Kronberg 1978. S. 213—229

Literatur zu den Bearbeitungen

Conrady, Karl Otto: Zu den deutschen Plautusübertragungen. Ein Über-
blick von A. von Eyb bis J. M. R. Lenz. In: Euphorion 48 (1954),
S. 373—396
Düntzer, Heinrich: Die Sendung der Lenzischen Lustspiele nach dem Plau-
tus an Merck. In: ders.: Zur Goetheforschung: Neue Beiträge. Stuttgart
1891. S. 199—216
Hohoff, Curt: J. M. R. Lenz in Selbstzeugnissen und Bilddokumenten.
Reinbek 1977. S. 33—40
Lyman, Linda Marian: J. M. R. Lenz and the development of modern tragi-
comedy. Diss. phil. Oregon 1975. S. 58—98
Reinhardstoettner, Karl von: Plautus. Spätere Bearbeitungen plautinischer
Lustspiele: Ein Beitrag zur vergleichenden Literaturgeschichte. Leipzig
1886
Schirach, Gottlob Benedict von: Lustspiele nach dem Plautus. In: Magazin
der deutschen Kritik 3 (1774), S. 153—163
Weiss, Richard A.: The Attitudes of J. M. R. Lenz towards the Ancient Clas-
sics. Diss. phil. New York 1968. S. 107—122

2.5. Weimar

Im März 1776 verläßt Lenz Straßburg und reist nach Weimar. Die Gründe für seinen Entschluß lassen sich aufgrund der vorhandenen Quellen nicht vollständig klären. Fest steht, Lenz ist nach eigenen Äußerungen in Straßburg finanziell am Ende, zumal er keine Aussicht auf eine feste Anstellung besitzt, um die er sich ja auch kaum bemüht hat. Die Abreise geschieht offensichtlich geplant. Die Spekulation Froitzheims (»Lenz und Goethe«), Goethe, zumindest aber Lavater und Luise König hätten den Autor zur Reise bewogen, um seine Aufmerksamkeit von der bevorstehenden Hochzeit Henriette von Waldners mit dem Baron Oberkirch abzuziehen, erscheint von den Quellen her kaum begründet. Die Mehrheit der Forscher (so Rosanow, Hohoff) glaubt, daß Lenz mit seiner militärreformerischen Schrift »Über die Soldatenehen« den Herzog Karl August gewinnen will, um dadurch selbst eine militärische Karriere erreichen und zugleich als sozialer Reformer auftreten zu können: »Ich habe eine Schrift über die Soldatenehen unter Händen, die ich einem Fürsten vorlesen möchte, und nach deren Vollendung und Durchführung ich – wahrscheinlich sterben werde« (an Herder, Febr. 1776). Tatsächlich nimmt Lenz in Weimar am Exerzieren teil, erweitert er seine Kompetenz als Militärtheoretiker durch Fachlektüre. Seine Schrift will er über Goethe dem Herzog nahebringen. Vielleicht in der Hoffnung auf eine Anstellung beim Militär lehnt Lenz in Weimar auch den Ruf an das Philanthropin Basedows in Dessau ab (zu seinen Vorbehalten gegen die Pädagogik der Philanthropen vgl. u.a. das Gedicht »Aretin am Pfahl gebunden mit zerfleischtem Rücken«). Auch in literarischen Arbeiten der Weimarer und Berkaer Zeit – zum Beispiel im »Waldbruder« – spielt eine Militärkarriere eine Rolle.

Es sprechen aber noch andere Gründe für ein zumindest vorübergehendes Verlassen Straßburgs. Zunächst einfach der Wunsch nach einem Neuanfang als Befreiung von einer als bedrängend empfundenen Situation. Wichtig ist auch »Bruder Goethe« als Faszinosum und als derjenige, der Lenz trotz mancher Meinungsverschiedenheiten bisher stets gefördert hat. Zu Recht stellt Damm fest, Lenz hätte auch andere besuchen können. Zum Beispiel laden ihn Merck, Lavater und Herder kurz vor der Reise zu sich ein. Aber Goethes Berufung an einen aufgeklärten Fürstenhof weckt, obwohl sie unter den Freunden, zum Beispiel Merck nicht ohne Kritik aufgenommen wird, in Lenz besondere Hoffnungen. Nicht zufällig zieht es ja kurz darauf auch den mittellosen Klinger nach Weimar.

Lenz reist über Mannheim, wo er im Antikensaal sich dem »Geist« des »Bruders Goethe« nahe fühlt (an Goethe, März 1776), Darmstadt und Frankfurt, wo er Merck, bzw. Klinger, Wagner und Goethes Mutter besucht, nach Weimar. Dort bittet er gleich nach seiner Ankunft in einem Scherzgedicht als »Kranich lahm, zugleich Poet« den Herzog um »Erlaubnis«, »sein Häuptlein, dem der Witz geronnen« bei ihm »aufzusonnen«. Goethe führt Lenz am Hof ein. Dort erlebt er vorübergehend die Erfüllung seiner Wünsche nach Kommunikation und Selbstausdruck. Er sieht sich »verschlungen in die […] Annehmlichkeiten dieses Hofes« (an Maler Müller, 16. 4. 1776). Als Vorleser und literarischer Gesellschafter ist er dem Herzog eine Zeitlang nah. Vor der literarischen Öffentlichkeit zeigt sich Lenz in seiner neuen Rolle als »höfisch gewandter Poet« im »Teutschen Merkur« (Mai 1776) mit dem Gedicht »Auf die Musik zu Erwin und Elmire von Ihrer Durchlaucht, der verwittibten Herzogin zu Weimar und Eisenach gesetzt«. Doch erweist sich sehr schnell, daß Lenz in einer Atmosphäre des Rollenspiels, des Klatsches, der empfindlichen Wahrung von Etikette und sozialen Unterschieden sich nicht zurechtfinden kann. Seine Lage verschärft sich dadurch, daß er am Hof keine Funktion hat. Früh muß ihm auch seine niedrige soziale Stellung schmerzlich bewußt geworden sein – gerade im Unterschied zu Goethe, der zum Beispiel finanziell auf Zuwendungen des ihn hofierenden Herzogs gar nicht angewiesen ist. Wieland bezeichnet Lenz als eine »seltsame Komposition von Genie und Kindheit« (an Merck, 9. 9. 76). Lenz produziert Skandale, über die bei Hofe eifrig geklatscht wird. Noch Karamsin erfährt von ihnen, als er fast zwanzig Jahre später Weimar besucht (»Briefe eines reisenden Russen«, 1793). Wieland schreibt am 11. 5. 1776 an Merck: »seit er [Lenz] hier ist, ist kaum ein Tag vergangen, wo er nicht einen oder andern Streich gespielt hätte, der jedem andern als ihn freilich in die Luft gesprengt hätte.« Dieses Zitat zeigt freilich auch, daß man Lenz trotz seines scheinbar exzentrischen Verhaltens noch am Hof duldet.

Mit Distanz und Selbstironie beschreibt Lenz seine eigene Rolle, »den Göttern zur Farce [zu] dienen« in dem Dramolett »Tantalus«. Es entsteht in Berka. Lenz überträgt die Leiden Tantalus' in der Unterwelt auf den in Juno verliebten Ixion an der olympischen Tafel. Im Text umarmt Tantalus schließlich statt Juno eine Wolke, die die Götter ihr nachgestaltet haben. Das Bildnisproblem aus den anderen Texten Lenz' über Liebesbeziehungen taucht wieder auf: Tantalus bleibt nur die Schimäre der Geliebten. In Tantalus gestaltet Lenz auch seine Grunderfahrung des Menschen, der nicht zur Autonomie gelangt. Hierin liegt Lenz' deutliche Gegenposition zur Klassik, die Goethe in Weimar entwickeln wird. Dessen Iphigenie kann vertrauend die Götter beschwören, »Beistand« zu zeigen und durch sie »die Wahrheit« zu verherrlichen, für Lenz' Tantalus sind hingegen die

Götter willkürlich handelnde und gemeine Dämonen. Es fehlt das Vertrauen auf eine göttliche und zugleich humane Lebensordnung.

Aufgrund der Einsicht in die eigene lächerliche Stellung am Hof flieht Lenz Ende Juni in die Einsamkeit nach Berka. Bezeichnenderweise geschieht dies zwei Tage, nachdem Goethe sein Amt als geheimer Rat und Mitglied des geheimen Conseil angetreten hat. Während Goethe sich damit endgültig in den Hof und in die fürstliche Administration integriert – die mutige Ernennung muß der Herzog freilich gegen erheblichen Widerstand eines Teils der Höflinge durchsetzen –, sucht Lenz Distanz. Wo und wie er in dem damals kleinen Marktflecken Berka lebt, ist nicht überliefert.

Auf die unerfüllbare ferne Liebe zu Henriette von Waldner bezieht die Forschung in Berka entstandene Fragmente, die zu zwei Fassungen eines Dramas »Henriette von Waldeck« oder »Die Laube« gehören. Im »Waldbruder«, den Lenz ebenfalls in Berka schreibt, erscheint die Verarbeitung dieser Erfahrung verknüpft mit einer kritischen Sicht der eigenen Erlebnisse am Weimarer Hof. Ein vielperspektivischer Briefwechsel ermöglicht dem Verfasser freilich eine deutliche Distanz und Objektivierung – vor allem weil unterschiedliche Bewußtseinshaltungen und Ansichten von Ereignissen auf die unterschiedliche psychische Situation und soziale Lage der Briefschreiber zurückgeführt werden können.

Entgegen der überwiegenden Forschungsmeinung, die Lenz in Herz und Goethe in Rothe porträtiert sieht, muß betont werden, daß *alle* Figuren des Romans Elemente von Lenz' Haltung verdeutlichen. Rothes Einstellung, die den kompositorisch notwendigen Kontrast zu Herz herstellt, enthält trotz der nachvollziehbaren Kritik von Herz viele Elemente, die der Autor für sich entwickeln müßte, würde er wirklich hoffen, in dieser Gesellschaft eine Position zu erringen, um reformerische Projekte durchzusetzen. Rothe ist der erfolgreiche Pragmatiker, der Widersprüche der Hofgesellschaft zum eigenen Vorteil und zum Amüsement erträgt: »ich bin überall willkommen, weil ich mich überall hinzupassen und aus allem meinen Vorteil zu ziehen weiß.« Der »Narr« Herz dagegen nimmt alle Äußerungen wörtlich, durchschaut nicht das menschliche Rollenspiel und kann sich nicht verstellen. Ihm fehlt die Fähigkeit zu Kompromissen. Was für Rothe ein Leben »in lauter Phantasien« ist, ist für Herz das Bekenntnis zu den Strebungen seines Innern und Ausdruck eines Freiheitsverlangens, das die Grenzen der im Alltag seiner Mitmenschen vorherrschenden Widersprüche sprengen will: »Nur Freiheit will ich haben, zu lieben, was ich will und so stark und dauerhaft, als es mir gefällt.« Aus der Multiperspektive des Briefromans werden beide Haltungen deutlich relativiert, ohne daß ihr Widerspruch geschlichtet werden kann. So erreicht Rothe eine glanzvolle äußere Identität, ohne eine innere zu besitzen. Herz' narzistische Versponnenheit in seine Phantasien, seine »Glückseligkeit im Selbstbetrug« machen ihn in der Gesellschaft lebensunfähig und auf die Hilfe des Pragmatikers Rothe angewiesen. Titel weist zu Recht darauf hin, daß Lenz mit der Gegenüberstellung von Herz und Rothe den Gegensatz zwischen dem empfindsamen Schwärmer und dem welterfahrenen Epikuräer aufnimmt, den Wieland in zahlreichen Werken darstellt, zuletzt im »Neuen Amadis«, aus dem Lenz auch einige Figurennamen entlehnt. Die Gegenüberstellung der Figuren darf also nicht nur auf Lenz und Goethe, sie muß auch auf den freundlichen »Epikuräer« bezogen werden, mit dem sich unser Autor in Weimar versöhnt hat und über den er in Berka die »Epistel« schreibt.

Herz ist in seinem Denken und Fühlen fixiert auf das Bild, das er sich seit der ersten Begegnung von der Gräfin Stella macht. »Die ewige Kluft« zwischen den beiden, die allein schon durch den Standesunterschied bedingt ist, bildet wie bei Robert Hot die Voraussetzung für diese intensiv ausgesponnene Liebesphantasie. In ihr spiegelt sich auch Herz' grundsätzliches Verhältnis zur Realität, sein Gefühl, in ihr »fremd« zu sein und sein zu wollen. Das Leiden an der Umwelt wird wie bei Hot zum Kriterium von Icherfahrung und -stärke. Ein solcher Held kann nur durch eine geschickt eingefädelte Intrige aus seiner Passivität gerissen werden. So beschleunigt sich die Handlung durch die inszenierte militärische Karriere Herz' und durch den Streit um das Porträt Stellas.

Der Untertitel, »Ein Pendant zu Werthers Leiden« verweist auf die Beeinflussung durch Goethes Roman, die bereits in der Herbststimmung der ersten Briefe spürbar ist. Wie Werther demonstriert Herz einen letztlich unüberbrückbaren Widerspruch zwischen dem Beharren auf individuellen Wunschphantasien, »verwilderten Ideen« und der gesellschaftlichen Realität. Wie Werther setzt Herz der »Einschränkung« in der Umwelt einen gesteigerten Subjektivismus, ein äußerstes Freiheitsverlangen entgegen, das er freilich nur in einer Anspannung aller Kräfte seiner Phantasie zeitweise ausagieren kann. Der wichtigste Unterschied zum »Werther« ergibt sich durch die gebrochene Sicht auf diese Haltung, die aufgrund der Multiperspektive mehrerer Briefschreiber entsteht. Wegen der ironischen Relativierung ist der »Waldbruder« weniger radikal als Goethes Roman. Ihn kennzeichnet ein größeres Maß an Realismus gegenüber der heroischen oder sentimentalen Illusion, die in der durch die Monoperspektive hervorgerufenen Identifikation des Lesers mit »Werther« liegt. Wie im einzelnen das »Pendant« gemeint ist, könnte nur der fehlende Schluß erweisen. Falsch ist allerdings, mit Sicherheit Selbstmord oder Tod als Ausgang anzunehmen; denn der Wert Herz' wie Werthers liegt für Lenz nicht in einer Selbstopferung, sondern in dem »allzeit gutgearteten und frohmütigen Herz«, der »unnachahmlichen Genügsamkeit« mit sich selbst, der »Freiheit von allen Prätentionen« und der »immerwährenden (Phantasie-)Tätigkeit« (»Briefe über die Moralität der Leiden des jungen Werthers«, 9. Brief).

Neben anderen bittet Charlotte von Stein Lenz, sich aus seiner »Einsamkeit« loszureißen. Er wendet ein, er finde »gegen all die Übel, die mich bedrücken, keine anderen Erleichterungen [...], als mich vor der Welt zu verstecken«. Er wolle nicht den »Narren« bei Hofe spielen (an Frau v. Stein, Sept. 1776). Schließlich lädt Charlotte von Stein Lenz ein, als Englischlehrer nach Schloß Kochberg zu kommen. Ihr Motiv, über das es keine klare Aussage gibt, hat in der Forschung zu vielen Spekulationen geführt. Sucht sie Unterhaltung, während Goethe in Weimar den Amtsgeschäften nachgeht oder ist es ein bewußtes Spiel mit dem Faktor Eifersucht und der Wunsch, Goethe »Entbehrungen« aufzuerlegen (vgl. dazu Damm, Eissler)? Bei Lenz vermischt sich mit dem Eingehen auf Charlottes Wunsch das Bedürfnis, auf diese Weise sich dem immer noch geliebten, aber sich entziehenden Freund zu nähern mit dem Bestreben, diesen zugleich in seinen persönlichen Verhältnissen zu übertrumpfen. Fest steht, daß Lenz' Kochberg-Aufenthalt Goethe tatsächlich trifft und verletzt, wenn auch das Verhältnis zwischen den beiden Freunden dadurch noch nicht zerstört wird. Zum »Abschied von Kochberg« schreibt Lenz ein so überschriebenes Gedicht, welches seine Zuneigung zu Frau von Stein zeigt, die Erfahrung gegenseitiger Vertrautheit – allerdings auch mit einem deutlichen Bewußtsein für den Unterschied der Lebenswege: »Ich aber werde dunkel sein/Und gehe meinen Weg allein.« Fünf Tage bevor Frau von Stein mit Lenz von Kochberg zurückkehrt, schreibt Goethe den Einakter »Die Geschwister«, in dessen diffiziler Beziehungskonstellation Elemente der Beziehung zu seiner Schwester Cornelia, aber auch des aktuellen Verhältnisses zu Frau von Stein bearbeitet sind (vgl. Eissler). Bezeichnenderweise lädt Goethe Lenz nicht zur Aufführung dieses Stückes am Hof ein. Lenz geht nach Berka zurück, um am 25. November zurückzukehren.

Am 26. 11. ereignet sich laut Goethes Tagebuch eine »Eseley« Lenz', offensichtlich eine schwere Beleidigung Goethes, die von allen Beteiligten für die Zukunft geheimgehalten wird. Goethe bewirkt daraufhin beim Herzog Lenz' Ausweisung aus Weimar zum 29. 11. An die Umstände knüpft sich in der Forschung eine Fülle von Spekulationen. Den »Waldbruder« als Anlaß zu sehen (Froitzheim, Pascal) erscheint mir nach dem oben Gesagten wenig gerechtfertigt, zu deutlich enthält er große Elemente der Selbstkritik. Hohenstein sieht den Anlaß in einem Pasquill, das Goethe und eine hochgestellte Person attackiert haben mag (»Weimar und Goethe«). Rudolf und Hohoff nehmen Spottgedichte auf das Verhältnis zu Frau von Stein an.

Entscheidend für den Bruch ist freilich die gegensätzliche Grundeinstellung, zu der beide Autoren gefunden haben. Die »Eseley« ist dabei für Goethe nur der letzte Auslöser für eine harte Abgrenzung, die auch der Verabschiedung von Teilen der eigenen Vergangenheit gilt. Goethe arrangiert sich in diesem Jahr mit der Macht des Hofes, um persönlich aufzusteigen und in die Gesellschaft hineinwirken zu können. Den Aufstieg bis zur Stellung eines geheimen Rates, der »höchsten Ehrenstufe, die ein Bürger in Teutschland erreichen kann« (an Frau von Stein, 7. 7. 1779), verbindet er mit einer umfangreichen reformorientierten Verwaltungstätigkeit. Eine Desillusionierung über seine Möglichkeiten wird Goethe erst in den achtziger Jahren erleben. Jetzt weiß er von vornherein, daß die notwendige Anpassung eine Persönlichkeitsveränderung bewirkt, vor allem eine Abkehr vom Genietreiben und dem unbedingten Beharren auf Selbstverwirklichung. Obwohl auch Lenz durchaus Reformen innerhalb der bestehenden Ständegesellschaft will, was seine vielen praktischen Vorschläge belegen, zeichnen seine imaginierten Handlungsabläufe solche Reformen als wenig erfolgversprechend. Nimmt man die Gesellschaftskritik in Lenz' Werken ernst, ist es notwendig, sie auch als Kritik der Reformpraxis aufzufassen, wie sie Goethe als Minister versucht und für die Lenz nie eine ernsthafte Chance besitzt, obwohl er sie anstrebt.

Von Goethe her gesehen kultiviert Lenz die »Werther«-Stimmung, insbesondere deren radikal gesellschaftskritische oder -ferne, auch aller realen Tätigkeit abgewandte Seite. »Allbedenkende Natur!/Hast du mich vergessen?« fragt Lenz in seinem »Lied eines schiffbrüchigen Europäers«. Von dieser Stimmung möchte sich Goethe ganz entschieden lösen. Der Bruch mit Lenz ist ihm dabei auch Anlaß, Teile des eigenen Selbst, der eigenen Geschichte erneut auszugrenzen. Das erklärt die Entschiedenheit, mit der er sogar Jahre später jeden Kontakt mit Lenz verweigert. Am 16. 9. 1776 nennt Goethe Lenz »ein krankes Kind, wir wiegen und tänzeln ihn und lassen ihm vom Spielzeug, was er will« (an Merck). Ein Kind entwickelt realitätsferne Wünsche und Phantasien. Mit »ewiger Kindheit« assoziiert Goethe »Eigendünkel und alle verwandten Fehler«, wodurch man »sich und andern unerträglich wird« (an seine Mutter, 12. 8. 81). Leiden an der Realität und Flucht in Wunschträume müssen

Lenz von Goethe her kennzeichnen. Er thematisiert sie in seiner Dichtung, die für Goethe seit Berka nur »lauter Sublimiora« enthält (an Merck, 16. 9. 1777). Für Goethe steht Literatur für viele Jahre zurück gegenüber praktisch nützlichen Werken. Schon kurz vor der Einladung nach Weimar ist er sich – nach »Dichtung und Wahrheit« – bewußt, daß sich seine Wertschätzung auf Werke und Autoren verlagert, »deren Talent aus dem tätigen Leben ausging und in dasselbe unmittelbar nützlich wieder zurückkehrte«, zum Beispiel die Schriften Justus Mösers. Lenz hingegen, der keine Funktion einnimmt und nicht im »tätigen Leben« steht – vielleicht hat Goethe sogar eine Anstellung in Weimar verhindert (vgl. Damm) –, produziert nur utopische Projekte. Als ein solches »phantastisches Werk« sieht Goethe auch die »Soldaten«schrift an: »Die Gebrechen jenes Zustandes waren ziemlich gut gesehn, die Heilmittel dagegen lächerlich und unausführbar« (Dichtung und Wahrheit, 14. Buch). Damm glaubt, daß er Lenz das »Soldaten«projekt sogar verbietet. Goethes »tätiger Widerstand« ist konsequent, denn Lenz läßt sich nicht pragmatisch aufs Gegebene ein, sondern fordert eine Reform, die das feudale System grundlegend verändern würde – eine Perspektive, die der Goethes entgegensteht. Auch Lenz dürfte sich über die Brisanz seiner Schrift nicht voll im klaren gewesen sein, will er sie doch nach dem Weimarer dem französischen Hof andienen.

Werke

»Henriette von Waldeck oder die Laube«
MS: Kraków. Biblioteka Jagiellońska
E: *Weinhold* (Dramen), S. 106–132. – *Blei*, Bd. 3, S. 209–234; *Lewy*, Bd. 3, S. 213–234; *Titel/Haug*, Bd. 2, S. 551–563 (nur die 2. Fassung)

»Der Waldbruder. Ein Pendant zu Werthers Leiden«
MS: Verloren
E: Die Horen 10 (1797), S. 85–102, und Die Horen 11 (1797), S. 92–130. – *Blei*, Bd. 5, S. 107–146; *Dorer-Egloff*, S. 92–130; *Froitzheim*, (Lenz und Goethe), S. 70–113; *Lewy*, Bd. 4, S. 75–114; *Sauer*, S. 175–209; *Titel/Haug*, Bd. 1, S. 283–322; *Waldberg*, Max von (Hg.): Der Waldbruder … Neu zum Abdruck gebracht und eingeleitet. Berlin: Kühl 1882
S: *Kaiser*, S. 54–77; *Kühn*, Julius: Der junge Goethe im Spiegel der Dichtung seiner Zeit. In: Beiträge zur neueren Literaturgeschichte, Bd. 1. Heidelberg 1912. S. 84–97; *Stephan/Winter*, S. 39 f.

»Abschied von Kochberg«
MS: Stiftg. Preuß. Kulturbesitz. Berlin (West)

E: *Tieck*, Bd. 3, S. 252—253. – *Blei*, S. 203—204; *Lewy*, Bd. 2, S. 127—128; *Richter*, S. 28—29; *Sauer*, S. 260—261
S: *Dwenger*, S. 115, 130, 152 f., 153, 217, 239

»Aretin am Pfahl gebunden mit zerfleischtem Rücken«
MS: Stiftg. Preuß. Kulturbesitz. Berlin (West)
E: *Weinhold* (Gedichte), S. 197—198. – *Blei*, Bd. 1, S. 182; *Lewy*, Bd. 2, S. 115; *Tieck*, Bd. 3, S. 259—260; *Titel/Haug*, Bd. 1, S. 196—197

»Auf die Musik zu Erwin und Elmire von Ihrer Durchlaucht, der verwittib-
ten Herzogin zu Weimar und Eisenach gesetzt«
MS: Stiftg. Preuß. Kulturbesitz. Berlin (West)
E: Teutscher Merkur 2 (1776), S. 197—198. – *Blei*, Bd. 1, S. 177—179; *Lewy*, Bd. 2, S. 110—111; *Sauer*, S. 253—254; *Tieck*, Bd. 3, S. 274—275; *Titel/Haug*, Bd. 1, S. 102—103; *Weinhold* (Gedichte), S. 192—193

»Lied eines schiffbrüchigen Europäers«
MS: Verloren
E: Musenalmanach oder poetische Blumenlese auf das Jahr 1776. S. 99. – In: Cornelia. Taschenbuch für deutsche Frauen (1816) S. 112; Poetisches Porte-
feuille (1784) S. 118; *Blei*, Bd. 1, S. 139; *Boëtius*, Henning: Der verlorene Lenz. Auf der Suche nach dem inneren Kontinent. Frankfurt 1985. S. 29; *Lewy*, Bd. 2, S. 21; *Sauer*, S. 229; *Weinhold* (Gedichte), S. 154

»Placet«
MS: Goethe-Schiller-Archiv. Weimar
E: *Freye/Stammler*, Brief Nr. 147. – *Titel/Haug*, Bd. 1, S. 105

»Tantalus«
MS: Verloren
E: Musen-Almanach für das Jahr 1798. S. 224—236. – *Blei*, Bd. 1, S. 194—201; *Daunicht* (Texte), S. 141—146; *Haug*, S. 35—41; *Lewy*, Bd. 1, S. 269—278; *Sauer*, S. 165—173; *Strasser*, Bd. 2, S. 282—287; *Tieck*, Bd. 3, S. 200—205; *Titel/Haug*, Bd. 1, S. 150—156; *Weinhold* (Gedichte), S. 211—217
S: *Guthke*, Karl S.: Klingers Fragment ›Der verbannte Göttersohn‹, Lenzens ›Tantalus‹, und der humanistische Fatalismus und Nihilismus der Geniezeit: ein Beitrag zum Thema Sturm und Drang und Romantik. In: Wort und Wer-
te: Bruno Markwardt zum 60. Geburtstag. Berlin 1961. S. 111—122; *Müller*, Maria E.: Die Wunschwelt des Tantalus. Kritische Bemerkungen zu sozialu-
topischen Entwürfen im Werk von J. M. R. Lenz. In: Literatur für Leser (1984), S. 148—161

Sekundärliteratur allgemein

Andreas, Willy: Der Sturm und Drang im Spiegel der Weimarer Hofkreise.
    In: Goethe-Jb. NF 8 (1943), S. 126—149
Bode, Wilhelm: Der Weimarische Musenhof 1756—1781. Berlin 1920

Eissler, Kurt R.: J. M. R. Lenz. In: ders.: Goethe: A Psychoanalytic Study 1775–1786. Bd. 1 Detroit 1963. S. 16–31 u. 224–229
Hohenstein, Friedrich August: Weimar und Goethe. Berlin 1949

2.6. *Schweizer Reisen und Emmendingen*

»Ausgestoßen« zu sein »aus dem Himmel« als ein »Landläuffer, Rebell, Pasquillant« (an Herder, 29. 11. 1776) beinhaltet für Lenz eine schwere Lebenskrise und einen Zusammenbruch bisheriger Hoffnungen. In der kurzen Zeit in Weimar ist er viel radikaler gescheitert als in den fünf Jahren in Straßburg, wo er sich nicht etablieren konnte. Es folgt eine Zeit ruhelosen Wanderns durch Baden, Elsaß und die Schweiz. In ihm drückt sich Lenz' Unschlüssigkeit hinsichtlich neuer Ziele und Lebensperspektiven aus.

Von Weimar reist er über Erfurt und Straßburg, wo er keinen besucht, nach Emmendingen zu Schlosser, der ihn schon vor Weimar eingeladen hatte. Gerade in diesem Ziel kann ein Nachklang des Verhältnisses zu Goethe gesehen werden. Schlosser, Goethes Schwager befindet sich zu dem Weimeraner Autor in einem deutlichen Spannungsverhältnis. In Cornelia Schlosser, die Lenz später zum Paten ihres zweiten Kindes macht, kennt Lenz jemanden, der sich vorzustellen weiß, was es heißt, wenn Goethe sich abwendet. Lenz kann diese Abwendung zu diesem Zeitpunkt kaum schon akzeptiert haben – wie Cornelia dessen Distanz zu ihr nie voll nachvollzieht.

Von Emmendingen aus unternimmt Lenz Reisen: im Januar nach Straßburg und nach Kolmar zu Pfeffel – dort entsteht Lenz' beste Ballade »Die Geschichte auf der Aar« –, im März nach Basel zu Kaufmann und von dort nach Zürich und Bad Schinznach. Dort tagt die Helvetische Gesellschaft, an die viele Freunde teilnehmen, Lavater, Pfeffel und Lenz sich gegenseitig mit Scherzgedichten begrüßen (»Schinznacher Impromptus«). Auf die Geburt von Schlossers Tochter am 18. 5. 1777 verfaßt er ein Gedicht. Es verheißt der Neugeborenen Tränen »im bunten Tal der Lügen«. Lenz besucht den Rheinfall, danach mit Kayser den St. Gotthard. Der Tod Cornelias Ende Juni führt Lenz nach Emmendingen zurück. Nach dem mißglückten Plan einer Schweiz- und Italienreise mit dem Baron von Hohenthal gelangt Lenz Mitte August über Bern zu Lavater nach Zürich. Dort wird er Zeuge politischer Unruhen, die er studiert, weil er sich als »epischen Dichter der Schweiz und Schweizer Angelegenheiten« vorstellen kann (an Sarasin 28. 9. 1777). Lenz teilt die Begeisterung für die Schweizer Republiken mit vielen Intellektuellen seiner Zeit.

»Händel in Republiken« erscheinen ihm »dem politischen Horizont
[…] zuträglich«, sofern keine Einmischung von außen erfolgt (an
Füßli 4. 7. 1777). Auf Aufforderung Sarasins und des Ratschreibers
und Popularphilosophen Isaak Iselin erarbeitet er Pläne zur Einrichtung einer Frauenzimmerschule in Basel. Nach einer weiteren Reise
durch die Schweiz im Oktober, die unter anderem dem Philanthro-
pinum des Karl W. von Salis in Marschlins gilt, verbringt Lenz den
Rest des Jahres in Zürich, danach bei Kaufmann in Winterthur, von
wo er Ende November eine »Streifferei« an den Bodensee nach St.
Gallen und nach Appenzell unternimmt. Die Quellen lassen keinen
sicheren Rückschluß auf Lenz' Pläne zu. Seine Reisen und die Briefe
zeigen aber, daß er in zunehmenden Maße unfähig wird, auf Anforderungen, die an ihn gestellt werden, zu reagieren. Er fühlt sich im
Leben wie der Waldbruder »als Fremder, unstet und flüchtig«
(Schlosser an Sarasin, 28. 9. 1777). Pfeffel schreibt im November
1777, man solle »Lenz nach Hause jagen oder ihm einen bleibenden
Posten besorgen« (an Sarasin). Gleichzeitig nähert sich Lenz' Verhältnis zur Literatur dem oben dargestellten Goethes an – allerdings
mit dem Unterschied, daß Lenz weniger denn je in die Gesellschaft
praktisch reformerisch hineinwirken kann.

In seiner letzten großen Erzählung »Der Landprediger« (1777 in
Emmendingen entstanden, veröffentlicht im »Deutschen Museum«
1777) rechnet Lenz mit seiner bisherigen dichterischen Tätigkeit ab.
Der Wunsch zu schreiben erscheint hier als pathologisch, als bedingt
von überzogener Eitelkeit und Ruhmsucht, das Ziel, mit Dichtung
aufklärend zu wirken, erscheint als Selbsttäuschung. Statt über Empfindungen zu schreiben, sollen die Autoren gesellschaftliche Erfahrungen machen wie der Landprediger Mannheim bei den Bauern, für
die er die »Vesper des Sonntagnachmittags […] in eine ökonomische
Gesellschaft« verwandelt. Statt intellektueller Beobachtung und sen-
timentalem Selbstmitleid fordert die Erzählung sozial engagierte Praxis. Nur unmittelbar praktisch nützliche Literatur wird zugelassen.
Damit ist eine deutliche Distanz zum Subjektivismus des »Waldbruders« formuliert. Pfarrer Mannheim flüchtet vor den dogmatischen
Schlüssen orthodoxer Theologen in die Theorie der »Ökonomisten«
und macht sich mit der Theorie und Praxis des Landbaus vertraut.
»Er fühlt das große Principium der Gleichheit alles dessen, was
gleich denkt, das durch alle Stände und Verhältnisse geht.« In diesem
Sinne vermittelt er seine Kenntnisse und Erfahrungen den Bauern.
Lenz zieht hier die Folgerungen aus seiner Beschäftigung mit der
physiokratischen Wirtschaftstheorie, auf die er in Straßburg gesto-
ßen ist und mit der er sich in Weimar in Zusammenhang mit der
»Soldaten«-Schrift auseinandergesetzt hat. In dieser bezieht er sich

ausdrücklich auch auf den Nationalökonomen Johann August Schlettwein, der in Baden eine Wirtschaftsreform auf der Basis physiokratischer Grundsätze ausarbeitet. In Weimar hatte Lenz – verlorengegangene – Notizen über die Landwirtschaft angelegt, in denen er sich ausführlich mit Schlettwein befaßt. Die Ökonomisierung und Effektivierung ist im »Landprediger« ausdrücklich als eine Reformmaßnahme innerhalb des bestehenden Ständesystems gedacht. Sie setzt auf einen Ausgleich der gegenseitigen Interessen: »kein Mann kann dafür, wie er geboren ist«. Während der Niederschrift des »Landpredigers« erkundigt sich Lenz bezeichnenderweise nach dem Schweizer Musterbauern Kleinjogg, den Johann Caspar Hirzel in »Die Wirtschaft des philosophischen Bauern« (Zürich 1761, 2. Aufl. 1774) bekanntgemacht hatte. Außerdem dürfte Schlosser ein Gesprächspartner für Lenz' landwirtschaftliche Interessen gewesen sein. Lenz greift mit dem Landprediger Mannheim eine Lieblingsidee seiner Zeit auf, die zum Beispiel auch Herder, Pestalozzi und Johann Heinrich Campe vertreten: den Dorfpfarrer als Medium der Aufklärung und Mittler zwischen Adel, Bürgertum und Bauern. Lenz dürfte in Mannheim eher eine Wunschvorstellung für das eigene Leben formuliert haben, die er freilich nicht verwirklichen kann, als daß er Mannheim realen Gestalten, zum Beispiel Schlosser, nachgestaltet. Dafür spricht auch, daß Lenz innerhalb der Geschichte die Ebene eines psychologischen und gesellschaftskritischen Realismus verläßt, und zwar insbesondere in der Mannheim verklärenden Schlußapotheose, die einen phantastisch-utopischen Charakter hat. Was Lenz nicht erreicht, gelingt Mannheim: in der bestehenden Gesellschaft und in Opposition zu ihr eine idyllische Nische zu finden, wo er reformerische Gedanken entwickeln und in die Praxis umsetzen kann. Entsprechend wendet er sich entschlossen von seinem Vater und der Enge des städtischen Bürgertums ab, hält aber auch selbstbewußt Distanz zum Adel. Mannheim findet seinen Platz in der Gesellschaft, ohne Selbstverrat zu begehen wie Zerbin. Lenz überhäuft ihn mit Ehrungen und Anerkennung – zuletzt nach seinem Tod. Seinem Autor sind freilich ein endgültiges Scheitern in Deutschland und eine gesellschaftliche Marginalisierung vorgezeichnet. Mit dem Hinauswurf aus Weimar sind ihm, dem immerhin nicht unbekannten Schriftsteller, die bestehenden Machtverhältnisse grausam demonstriert worden.

Radikale Zweifel an sich selbst belegen auch die wichtigsten Gedichte des Jahres 1777 »Die Demut«, »Hymnus«, »Ausfluß des Herzens« und »An den Geist«. Die ersten beiden belegen eine erneute Hinwendung zum christlichen Glauben. Demut beinhaltet die Korrektur des Hochmuts, der im Beharren auf Selbstverwirklichung liegt. In »An den Geist« nimmt Lenz den Glauben an das eigene Genie zurück. Er fleht um Befreiung von ihm, weil seine Flamme ihn zu verzehren drohe. Das Gedicht ist von Schmidt-Dengler zu Recht als Gegenentwurf zu Goethes »Wanderers Sturmlied« gedeutet worden. Ob Lenz Goethes Gedicht gekannt hat oder nicht, »An den Geist« beinhaltet eine Absage an den Konsens der Stürmer und Dränger, an ihr Vertrauen auf die eigene Produktivität und Genialität, das in Goethes Gedicht ausgedrückt ist. Lavater gibt »An den Geist« in der »Urania« 1793 zum Druck. »Überspannte Reizbarkeit« und »Durst nach Liebe« prägen für ihn den Text.

Ende November 1777 hat Lenz einen »Unfall«, der vermutlich ein erster Selbstmordversuch ist. Kaufmann schickt Lenz zu dem Waldbacher Pfarrer Johann Friedrich Oberlin (1740–1826). Von dort will er ihn wieder abholen zu seiner Hochzeit. Dieser Plan scheitert wegen einer Wunde an Lenz' Fuß, die dieser sich selbst bei einem Sprung in einen Brunnen beigebracht hat. Der engagierte Sozialreformer und Pädagoge Oberlin versucht die ärmlichen Bauernwirtschaften des Elsässer Steintals im Geist eines protestantischen Asketismus mit viel Erfolg zu reformieren. Er stellt in vielem einen realen Mannheim dar. Allerdings ist Oberlin mit seinem Preis eines von Gott gewünschten Arbeitsethos, seiner daraus folgenden scharfen Kritik am Müßiggang – an einem »Laster« gerade auch der ländlichen Unterschicht – und seiner streng patriarchalischen Einstellung trotz seiner ausgeprägten Nächstenliebe keine Person, die einem Lenz auf Dauer Verständnis entgegenbringen kann. Oberlin hat über Lenz' Aufenthalt in Waldbach vom 20. 1.–8. 2. 1778 ein Tagebuch verfaßt, das seine Distanz zu dessen Verhalten zeigt. Die Schuldgefühle des Autors, seine Selbstquälerei und seine Selbstmordversuche interpretiert Oberlin moralisch als Folge des Abfalls vom Vaterhaus, mangelnder Einordnung in die Gesellschaft und des Verweigerns einer nutzbringenden Tätigkeit. Reue, Beten zu Gott und die Versöhnung mit dem Vater weist er als Auswege. Da Oberlin die meisten Taten Lenz', insbesondere seine Selbstmordversuche nicht selbst gesehen hat, müssen seine Angaben mit Vorsicht aufgenommen werden. Außerdem will er sich mit seinem Bericht, den er offensichtlich im Kreis von Freunden kursieren läßt, vor der interessierten, wohl vor allem Straßburger Öffentlichkeit rechtfertigen.

Bei den wiederholten Versuchen Lenz', sich Schmerzen zuzufügen, geht es ihm offensichtlich angesichts seiner zunehmenden Auflösung seiner Identität um eine letzte Identitätssuche durch körperliche Selbsterfahrung. Bei seinen Bußübungen, seinem Versuch, das Bauernkind Friederika(!) aufzuwecken wie bei einem Teil seiner Selbstmordversuche dominieren Phantasien, die auf ein aktualisiertes

Kindheitsdrama hinweisen, auf einen Zusammenhang zwischen der Muttererfahrung, der Liebe zu Friederike Brion und dem Kind Friederika. Die Schuldgefühle entstehen, wie die Äußerungen Lenz' zeigen, durch aktualisierte Phantasien des Muttermords (vgl. zur Interpretation Stephan/Winter). Der Versuch, das Kind wieder zum Leben zu erwecken, darf dann nicht nur als eine Probe auf die Heilsversprechen der Religion aufgefaßt werden, er soll zugleich den real vorgestellten Mord an Mutter und Geliebter sühnen. In diesem Versuch drückt sich zugleich eine grandiose Allmachtsphantasie aus, die nach seinem Scheitern in eine umso größere Depression umschlägt. Schuldgefühle empfindet Lenz auch aufgrund seiner Opposition gegen den väterlichen Willen. Das zeigen seine Briefe seit Straßburg. Oberlin verstärkt diese Schuldgefühle mit seinen Ermahnungen, zumal er für Lenz anfangs selbst eine väterliche Identifikationsfigur darstellt. Lenz' Opposition gegen den Vater ist nie offen ausgetragen worden, sondern immer begleitet von Unterwerfungsgesten. Sein eigenes Scheitern versteht Lenz als Strafe für den eigenen Emanzipationsversuch: »Vater! Ich habe gesündigt im Himmel und vor Dir und bin fort nicht wert, daß ich Dein Kind heiße«, schreibt Lenz am 9. 3. 1778. Dieser Satz zeigt den Zusammenbruch vor der Autorität. Die Versuche, sich körperlich zu verletzen bis hin zum Aufsspielsetzen des eigenen Lebens sind Anläufe, die unerträgliche innere Spannung durch Selbstbestrafung zu lösen. Mit dem Sichbinden als Mörder (»alles bring er um, wo er hinkäme«) nach der mißglückten Aufweckung des Bauernmädchens will Lenz offensichtlich den eigenen Tod auch als gerechte Strafe herbeiführen, wobei seine religiösen Bedenken, die ihn in den meisten seiner Stücke einen Selbstmord vermeiden lassen, zurücktreten. Georg Büchner hat den in Waldersbach zutage tretenden »geheimen Wahn« (Alice Miller, »Das Drama des begabten Kindes«, 1979) ohne jede peinliche Zuweisung einer Erklärung in seiner »Lenz«-Novelle mit äußerster Einfühlung gestaltet.

Bezeichnenderweise sind die Phantasien Lenz, die er jetzt auslebt, nicht neu. Vorher tauchen sie in den literarischen Texten auf – ein Beleg dafür, wie sehr Lenz das Schreiben als Medium zur Abwehr, zum Bannen durch Strukturierung und Gestaltung gedient hat. So gleichen zum Beispiel die Anläufe des Engländers Hot, sich das Leben zu nehmen, bis in Einzelheiten Lenz' Selbstmordversuchen in Waldbach: die Fensterstürze, der Erstechungsversuch mit der Schere, das Rennen mit dem Kopf gegen die Wand, die Aufsässigkeit gegen die Wärter. Mit dem Schuldgefühl, die Geliebte »ermordet« zu haben, reagiert Fritz im »Hofmeister«, als er erfährt, daß Gustchen vergewaltigt worden ist und den Tod im Teich gesucht hat. Freilich werden die Phantasieinhalte jetzt gegenüber dem Zusammenhang, in den sie der Autor eingebunden hatte, isoliert, wodurch sie, wenn sie zu realen Handlungen führen, einen neuen Stellenwert erhalten.

Übereinstimmend wird Lenz' »Krankheit« von Medizinern als Schizophrenie gedeutet. Weichbrodt stellt schon 1920 in einer ausführlichen »Pathographie« die Diagnose Katatonie, einer Unterform der Schizophrenie. Ihre Symptome seien bereits in Weimar aufgetreten, würden deutlicher in den Zusammenbrüchen 1778/79 in Waldbach und Emmendingen, dann klängen sie etwas ab, um sich 1786 in einem neuen Schub zu zeigen, der zu rascher Verblödung führe. Als Symptome der Katatonie gelten unter anderem Übererregung, körperliche und geistige Bewegungslosigkeit, die Unfähigkeit zu sprechen und bestimmte Verhaltensstereotypien. Die Krankheit tritt meist in der Postpubertät auf, im Alter von 25, bessert sich dann leicht, um nach dem 30. Lebensjahr chronisch zu werden. Die organisch orientierte Schizophrenieforschung, wie sie Weichbrodt vertritt, begnügt sich bei Lenz mit einer Diagnose. Darüber hinaus geht erst 1969 die Arbeit von Böcker (Die Zerstörung der Persönlichkeit des Dichters J. M. R. Lenz durch die beginnende Schizophrenie. Diss. med. Bonn), die im ersten Teil die Bildung von Lenz' Persönlichkeit beschreibt, im zweiten ihre Zerstörung durch die Krankheit. Allerdings beschreibt Böcker die Krankheit als etwas von außen Kommendes, das die psychische Struktur allmählich zerstöre. Ohne in die Debatte zwischen Organikern (Biogenetikern) und Soziogenetikern über das Krankheitsbild der Schizophrenie und ihre Ursachen eingreifen zu wollen, stellt sich doch einer biographischen und werkgenetischen Forschung die Frage, ob es in den Lebensäußerungen Lenz' dokumentierte Brüche und Widersprüche gibt, die sein »krankhaftes« Verhalten zumindest fördern. Bei einer solchen Wertung muß man sich darüber klar sein, daß die Norm des »Normalen«, von der her Abweichungen definiert werden, an den sozialen Erwartungen orientiert ist. Marianne Krüll führt in »Schizophrenie und Gesellschaft« im Anschluß an Laing aus, ein »normaler« Mensch in unserer Kulturtradition empfinde, »erstens real, lebendig zu sein, zweitens eine zeitliche Kontinuität zu haben, drittens als Person ein ›Ganzes‹ zu sein, viertens Substanz zu haben, fünftens echt, im Sinne von sich selbst gehörig zu sein, sechstens gut, wertvoll zu sein« (Schizophrenie und Gesellschaft, München 1977, S. 50). Offensichtlich fehlt Lenz eine in diesem Sinne fest umrissene Identität. Lenz ist in sich zerrissen – vor allem zwischen den Grundsätzen, die er als Sturm und Drang-Autor entwickelt und den eigenen Möglichkeiten, hinter diesen Grundsätzen zu stehen und gar nach ihnen zu leben. Für Lenz behalten die Normen des Elternhauses und darüber hinaus die verinnerlichten Mutter- und Vaterfiguren trotz ihrer objektivierenden Ausformulierung in den dichterischen Werken ihre ambivalente Macht. Durch sein Fühlen, Wollen und Handeln muß er sich dementsprechend permanent vor sich selbst diskreditieren, und zwar moralisch, theologisch und vor allem psychisch. Lenz fehlt dabei die Fähigkeit des Alltagsmenschen, Gegensätze abzumildern, Kompromisse zu schließen, Widerständiges zu verdrängen. Lenz nimmt die Konflikte in die eigene Person hinein und erfährt sie als eigene Zerrissenheit, statt sie wie ein »Gesunder« zu verdrängen, zu verleugnen oder auf andere Bereiche oder Personen zu projizieren. Zum Beispiel unterdrückt Lenz entsprechend den elterlichen Geboten körperlich sexuelle Regungen, andererseits muß er sich immer wieder eingestehen, daß er ihnen unterliegt. Lenz erfährt dies als eigene Minderwertigkeit. Die kompensierende »Vergeistigung« seiner Liebesphantasien und Wünsche verschärft den Widerspruch noch, weil Lenz aufgrund von ihr die konkrete Person der Geliebten in ihrem Fürsichsein gar nicht erkennen und anerkennen kann, was das Scheitern der Beziehung vorprogrammiert, aber den Wunsch nach gelingender Kommunikation und nach körperlicher Vereinigung nicht aufhebt.

Oberlin sendet Lenz schließlich zu Roederer nach Straßburg. Dieser schickt ihn schließlich nach Emmendingen zu Schlosser weiter. Dort treten im März die katatonen Symptome gehäuft und verstärkt auf. Offensichtlich mahnt auch Schlosser Lenz, sich ein klares Lebensziel zu setzen und vor allem, sich mit dem Vater auszusöhnen. Wahrscheinlich verstärken diese Mahnungen Lenz' unerträgliche innere Spannungen erneut, die sich wieder in Handlungen äußern, die er im »Engländer« beschrieben hat: »Er stieß sich den Kopf gegen die Wand und nötigte mich dadurch, ihn wieder zu binden und zu schließen. Auch in diesem Zustand schreit und heult er wie ein Vieh, zerbeißt die Kissen und zerkratzt sich, wo er nur beikommen kann« (Schlosser an Sarasin, 1778). Zehn Tage wird Lenz an sein Bett gebunden und bewacht. Dann ist seine Auflehnung gebrochen. Beruhigungsmittel, Wasserkuren (schockartiges Eintauchen in eiskaltes Wasser) und – für den Autor besonders einschneidend und sicher schädlich – Lese- und Schreibverbote sind »Mittel«, um Lenz zu kurieren. Schlosser bezeichnet Lenz' Krankheit als »Hypochondrie«, sein Arzt spricht von »Melancholie«. Eine Einlieferung in das Frankfurter Tollhaus scheitert am Geld, obwohl eine von Schlosser initiierte Sammlung in Weimar, in Colmar und in der Schweiz erfolgreich ist. Dagegen verwirklicht Schlosser seine zweite Idee, Lenz durch Arbeit zu heilen. Lenz lebt drei Monate bei dem Schuster Süß in Emmendingen und erlernt dessen Handwerk. Danach ist er sechs Monate bei dem Förster Lydin in Wiswyl. Januar bis Anfang Juni 1779 ist Lenz in Hertingen bei einem Arzt.

Die Familie zögert lange, bis sie Lenz heimholen läßt. Sie fürchtet aufgrund des abweichenden Verhaltens Jakobs einen Skandal. Anfang Juni 1779 findet der Bruder Karl ihn in Hertingen »völlig wiederhergestellt«, aber »von einer unglaublichen Schüchternheit«. Diese Nachricht ist in einem Brief an Salzmann für die Freunde Jakobs und die Weimeraner bestimmt. Später, am 4. 1. 1817 gesteht Karl Lenz Dumpf, er habe seinen Bruder »in Apathie und Erstarrung« vorgefunden, »in tiefer Melancholie immer geradeaus starrend« und unfähig zu reden. Über Emmendingen reisen die beiden Brüder nach Lübeck-Travemünde, wo sie ein Schiff nach Riga besteigen. Die Reise wird durch Geld aus Weimar finanziert.

Werke

»Der Landprediger. Eine Erzählung«
MS: Verloren
E: Deutsches Muscum 3 (1777), S. 289−307, 409−439, 567−574. − *Blei,* Bd. 5, S. 147−206; *Lewy,* Bd. 4, S. 165−224; *Richter,* S. 296−347; *Tieck,* Bd. 3, S. 91−142. Veröffentl. unter dem Titel ›Geschichte eines Dorfpredigers von J. M. R. Lenz‹ in: Pilger durch die Welt 5 (1846)
S: *Müller,* Maria E.; *Osborne,* John: The Postponed Idyll. Two Moral Tales by J. M. R. Lenz. In: Neophilologus 59 (1975), S. 68−83; *Preuss,* S. 96−105; *Rudolf* (1964), S. 56, 70, 149, 267, 355−362; *Scherpe* (Goethe Jb. 94), S. 206−216

»An den Geist«
MS: Verloren
E: Urania für Kopf und Herz 1 (1793), S. 49−50. − *Blei,* Bd. 1, S. 219−220; *Haug,* S. 46−47; *Lewy,* Bd. 2, S. 159−160; *Sauer,* S. 267−268; *Strasser,* Bd. 2, S. 267−277; *Titel/Haug,* Bd. 1, S. 203; *Weinhold* (Gedichte), S. 237−238

»Ausfluß des Herzens, eine esoterische Ode«
MS: Verloren
E: Urania für Kopf und Herz 1 (1793), S. 46−48. − *Blei,* Bd. 1, S. 217−218; *Lewy,* Bd. 2, S. 18−19; *Strasser,* Bd. 2, S. 263−264; *Tieck,* Bd. 3, S. 234−235; *Titel/Haug,* Bd. 1, S. 93−94; *Weinhold* (Gedichte), S. 235−236
S: *Tögel,* S. 77, 83−84, 91−92, 94, 103

»Die Demuth«
MS: Verloren
E: Christliches Magazin 4 (1779), S. 165−168. − In: Heidelberger Taschenbuch (1812), S. 77−78 (abweichender Druck); *Blei,* Bd. 1, S. 211−214;

Lewy, Bd. 2, S. 141–144; *Strasser,* Bd. 2, S. 273–276; *Tieck,* Bd. 3, S. 230–232; *Titel/Haug,* Bd. 1, S. 89–92; *Weinhold* (Gedichte), S. 228–229
S: *Rudolf,* S. 244–246

»Die Geschichte auf der Aar«
MS:Verloren
E: Musenalmanach oder Poetische Blumenlese auf das Jahr 1778, S. 62–65. – In: Alsatisches Taschenbuch für das Jahr 1807. Straßburg u. Paris 1806, S. 169–174 (abweichender Druck); *Blei,* Bd. 1, S. 205–207; *Haug* (Gedichte), S. 44–46; *Lewy,* Bd. 2, S. 30–32; *Sauer,* S. 262–264; *Titel/Haug,* Bd. 1, S. 146–149; *Weinhold* (Gedichte), S. 221–223

»Hymnus (Hymne)«
MS: Verloren
E: Christliches Magazin 5 (1780), S. 234–236. – *Blei,* Bd. 1, S. 214–217; *Lewy,* Bd. 2, S. 145–147; *Weinhold* (Gedichte), S. 232–234
S: *Hirschfeld,* S. 81–83, 110

»Schinznacher Impromptus«
MS: Verloren
E: Jupiter und Schinznach. Drama per Musica. Nebst einigen bey letzter Versammlung ob der Tafel recitierten Impromptus. O. O. 1777, S. 20 f. u. 23. – *Titel/Haug,* Bd. 1, S. 198

»Willkommen, kleine Bürgerin«
MS: Staatsarchiv des Kantons Basel-Stadt. Sarasin Familien-Archive. Basel
E: *Nicolovius,* Alfred: Johann Georg Schlossers Leben und literarisches Wirken. Bonn 1844. S. 68. – Teil des Briefes an Sarasin vom 10. 10. 1777 in: *Blei,* Bd. 1, S. 208–209; *Freye/Stammler,* Brief Nr. 289; *Haug,* S. 9–10; *Lewy,* Bd.2 , S. 134; *Richter,* S. 12–13; *Sauer,* S. 267; *Titel/Haug,* Bd. 1, S. 101; *Weinhold* (Gedichte), S. 225–226

Sekundärliteratur allgemein

Müller, Gustav Adolf: Der Dichter J. M. R. Lenz in Emmendingen. In: ders.: Goethe-Erinnerungen in Emmendingen: Neues und Altes in kurzer Zusammenfassung. Leipzig 1909. S. 18–25, 35–78
Schnorf, Hans: Sturm und Drang in der Schweiz. Diss. phil. Zürich 1914. Inbes. S. 121–122, 124–129, 130–131, 136–137, 141–142, 162–163, 165–166, 168–169, 171, 269–270, 276–277, 279–281

2.7. Riga, Petersburg und Moskau

Der verlorene Sohn wird vom Vater, der inzwischen zum Generalsuperintendenten von Livland ernannt worden ist und nach Riga übersiedelt, nur bedingt willkommen geheißen. Seine Mutter ist vor einem Jahr gestorben, der Vater bereits neu verheiratet. Für die Familie stellt Jakobs »Krankheit« einen noch größeren Makel dar als das erfolglose Abweichen von dem Weg, den der Vater befohlen hatte. Die literarischen Werke des Sohnes hat die Familie mit Zurückhaltung bis Ablehnung aufgenommen. So befindet sich Jakob aufgrund seiner Persönlichkeit und seines bisherigen Lebensweges in einem Gegensatz zum Vater, der kaum aufzuheben ist. Dieser hingegen hat den Gipfel seiner Karriere erreicht, was sein Selbstbewußtsein stärkt, und wird den neuen Posten noch sechs Jahre nach dem Tode Jakobs ausüben.

Der Vater befürwortet zunächst Jakobs Bewerbung um die Rektorstelle an der Domschule zu Riga. Der Verleger Hartknoch unterstützt diesen Plan in einem Brief an Herder, der belegt, daß Lenz Zugang gefunden hat zu den aufklärerisch gesinnten Kreisen der Stadt. Herder freilich empfiehlt Lenz nicht, was ihn die Stelle kostet. Dieses Verhalten Herders, der von Lenz' »Krankheit« nur über Dritte weiß, muß diesen sehr getroffen haben.

Nach diesem Fehlschlag will der Vater den Sohn offensichtlich nicht mehr in seiner Gegenwart wissen. Der am kleinen Weimarer Hof gescheiterte Jakob soll jetzt in der riesigen Feudalhierarchie von Rußlands Hauptstadt Petersburg einen Platz für sich finden. Ein Empfehlungsschreiben, das dem Sohn sicher hätte nutzen können, erhält er vom Vater freilich nicht. Eine Anstellung im Kadettenkorps scheitert, ebenso eine Stelle als Vorleser beim Großfürsten Paul. Eine preisende Ode auf die Zarin »Empfindungen eines jungen Russen, der in der Fremde erzogen seine allerhöchste Landesherrschaft wieder erblickt« ist vermutlich im Zusammenhang mit den Bemühungen um eine Anstellung entstanden. Ein deutliches Streben nach Anpassung kennzeichnet auch den »Entwurf einiger Grundsätze für die Erziehung überhaupt, besonders aber für die Erziehung des Adels«, der 1780 in der Mitauer Zeitschrift »Für Leser und Leserinnen« erscheint. Darin nimmt Lenz die zum Beispiel im »Hofmeister« geäußerte Kritik zurück und betont, der »erste Grundsatz« in der Erziehung müsse »die Anerkennung einer Macht über uns« sein, die »Dankbarkeit gegen die Eltern«, die sich in »reiferen Jahren« zur »Ergebenheit für die Oberen« weiterbilde.

Im Herbst 1780 kehrt der erfolglose Sohn vorübergehend nach Livland zurück, wo er eine Tätigkeit als Hofmeister annimmt, die er sicher als demütigend empfindet. Dieser entzieht er sich nach sechs Wochen durch eine Flucht, weil er sich verliebt. Der Name der Geliebten, Julie von Albedyll, taucht in den Briefen der letzten Lebensjahre wieder auf, als er schreibt, er wolle sie heiraten – eine ihn offenbar tief beschäftigende lockende wie peinigende Phantasie.

Nach Petersburg zurückgekehrt, bewährt sich Lenz nicht in der Stellung als Sekretär des Generals Bauer im Landkadettenkorps. Er wird durch den Erfolgsdramatiker August von Kotzebue ersetzt. Lenz muß erleben, wie dieser und sein ehemaliger Freund Klinger, der die auch von ihm erstrebte Stelle beim Großfürsten Paul erhält, im Gegensatz zu ihm erfolgreich in der Armee- und Beamtenhierarchie Rußlands aufsteigen.

Ab Sommer 1780 versucht Lenz in Moskau sein Glück. Dort gewinnt er als »Wohltäter« den Staatsrat Gerhard Friedrich Müller, den Teilnehmer an der großen russischen Sibirienexpedition 1733−43 und »Vater« der russischen Geschichtsforschung. Bis zu seinem Tod 1783 ist Müller Direktor des Archivs im Ministerium für auswärtige Angelegenheiten und des Moskauer Findelhauses. Er veranlaßt Lenz, den er aufnimmt, in adligen Häusern Privatstunden zu geben und verschafft ihm eine Lehrerstelle an einer Privatschule für Adlige und am »adligen Pensionsinstitut«, das zum Findelhaus gehört. In Zusammenhang mit diesen Tätigkeiten beschäftigt sich Lenz in mehreren Entwürfen und Aufsätzen mit Erziehungsfragen. Sie sind im Nachlaß erhalten. Der Anschluß an die russische Freimaurerbewegung, insbesondere an Iwan Gregorjewitsch Schwarz und Nikolai Iwanowitsch Novikow, zeigt, daß Lenz seiner sozialreformerischen Grundeinstellung treu bleibt. Es ist möglich, daß Lenz Stipendiat der von Novikow gegründeten »Gelehrten Gesellschaft der Freunde« wird (so Damm). Die Freimaurer Moskaus entfalten weitreichende philantropische und sozialreformerische Aktivitäten. In Novikows Zeitschriften werden sozialreformerische Ideen, zum Beispiel die Aufhebung der Leibeigenschaft vertreten. Für Lenz wichtige Schriftsteller wie Shakespeare, Lessing und Wieland läßt Novikow ins Russische übertragen. Seine deutschen Literaturinteressen kann Lenz freilich vor allem in die Beziehung zu Schwarz einbringen, mit dem ihn die Bewunderung für Lavater und Hamann und die jüngere deutsche Literatur seit Klopstock verbindet, über die Schwarz 1782/83 Vorlesungen an der Universität hält. In seinen letzten Lebensjahren ist Lenz auch mit dem ebenfalls in den freimaurerischen Kreisen verkehrenden Schriftsteller und Begründer des russischen Sentimentalismus Nikolai M. Karamzin befreundet. Dieser gedenkt in den »Briefen eines russischen Reisenden« (1791/2) Lenz, dessen Wirkungsstätten er auf einer Europareise aufsucht. »Selbst in seinem Irresein setzten uns seine poetischen Ideen in Erstaunen.«

Trotz seiner Lehrtätigkeiten bleibt Lenz auf die Hilfe seiner Freunde angewiesen. Seine Fähigkeit zu arbeiten ist starken Schwankungen unterworfen. Lenz entwirft weitreichende Projekte, die nicht immer realitätsfremd sind. Leider fehlt bisher zu ihnen eine eingehende Untersuchung. Den Plan, eine Universität in Dorpat zu gründen, verwirklicht zum Beispiel später Klinger. Lenz befaßt sich auch mit der Gründung von Bibliotheken, der Herausgabe einer französischen Zeitung in Moskau, mit der Gründung eines Bankensystems in Rußland. Vermutlich in Anlehnung an Novikows Moskauer »Gesellschaft der Freunde« projektiert Lenz eine literarische Gesellschaft für Adlige, die weitreichende kulturelle und pädagogische Aufgaben übernehmen soll. Lenz lernt Russisch so gut, daß er Übersetzungen anfertigen kann. So publiziert er 1787 Pleschtschejews »Übersicht des russischen Reiches« auf deutsch. Als Mittler der russischen Kultur wird Lenz in Deutschland aber ebensowenig wahrgenommen wie als Dichter eigener Werke.

Schwer leidet Lenz auch darunter, daß seine deutschen Freunde bis auf Lavater sich von ihm distanzieren. Dies muß auf ihn als ein deutlicher Ausschluß aus dem kommunikativen Zusammenhang der deutschen Intellektuellen wirken, was sein Gefühl der Isolation verstärkt und damit letztlich auch seine »Krankheit«. Seine ehemaligen Freunde machen ihn zum »Kranken« – so wenn Wieland 1780 anläßlich Lenz' Bitte, bei einer Gesamtausgabe seiner Werke behilflich zu sein, an Merck schreibt, Lenz habe »zwar sich selbst wiedergefunden« aber nicht »den Verstand, den er nie hatte«. Am 6. 6. 1787 stellt Lenz in einem Brief an Pastor Dingelstedt fest: »Es leben wenig Freund' auf Erden/ Und immer mehr wirds der Beschwerden/ Der Mißverständnisse, des Mißtrauns und des Wahns/ Des Widerspruchs verschiedner Plans.«

Für den Vater, der wie die Brüder Unterstützung, ja sogar tröstende Briefe verweigert, gilt Jakob als »Schmerzenssohn« und »Heuchler«, der trotz gegenteiliger Bekundungen seine alten Gesinnungen nicht aufgegeben habe (Christian D. Lenz an G. F. Müller 1782/3). Viele Zeitgenossen – vor allem aus Livland – bedauern auch eher die Familie als den Sohn. Der Makel der »Krankheit« wird so verdrängt. Infolgedessen behält der Sohn seine tiefen Schuldgefühle bis zum Ende seines Lebens. So bekennt er 1790, »1000 mal gefehlt« zu haben und »windet sich« vor dem Vater »als ein Wurm im Staube«.

Am 23. oder 24. Mai 1792 findet man Lenz tot auf einer Moskauer Straße. Die Umstände seines Todes sind ungeklärt. Im Kirchenbuch der Michaeliskirche wird sein Tod erst nachträglich festgehalten. Damm hat gezeigt, daß Lenz' Ende in einem im einzelnen nicht mehr zu klärenden Zusammenhang mit den Verfolgungen der Moskauer Freimaurer stehen könnte. Diese veranlaßt Zarin Katharina II. aufgrund ihrer Angst vor einem Übergreifen der französischen Revolution auf Rußland. Lenz würde dann sein konsequentes, wenn auch weltfremdes Festhalten an der Maxime, daß gerade »Handeln die Seele der Welt sei«, mit dem Tode bezahlen. Im April 1792 wird sein Gönner Novikow verhaftet und nach Petersburg transportiert. Sein Vermögen wird konfisziert, seine Druckereien werden geschlossen. Seine zwanzigtausend Bücher werden von der Polizei öffentlich verbrannt. Die Freimaurerbewegung wird zerschlagen. Möglicherweise gelten die Verfolgungen auch Lenz, der sich durch seine Projektemacherei, so praxisfern diese auch ist, verdächtig gemacht haben könnte. Schon 1790 klagt Lenz in Briefen, er werde verfolgt. Sein letzter Aufenthaltsort in Moskau ist nicht bekannt. Damm vermutet, daß er bei Novikow oder einem anderen Mitglied der Freimaurerbewegung gewohnt hat. Offensichtlich hat sich auch Lenz' Gesundheitszustand wieder verschlechtert, nachdem in den ersten Moskauer Jahren eine Besserung eingetreten war. Januar 1792 sieht sich Lenz bereits »dem Tod bisweilen nahe«.

Die in Rußland entstandenen oder publizierten literarischen Werke Lenz' sind in der Forschung überwiegend gar nicht behandelt oder als Produkte nachlassender Schaffenskraft gewertet worden. Dabei nehmen sie wichtige Motive wieder auf – allerdings in radikalisierter Form.

1781 erscheint in der Mitauer Zeitschrift »Für Leser und Leserinnen« der »Empfindsamste aller Romane oder lehrreiche und angenehme Lektüre für Frauenzimmer«. Die bloße Signierung mit »L« und der auf den Titel bezogene Vorspruch »Zueignung an meine Frau« rechtfertigen nicht, Lenz als Autor in Frage zu stellen, zumal der Text in seinem Stil, aber auch in seinen satirischen Spitzen gegen zeitgenössische gesellschaftliche Zustände und gegen die schwärmerische Empfindsamkeit weiblicher Leserinnen (hierin liegt auch eine Parodie auf den empfindsamen Roman) als überaus Lenzisch erscheint. Lenz knüpft an die Tradition des Feenmärchens an, die Wieland nach Deutschland übertragen hat. Dessen leichte Schreibart erreicht er allerdings nur passagenweise, es überwiegen groteske Effekte. Zwei Schildkröten erleben auf einer Reise von Polen nach Paris, die fünfzig Jahre währt, witzige Anekdoten. Auf dem Rückweg treffen sie auf eine Maus, die die Geschichte von der Fee Aglaura und der schönen Truella erzählt, welche ihrem Geliebten, dem Prinzen Torus untreu ist. Die Erzählung schließt mit dem Umkippen des Postwagens, worauf weiteres Erzählen unmöglich ist – ein Hinweis auf den Charakter der Gattung als realitätsferne Fiktion. Werden im »Hofmeister« und in den »Soldaten« Menschen geschildert, die ihre eigentlichen Gefühle und Antriebe nur in entstellter Form ausdrücken können, so dominiert im »Empfindsamsten aller Romane« die bloße Außenseite. Die Rolle, die Individuen in einer Situation gezwungen sind anzunehmen, zehrt jede Authentizität auf, die die Straßburger Figuren wenigstens in ihrem Leiden noch hatten. Gegen die »Helden, Halbgötter und Weltweisen«, an deren Sendung Lenz wie seine Sturm und Drang-Freunde einmal glaubte, wird die resignative Erfahrung des Fressens und Gefressenwerdens gesetzt: »Der Mensch ist das edelste und vorzüglichste aller Geschöpfe, solang er uns die Speisen zubereitet; findet sich aber ein anderer, der dies besser oder wenigstens ebensogut kann, so erfordert es das Wohl des Staats und unser Gewissen, den ersten aufzuessen.«

Die satirische Schrift »Über Delikatesse der Empfindung«, überwiegend ein Dialog des Luftgeistes Coromandel mit Franz Gulliver, thematisiert eine aus den Fugen geratene Welt, der »Delikatesse der Empfindung« gerade fehlt. Diese meint den Ausgleich der Spannungen zwischen Geist und Sinnlichkeit, Gesetz und Trieb, Einzelnem und Ganzem. Seine Weltsicht belegt Lenz unter anderem mit der Neigung der Menschen, Irrlehren und Ideologien zu glauben. Diese führen zwischen einzelnen zu »Mißverständnissen«, zwischen ganzen Völkern zu Krieg und Unterdrückung. Ein Luftgeist namens Kullidalsasabarabba »macht den Gelehrten und Weltweisen Blendwerke vor den Augen«; »30 Millionen« glauben ihm und seiner »Kirche der Vormünder«. »Was willst du mit deiner Delikatesse, sagte Gulliver, sind die Leute denn alle hier wahnwitzig, oder sollen wir ihnen oder sie von uns Verstand kaufen?« Die Menschen ketten sich an einen »Vormund«. Die Ideologien, »woran man sich freiwillig gern hält oder notgedrungen halten muß«, werden »durch einen Fehlschuß« zu einer »zweiten Natur«. Den Grund hierfür sieht Lenz in einem elementaren Mangel an Nachfolge Christi. »Der Meister rief: folge mir nach [...]. Er wußte, daß die Austeilung der zum Dasein nötigen Bedürfnisse auf seine Lehren so erfolgen würde, daß niemand Not litte oder sich über Unrecht beschwerte.« Damit knüpft die Schrift an die moralisch-theologischen Argumente der Straßburger Zeit an. Neu ist die tiefe Melancholie, mit der Lenz die Heillosigkeit der Welt betrachtet (vgl. dazu Preuss), die Fast-Unmöglichkeit, »durch Aufhebung von Mißverständnissen und gegenseitigen [...] Mißdeutungen« Menschen »wieder zu Menschen [zu] machen«. Die Schrift enthält neben schwer nachvollziehbaren und etwas wirren Passagen hellsichtige satirische Spitzen gegen die ideologischen und politischen Zustände der eigenen Zeit.

1782 erscheint im »Liefländischen Magazin der Lektüre« anonym Lenz' Drama »Myrsa Polagi oder die Irrgärten, ein Lustspiel à la chinoise«. In der Figur des Abumasar, in einer intrigenreichen Handlung und im Bild des Irrgartens verarbeitet Lenz wie in »Waldbruder« und »Tantalus« seine tragikomische Rolle am Weimarer Hof –

allerdings im Gegensatz zu dem letztgenannten Text mit einem ver-
söhnlichen Ausgang. Abumasar ist »nur lächerlich, nicht verächt-
lich«. »Er hat freylich seine Fehler, vergißt gar zu gern, daß er auf
der Welt ist und gerät darüber in manche blinde Quergasse«, d.h. er
»verbüstert sich [...] in den Irrgarten [...], um den Myrsa (Prinz)
und den ganzen Hof lachen zu machen.« Nicht ausgeschlossen ist
die zuerst von Düntzer (Archiv für Literaturgeschichte 7, 1887,
S. 542 f.) aufgestellte Hypothese, daß Lenz dieses Stück für die Weimarer Liebhaberbühne geschrieben haben könnte, auf der dann die
Beteiligten in durchsichtiger Verschlüsselung ihre eigenen Rollen
spielen sollten. Eine solche Absicht würde die persische Einkleidung
der Handlung erklären und die Entstehungszeit zumindest von Teilen nach Weimar verlegen. Das Weimarer Erlebnis verarbeitet auch
die vielleicht schon in der Schweiz begonnene »Geschichte des Fel-
sens Hygillus«, die erst Tieck in seiner Lenz-Ausgabe veröffentlicht
hat. »Der durch seine Verwandlungen und die ewig neuen und ewig
mißverstandenen Qualen seines Herzens so berüchtigte Hygillus«
macht sich durch Streiche ohne eigentliche Absicht bei den Göttern
der Königin Thaumasia unbeliebt – ein deutliches Selbstporträt. Des
Autors Neigung zur Selbstbestrafung wird in der Strafe für Hygillus
deutlich, sich fortan »den Widerwillen dessen zuzuziehen«, den er
»ohne Grenzen« liebt.

Im »Lieffländischen Magazin« erscheint 1782 das »historische Gemälde« »Die sizilianische Vesper«. Lenz hat es möglicherweise schon
1773 entworfen (vgl. Ballof), aber wohl erst 1780/81 fertiggestellt.
Die Handlung weicht von den historischen Vorgängen ab. Lenz
schwebt offensichtlich ein Drama entfesselter Leidenschaften vor,
das mit dem Blutbad von Messina endet. Freilich sind die Figuren in
ihren Gefühlen und Antrieben zu wenig entwickelt, um den Leser
wirklich fesseln zu können. Vermutlich kommt es Lenz auf die frei
erfundene Figur der Isabella an. Sie schleicht sich in Männerkleidung
in das Lager der Feinde, verrät den eigenen Bruder und schädigt den
Vater, weil sie in den feindlichen Prinzen und Heerführer Carlos
verliebt ist. Am Ende wird diese schwarze Frau von ihrem Vater erdolcht, nachdem sie diesem ihr Handeln eingestanden hat. Darauf
wird er von Xaver erdolcht.

Im Moskau hat Lenz kaum noch eigene literarische Pläne. Erhalten
hat sich ein kurzes Szenenfragment aus einem historischen Drama
über Boris Godunow. Außerdem plant Lenz eine Anthologie russischer Literatur in deutscher Übersetzung. Er überträgt Teile der
»Rossiade« von Cheraskov ins Deutsche.

Der Grund für Lenz' relative Abstinenz von Schreiben liegt nicht
nur im Schwinden seiner Gestaltungskraft, sondern sicher vor allem

in einer tiefen Unsicherheit hinsichtlich seiner Rolle als Autor; denn in dem Kreis, den er in Moskau als mögliches Publikum hat, wird er als Dichter eigener Werke kaum wahrgenommen, geschweige denn ermutigt. Zumindest findet sich hierfür kein Zeugnis. Selbst Karamzin, zu dem Lenz eine sehr enge Beziehung hat, ist zwar an seiner Kenntnis Shakespeares und der deutschen Literatur sehr interessiert, übernimmt auch für sich den entschiedenen Bruch mit der klassischen Tradition, ist aber in seiner Grundhaltung als aufgeklärter Adliger weit davon entfernt, sich in Stücke wie den »Hofmeister« einfühlen zu können, wenn er sie überhaupt gelesen hat. Lenz ist mit seinem Sinn für gesellschaftliche Widersprüche weit über die in den »Briefen eines russischen Reisenden« vertretene Idee einer Aufklärung von oben hinaus. Bei aller Identifikation mit den ausgebeuteten Kleinbürgern und Bauern ist gerade bei Karamzin entscheidend der aristokratische Blick von oben auf sie herunter. (Dies gilt auch für Nowikow trotz dessen Radikalität und Konsequenz.) Bezeichnenderweise begeistert sich Karamzin auf seiner Europareise, worauf Damm hingewiesen hat, gerade für das harmonisierende Einfühlungstheater Kotzebues, von dem er momentan zu Tränen gerührt wird – eine Reaktion, die Lenz gerade vermeiden will, wie er in den »Anmerkungen« ausführt.

Werke

»Entwurf einiger Grundsätze für die Erziehung überhaupt, besonders aber für die Erziehung des Adels«
MS: Verloren
E: Für Leser und Leserinnen 2 (1780), S. 27–29. – *Blei*, Bd. 4, S. 323–330

»Empfindsamster aller Romane oder lehrreiche und angenehme Lektüre für Frauenzimmer«
MS: Verloren
E: Für Leser und Leserinnen 2 (1781), S. 1–45. – *Blei*, Bd. 5, S. 313–341; *Boëtius*, S. 170–193

»Über Delikatesse der Empfindung«
MS: Verloren
E: *Tieck*, Bd. 3, S. 414–464. – *Blei*, Bd. 5, S. 241–298; Auszug in: *Boëtius*, S. 147–169
S: *Preuss*, S. 73–78

»Boris«
MS: Zerstört
E: *Weinhold* (Dramen), S. 304–306. – *Blei*, Bd. 3, S. 408–409; *Titel/Haug*, Bd. 2, S. 569–570

»Myrsa Polagi oder die Irrgärten, ein Lustspiel à la chinoise«
MS: Verloren
E: Liefländisches Magazin der Lektüre 1 (1782), S. 229–281. – *Guthke*, Karl
S.: Myrsa Polagi oder die Irrgärten. Ein J. M. R. Lenz zugeschriebenes Lust-
spiel. In: Jahrbuch des Freien Deutschen Hochstifts (1964), S. 76–101; *Pe-
tersen*, Otto von: M. o. d. I.: Ein neuentdecktes Lustspiel des Sturm und
Drang-Dichters J. M. R. Lenz. Diss. phil. Jena 1924; *Titel/Haug*, Bd. 2,
S. 391–423
S: *Guthke* (1964), S. 59–101; *Ders.*: Myrsa Polagi – Ein Drama von Lenz?
In: ders.: Wege zur Literatur. Bern, München 1967. S. 21–35; *Petersen*, s.o.

»Die sizilianische Vesper. Ein historisches Gemählde«
MS: Verloren
E: Liefländisches Magazin der Lektüre 1 (1782), S. 19–72. – *Blei*, Bd. 3,
S. 173–208; *Titel/Haug*, Bd. 2, S. 355–390; *Weinhold*, Karl (Hg.): Die si-
zilianische Vesper. Ein Trauerspiel. Breslau: Koebner 1887
S: *Ballof*, Rudolf: Über die sizilianische Vesper von J. M. R. Lenz. Archiv
für das Studium der neueren Sprachen und Literaturen: Deutsches Sonder-
heft (1921), S. 156 f.

»Empfindungen eines jungen Russen, der in der Fremde erzogen seine
allerhöchste Landesherrschaft wiedererblickt«
MS: Kraków. Biblioteka Jagiellońska
E: *Weinhold* (Gedichte), S. 240–243. – *Blei*, Bd. 1, S. 445–448

Sekundärliteratur allgemein

Sintenis, Franz: J. M. R. Lenz in Moskau. Archiv für Litteraturgeschichte 5
(1876), S. 600–605
Sivers, Jégor von: J. M. R. Lenz. In: ders.: Deutsche Dichter in Rußland.
Berlin 1855. S. 40–59
Sivers, Jégor von: Lenzens Tod. In: ders.: J. M. R. Lenz. Vier Beiträge zu
seiner Biographie und zur Literaturgeschichte seiner Zeit. Riga 1879. Leip-
zig 1879
Sitzungsberichte der Gesellschaft für Geschichte und Alterthumskunde der
Ostseeprovinzen Rußlands aus dem Jahre 1888 (1889): Hat sich Lenz um
eine Professur in St. Petersburg beworben? S. 40–46

3. »Und mögen auch Jahrhunderte über meinen ... Schädel verachtungsvoll hinwegschreiten« – die produktive Rezeption Lenz'

3.1. Lenz und die zeitgenössische literarische Öffentlichkeit

Lenz fragt in den »Anmerkungen«: »Wenn wir das Schicksal des Genies betrachten (ich rede von Schriftstellern) so ist es unter allen Erdensöhnen ihrem das bängste und traurigste. [...] Wer liest sie? Wer genießt sie? – Wer verdaut sie? Fühlt das, was sie fühlten?« Das Zitat zeigt den Wunsch nach einer möglichst breiten Wirkung, aber auch nach einer kongenialen Rezeption. Die erstere hat Lenz bis heute nicht erreicht, die zweite in der eigenen Zeit nur begrenzt, wie an der »Hofmeister«-Rezeption dargestellt werden soll.

Die erste Phase der Lenzrezeption setzt Unglaub bis zum Erscheinen von Goethes »Dichtung und Wahrheit« an, weil darin der letzte der Sturm und Drang-Gruppe sein fortan kanonisch geltendes Lenz-Bild niedergeschrieben habe. Wir fassen zunächst die Rezeption zusammen, die Lenz selbst mit seinen Werken und Auftritten beeinflußt, zumal wir uns mit Goethe an anderer Stelle detailliert auseinandergesetzt haben. Unglaub ist der Frage der zeitgenössischen Rezeption in seiner materialreichen Dissertation akribisch nachgegangen. Genton und Stammler haben sich mit den Theateraufführungen, bzw. der »Hofmeister«-Aneignung befaßt.

Nach der ›Entdeckung‹ des jungen »Genies« in Livland gewinnt Lenz rasch eine wichtige Position im zeitgenössischen literarischen Feld, weil er sich durch Werke und Kontakte als zugehörig zum Straßburger Sturm und Drang-Kreis ausweist. Salzmann und vor allem Goethe sind seine ersten wichtigen Förderer. 1776, bevor er nach Weimar geht, ist er im Kreis der damals avantgardistischen Literaten voll anerkannt. Auch die ältere Generation der Aufklärer ist auf ihn aufmerksam geworden. Die Plautus-Bearbeitungen und die Dramen publiziert Lenz bei dem Leipziger Verleger Weygand, der sich schon durch die Veröffentlichung des »Werthers« und anderer Werke des Sturm und Drangs einen Namen gemacht hat. Die Erzählungen erscheinen ebenfalls bei Weygand, und zwar im 1776 begründeten »Deutschen Museum«. Für die »Soldaten« gelingt es Lenz, über Herder den bedeutendsten Verleger der damaligen Zeit, Philipp Emanuel Reich (Leipzig) zu gewinnen. Als Lyriker wird Lenz durch die Aufnahme zahlreicher Gedichte in zeitgenössischen Almanachen und Zeitschriften bekannt. Nach der Aussöhnung mit Wieland 1776 steht Lenz auch der weit verbreitete »Teutsche Merkur« offen.

Die Literaturkritik nimmt Lenz freilich nicht immer als Verfasser wahr, Zuschreibungen an Goethe sind häufig. Daran ist der Autor nicht unschuldig, weil er aus verschiedenen Gründen zum Teil anonym bleiben will. Ferner wirkt sich die Priorität von Goethes »Götz« aus, an dem als Maßstab für »unregelmäßige« Stücke sich auch Lenz messen lassen muß. Nach Unglaub sind über 50 Rezensionen von Lenz' Werken bekannt, wobei der »Hofmeister« mit zwölf an der Spitze steht, gefolgt vom »Menoza« mit zehn, den »Anmerkungen« mit acht. Die »Soldaten« erhalten nur vier Rezensionen.

Durch den »Hofmeister« wird Lenz mit einem Schlag bekannt und anerkannt – auch von seinen Gegnern. Die öffentliche Rezeption belegt die scharfen Fronten zwischen den Kritikern. Friedrich Nicolai in der »Allgemeinen deutschen Bibliothek« (1776, Bd. 27, S. 368–370) und – verbindlicher und differenzierter – Wieland im »Teutschen Merkur« (1774, 3, S. 356–358) monieren eine »mangelnde Rücksicht auf die Vorschriften der Kunst«, bzw. eine unzulängliche Verbindung von Natur und Kunst. Die aus der »Natur« abgeleiteten Normen der Regelpoetik werden gegen die ästhetische Eigenart von Lenz' Drama angewendet: gegen seine offene Form, seine »übereilte« Handlung, seine scheinbar wenig ausgearbeiteten Figuren. Deutlich wird Lenz hier wie bei der Rezeption seiner anderen Werke der Gruppe der jungen »Genies« zugeordnet, die mit den älteren Aufklärern um die Anerkennung im literarischen Feld konkurriert. Gleiches geschieht in den positiven Rezensionen – natürlich mit umgekehrter Wertung. »Götz hat jetzt einen jüngeren Bruder, den »Hofmeister«, schreibt Matthias Claudius in seiner enthusiastischen Rezension im »Wandsbecker Bothen« (15. 6. 1774). Schubart stellt in seiner »Deutschen Chronik« August 1774 fest: »Du mußt dialogiren, die Situationen anlegen, die Charaktere bearbeiten, wenn Du ein ächter Deutscher seyn willst. Sind gleich die drey Einheiten des Aristoteles, diese Krücken für Lahme, nicht mit französischer Ängstlichkeit beobachtet worden, so entschädigt Dich davor die ganze Zauberei des Genies, der volle Strom der Leidenschaft, altdeutsche Kraft und Macht.« Wenn das Stück auch in fast allen Rezensionen zum Argument im Streit für oder gegen die Regelpoetik wird, seine ästhetische Eigenart, die es von einem Drama wie dem »Goetz« unterscheidet, wird kaum diskutiert, obwohl aufmerksame Zeitgenossen sie wahrnehmen. Hinzu kommt, daß die sozialkritische und politische Tendenz des Stückes auch von seinen Befürwortern oft nicht erkannt oder offensichtlich wegen des Bruchs von moralischen Tabus abgelehnt wird. So kommentiert Schubart die Heirat von Fritz mit dem verführten Gustchen: »Wer 'ne Hur nimmt wissentlich,/ Bleibt ein Hundsfut ewiglich.« Die Kastration kommentieren die »Frankfurter gelehrten Anzeigen« (1774, S. 489–493): »Aber doch sehen wir den Menschen lieber unverstümmelt, vornehmlich an so wesentlichen Theilen.« »Wir sehen nicht ab, warum sich der Mensch so ganz ohne Noth und Erwartung kombabisirt.« Bei der stark ständisch geprägten Öffentlichkeit seiner Zeit kann Lenz mit seinem Konzept nur einen begrenzten Erfolg haben. Die Tragik des Läuffer hätte sicher ein Publikum von Kleinbürgern und Bauern leichter begriffen als die an der bisherigen Aufklärung geschulte obere Mittelschicht. Christian Gottlob Heyne, der als einziger die politisch-operative Tendenz erkennt und anerkennt, ist angesichts der Widersprüche, die Lenz aufzeigt, ratlos: »Die enthaltene Lehre, das Publicum soll von Privatlehrern ganz abgeschreckt werden [...], wäre nun ganz gut, wenn der Herr geheime Rat in diesem Drama nur erst etwas besseres hätte [...], wenn der Staat die öffentlichen Erziehungs- und Unterrichtsanstalten auf den rechten Fuß schon gesetzet hätte.« Durch das »Mißtrauen« in die Hofmeister stifte der Verfasser angesichts fehlender Alternativen »eher Uebels«, weil er ihre »Verachtung« nur vergrößere – gerade auch beim zahlungsunwilligen Adel (Göttingische Anzeigen von Gelehrten Sachen 7, Juli 1774, S. 694–696).

Mit der Ausweisung aus Weimar und der Distanzierung Goethes verändert sich Lenz' Stellung im literarischen Feld rasch. Die Sturm und Drang-Bewegung ist in eine Krise geraten, der Zusammenhalt zwischen den jungen Intellektuellen schwindet. Hinzu kommen Lenz' »Krankheit« und nachlassende Produktivität. Die »Krankheit« weckt zunächst spontane Hilfsbereitschaft bei den Freunden, verschiebt aber das öffentliche Interesse weg vom Werk auf das Schicksal der Person. Diese Blickrichtung wird zur Konstante der späteren Lenzrezeption. Zunächst freilich wird Lenz aufgrund seines Weggangs nach Livland und Rußland in Deutschland weitgehend zur Unperson. Daß Lenz »tot bei Lebzeiten« (Unglaub) ist, liegt auch an einer von anderen Journalen übernommenen Falschmeldung der »Allgemeinen deutschen Bibliothek« (Bd. 40, 1780), Lenz sei in diesem Jahr gestorben. Lenz' Moskauer Versuche, sich als Mittler zwischen der russischen und der deutschen Literatur zu etablieren, finden in Deutschland keinen Widerhall. Am 18. August 1792 schreibt der Moskauer Pastor Jereczembski einen Nachruf auf Lenz im »Intelligenzblatt der Allgemeinen Litteratur-Zeitung«. Er stellt fest, daß der Autor »von wenigen betrauert und von keinem vermißt« werde. Auch hier tritt das Interesse am Werk gegenüber dem an der Person zurück: »Eine genauere Schilderung seiner letzten Lebensjahre müßte äußerst interessant in psychologischer und moralischer Hinsicht seyn.«

Literatur

Beuthner, Johanna: Der Dichter Lenz: Beurteilung und Behandlung seiner Krankheit durch seine Zeitgenossen. Diss. med. Freiburg 1968. (Masch.) Bibliographie zu den Aufführungen in Hamburg, Berlin und Mannheim in *Genton*, S. 268 f.
Unglaub, S. 28–228

3.2. Erste Lenz-Aneignungen – von den Romantikern bis Büchner

Nach Lenz' Tod gibt es zunächst nur sehr sporadisch Versuche, an den Autor zu erinnern. Ein umfassendes Lenz-Bild formuliert erst Goethe 1814 in »Dichtung und Wahrheit«. An diesem negativen Bild kommt danach keiner der Rezipienten vorbei, sei es, daß er seinen Grundlinien folgt oder sich dagegen abgrenzt.

1793 bestärkt Lavater in einem Vorwort zu »zwei Gedichten von dem seeligen Lenz« in der Zeitschrift »Urania für Kopf und Herz« (H. 1, S. 45 f.) die Verlagerung des Interesses vom Werk weg zur Person des Autors, die ja auch Goethe vornimmt. Lenz' Individualität zeigt Lavater als geprägt durch einen »Durst nach Liebe, der nicht befriedigt wird, und schwehrlich auf dieser Erde befriedigt werden konnte«. Der Gegensatz zwischen Geist, Seele und einem schwachen Körper führe den Zusammenbruch herbei: »und Lenz vegetierte bis an sein Ende«. Die religiös-metaphysische Dimension, auf die Lavater zielt, steht in einem diametralen Gegensatz zu Büchners späterer Deutung von Lenz als Außenseiter, der die Religion einer Wahrheitsprobe unterwirft und darüber zum Atheisten wird.

Schiller gelingt es, 1797 Goethe »einige Lenziana« zu entlocken (Goethe an Schiller, 1. 2. 1797). Diese haben auch für Schiller eher »einen biographischen und pathologischen Werth [...], besonders da der Tod und das unglückliche Leben des Verfassers allen Neid ausgelöscht hat« (an Goethe, 2. 2. 1797). Schiller veröffentlicht in den »Horen« den »Waldbruder« und im »Musenalmanach« von 1798 das »Dramolett« »Tantalus« und das Gedicht »Die Liebe auf dem Lande«. Die biographischen Zusammenhänge, auf die sich diese Texte

115

beziehen, kann die zeitgenössische Öffentlichkeit freilich noch nicht erkennen, da über sie in Weimar Stillschweigen bewahrt wird, bis Goethe 1814 seine Einschätzung veröffentlicht.

Die Lenz-Rezeption unter den Romantikern ist zunächst dadurch begrenzt, daß es sich um einen fast vergessenen Autor handelt. Allerdings werden die Veröffentlichungen Schillers mit Aufmerksamkeit verfolgt (vgl. dazu Unglaub). Doch obwohl die Romantiker eine große Sympathie entwickeln für den jungen Goethe und den Sturm und Drang, profitiert davon Lenz nur wenig. Nur Tieck ist dieser Autor seit seiner Kindheit bekannt. Über den Komponisten Johann Friedrich Reichardt, Lenz' Königsberger Studienfreund, kommt Achim von Arnim mit seinem Werk in Berührung. Daraus entsteht 1806 eine Korrespondenz mit Clemens Brentano über den »Neuen Menoza«, dessen Dramaturgie und Groteskkomik beide Autoren fasziniert, während sie dem aufklärerischen Gehalt distanziert gegenüberstehen. Brentano äußert den Wunsch nach einer Lenz-Edition und nach einer Aufführung seiner Werke (vgl. dazu Unglaub).

Der wichtigste Beitrag der Romantik zur Lenz-Rezeption ist die Werkausgabe Ludwig Tiecks von 1828. Dieser »Lebenswecker so vieler herrlicher Blüthen« (A. Stöber) empfindet für Lenz, wie er mehrfach bekennt, eine deutliche Faszination. Leider steht eine genaue Analyse dieser Beziehung, vor allem auch möglicher Korrespondenzen in der Literaturauffassung und im Werk noch aus. Eine solche Analyse wird natürlich dadurch erschwert, daß der Vielleser Tieck einer Fülle von Einflüssen ausgesetzt ist und zugleich sehr unterschiedliche Schreibweisen und Stile erprobt. (Eine Untersuchung müßte sich auch mit der Arbeit Kindermanns auseinandersetzen, der in Lenz einen Vorläufer der Romantik sieht). 1848 schreibt Tieck in der Vorrede zu den »Kritischen Schriften«, er habe »nie begriffen, warum Lenz, nach einer kurzen Periode von Glorie, unbeachtet bleiben und vergessen werden sollte«. Noch 1844 sucht Tieck nach Schröders Bearbeitung des »Hofmeisters«, was zeigt, daß er sich auch nach der Werkausgabe mit diesem Autor weiter befaßt (J. R. Lenz-Kühne an Tieck 25. 6. 1844). In der umfangreichen Einleitung zur Werkedition ist freilich von Lenz nur am Rande die Rede. Bezeichnenderweise hat Tieck sie unter dem Titel »Goethe und seine Zeit« in seine »Kritischen Schriften« aufgenommen. Intellektuelle, die verschiedene literarische Richtungen vertreten, diskutieren in der »Loge des Götz von Berlichingen« über diese Dichtungen Goethes, wobei der junge Goethe bevorzugt wird. Soweit von Lenz überhaupt die Rede ist, zeichnet die Einleitung das bereits bekannte Bild des genialen, aber unglücklichen und pathologischen Dichters. Die

in Goethes Verdikt in »Dichtung und Wahrheit« normsetzende Gegenüberstellung von Gesundem und Kranken findet sich auch bei
Tieck: »Gelingt es der Schöpfungskraft, sogleich im Schaffen und
Darstellen das Richtige und Wahre zu ergreifen, so geht aus dem
Kampf unmittelbar Besänftigung, Ruhe und wahre Glückseligkeit
hervor [...]. Geschieht dies nicht [...], so muß der Charakter, um
sich zu retten, nach und nach das Talent verzehren ...« (s. XX).
Dennoch ist die Vorrede geprägt von einer untergründigen Faszination für Lenz. Sein Weg in den Wahnsinn erscheint als Folge »heili-
ger Raserei«. Diese sei ein altes Synonym für »Dichtergabe«, die sich
bei Lenz in widersprüchlichen Kompositionen und Wirkungen ma-
nifestiere: »die Natur, die er uns zeigte, ist so wahr und überzeu-
gend, daß aller Eigensinn und alle Caprice des Autors, seine absprin-
gende Willkür, ja vorsätzliche Störung aller Wirkung, unsern Glauben an sie nicht vernichten können« (S. XIV). In der Diskussion
wird die Frage aufgeworfen, ob Goethe als Weltmann und Höfling
in Weimar nicht Entwicklungsmöglichkeiten als Mensch und als
Dichter abgebrochen habe. Seine »Sturm und Drang-Gesellen« seien
darüber müde und »irre« geworden und hätten sich zerstreut. »Aber
war es denn wirklich ein Irren?« Diese nicht wirklich beantwortete
Frage bleibt als Herausforderung stehen – Büchner nimmt sie später
auf – und legitimiert die Werkausgabe.

Die zeitgenössische Kritik ist bereits befremdet über Tiecks
Orientierung auf Goethe im Vorwort einer Lenz-Ausgabe, das zudem nur flüchtige und fehlerhafte biographische Informationen enthält. Genton kann 1963 durch die Neu-Edition eines Briefes Tiecks
an F. Schlosser vom Januar 1825 nachweisen, daß jener mit Rücksicht auf den reizbaren Goethe jahrelang die Ausgabe verzögert hat,
ganz abgesehen davon, daß er bekannte Texte mit Anspielungen auf
das Verhältnis Goethe-Lenz nicht aufnimmt.

Das Andenken Lenz' bleibt im Elsaß lebendig, wo die Familie Stöber den Oberlin-Nachlaß und ungedruckte Lenz-Materialien besitzt. August Stöber veröffentlicht von Oktober bis Dezember 1831
im Stuttgarter »Morgenblatt für gebildete Stände« Lenz-Briefe, ein
Gedicht, Auszüge aus Oberlin Tagebuch und biographische Notizen, die erstmals genauere und korrekte Informationen über die Biographie geben. Für Stöber zeigt sich in Lenz' Werken – in vorsichti-
ger Korrektur von Goethes Wertung – das »schöne, segensvolle« wie
das »verzerrte, verkrampfte Bild« des Sturm und Drang. Goethes
eindeutige Überlegenheit wird freilich nicht in Frage gestellt. 1839
publiziert August Stöber in der Zeitschrift »Erwinia« das Tagebuch
Oberlins über den Aufenthalt von Lenz bei ihm 1778, 1842 den Band
»Der Dichter Lenz und Friederike von Sesenheim« mit einer biogra-

phischen Einleitung, Gedichten und Briefen. Diese Ausgabe ist sicher auch motiviert durch die Auffindung des Sesenheimer Liederbuchs 1835 mit Gedichten von Lenz und Goethe. Durch diesen Fund ergeben sich nicht nur Probleme der Zuordnung der Texte zu einem der beiden Autoren, sondern er belebt neu und über »Dichtung und Wahrheit« hinaus Erinnerung und Interesse an den Beziehungen von Goethe und Lenz zu Friederike Brion.

Ein enger Freund der Brüder August und Adolf Stöber und der vorgesehene Schwiegersohn des Pfarrers Jaeglé, der die Totenrede auf Oberlin gehalten hat, ist Georg Büchner. Dieser studiert 1831 bis Oktober 1833 in Straßburg, im März 1835 kommt er wieder dorthin, diesmal als politischer Flüchtling. Dazwischen liegen Büchners Studium in Gießen, vor allem aber seine agitatorische, den gesellschaftlichen Umsturz propagierende Tätigkeit in der Gesellschaft der Menschenrechte«, deren Höhepunkt die illegale Verteilung des »Hessischen Landboten« darstellt.

Büchner muß sich spätestens während des ersten Straßburger Aufenthaltes mit Lenz ausführlich beschäftigt haben; denn einen Brief an Minna Jaeglé vom März 1834 beendet er mit zwei Zitaten aus dem Gedicht »Die Liebe auf dem Lande«. In diesem beschreibt Lenz in ironischer Distanzierung die Situation der von Goethe verlassenen Geliebten Friederike Brion, die – entgegen der historischen Realität – durch einen ungeliebten Ehemann zu »verhaßter Lust« gezwungen wird. Wenn Büchners Zitatenauswahl auch unverfänglich ist, ist der Bezug auf dieses Gedicht in einem Brief, der Minna bittet, die Verlobung ihrem Vater offiziell mitzuteilen, überraschend. Die Anspielung auf die im Gedicht thematisierte Diskrepanz zwischen Liebe und Ehe signalisiert vorsichtige Vorbehalte Büchners gegen die vorgesehene Bindung. »Die Liebe auf dem Lande« dient ihm aber auch noch zu einem gänzlich anderen Zweck. Die Anfangszeilen werden als Geheimschrift-Code für den Kassiberwechsel mit den politischen Gefangenen des Büchner-Weidig-Kreises benutzt. (vgl. Thomas Michael Mayer: Georg Büchner. In: Georg Büchner I/II. Sonderbd. Text und Kritik. München 1979. S. 375). So rezipiert und instrumentalisiert Büchner einen Lenz-Text von vornherein im privaten und im politischen Bereich. Den Text des Gedichtes kann Lenz nicht aus der Werkausgabe Tiecks haben, die sich in seinem Nachlaß befunden hat – er fehlt bei Tieck –, sondern aus dem »Musenalmanach« von 1798 oder aus den Lenz-Materialien der Familie Stöber.

Mit der »Lenz«-Erzählung beschäftigt sich Büchner erst im Exil, wie aus einer Anfrage Karl Gutzkows hervorgeht. Er rekonstruiert den Fall Lenz also nach den menschlichen und politischen Erfahrungen der Gießener und Darmstädter Zeit. Gutzkow erwartet sich von

Büchner für seine »Deutsche Revue« zumindest einen pikanten biographischen Enthüllungstext, der Goethes Schilderung der Beziehung zu Friederike widerlegen oder ergänzen könnte. Andererseits
hat Gutzkow ein vages historisches Interesse an dem »gestrandeten
Poeten« (an Büchner, 12. 5. 1835), über den er offensichtlich wenig
weiß. Vermutlich meint Gutzkow die in Büchners Text enthaltene
Umwertung des Verhältnisses zwischen Sturm und Drang und Klassik, wenn er die Erzählung am 14. 9. 1837 einen »außerordentlich
wichtigen Beitrag zur Literaturgeschichte« nennt (an Minna Jaeglé).
Außerdem erhofft sich Gutzkow einen Text, der trotz der Bedrohung durch die Zensur »Schmuggelhandel der Freiheit« betreiben
könnte: »Wein verhüllt in Novellenstroh« (an Büchner, 17. 3. 1835).
Nach Büchners Tod kann Gutzkow 1839 aufgrund einer Abschrift
Minna Jaeglés vom Originalmanuskript den Text im »Telegraph für
Deutschland« veröffentlichen. Büchner hat an ihm noch im Frühjahr
1836 gearbeitet. Vielleicht hält er den Text bis zu seinem Tod zurück, weil er ihn noch überarbeiten will.

Gutzkow betont in seiner Einleitung zum Druck entsprechend
den Fragmentcharakter – allerdings mit Bezug auf die zeitgenössische Gattungserwartung einer Novelle. Zu dieser Norm, an der die
Erzählung auch in der Sekundärliteratur häufig gemessen worden ist,
hat sich Büchner freilich nirgends bekannt. Es ist auch nicht ausgeschlossen, daß Büchner den Text nur wegen des Verbotes der »Deutschen Revue« zurückgehalten hat, ihn aber als vollständig angesehen
hat. Es kann also von der Gattungserwartung der Novelle oder von
dem vermeintlich offenen Schluß, einem Formprinzip von Lenz, das
Büchner übernimmt, nicht ohne weiteres ein Fragmentcharakter ab-
geleitet werden.

Wie Büchner im »Danton« zeitgenössische Quellen zum Teil
wörtlich zitiert, übernimmt er im »Lenz« wichtige Passagen aus
Oberlins Tagebuch, diesem wichtigen biographischen Dokument.
Der Text belegt aber eine viel weiterreichende intime Kenntnis von
Biographie, Theorie und Werk, zu der sicher Tiecks Ausgabe und
die Materialien der Familie Stöber beigetragen haben. Es verwundert, daß vor Stephan der Text noch nicht konsequent in den Rahmen der Lenz-Rezeption gestellt worden ist, ein Desiderat, das vorher Thorn-Prikker in seinem Forschungsbericht angemahnt hat. Zu
Recht stellt Stephan fest, es gehe Büchner um eine historische Rekonstruktion des Dichters Lenz und um eine aktuell parteiliche
Identifikationsarbeit. Das Verhältnis zwischen beiden zu bestimmen
ist die Aufgabe jeder Interpretation, die den Bezug der Lenz-Erzäh-
lung auf den historischen Autor nicht zum Verschwinden bringen
oder umgekehrt Lenz und Büchner platt gleichsetzen will. Eine

wichtige Voraussetzung hierfür ist, daß Büchner sich – wie auch Lenz in einigen Äußerungen – als Geschichtsschreiber versteht. Auch auf den »Lenz« ist seine Äußerung in einem Brief an die Familie vom 28. 7. 1835 zu beziehen, er wolle »der Geschichte, wie sie sich wirklich begeben, so nahe als möglich kommen«.

Daß es um historische Rekonstruktion und parteiliche Identifikation geht, signalisiert die gegenüber dem Oberlin-Tagebuch zentrale Veränderung im Verhältnis des Erzählers zu Lenz. Aus dem Ich-Erzähler wird ein Erzähler, dem seinerseits Lenz *und* Oberlin zu erzählten Figuren werden, der andererseits aber seine Distanz gegenüber Lenz teilweise aufgibt und durch diesen hindurch Gefühle und Handlungen vermittelt. (vgl. Pütz). Büchner kann so seelische Vorgänge in Lenz nachzeichnen, ohne sie wie Oberlin aus der Distanz des »Vernünftigen« moralisch zu bewerten. Ueding spricht daher zu Recht von einer »Entmoralisierung« im Umgang mit einem, der sich abweichend von der Norm verhält. Dieses Verhalten widerspricht diametral der zeitgenössischen Praxis vor allem mit seelisch »Kranken«.

Die Erzählperspektive, die die Grenzen zwischen Innen- und Außenwelt teilweise fließend werden läßt, ohne sie grundsätzlich aufzuheben, wirkt sich auch in den Naturbeschreibungen aus – einer der wichtigsten Zutaten Büchners. Diese zeichnen selbständige Vorgänge, sie drücken aber auch seelische Bewegungen im Protagonisten aus. Büchner knüpft damit an die Technik der Vermenschlichung der Natur an, wie sie Goethe im »Werther« entwickelt hat und Lenz sie am Anfang des »Waldbruders« nachahmt. Goethe schenkt seinem Helden freilich Augenblicke der gelingenden Verschmelzung mit der Natur, während Büchners letztlich die überlegene Distanz der auktorialen Perspektive nutzt, das Scheitern festzustellen. Gegenüber dem sachlichen Konstatieren des Erzählers erscheinen so die Innensichtpassagen als Ausdruck eines zunehmend gefährdeten, schließlich aus den Fugen geratenen Verhältnisses zur Realität. Während Goethes »Werther« trotz der Monoperspektive seiner Briefe bis fast zum Schluß sich mitteilen, seine Gefühle interpretieren kann, geht Büchners Lenzfigur diese Fähigkeit von vornherein weitgehend ab. Der Erzähler muß seine Gefühle und Phantasien beschreiben und deuten. Er tut es mit der gleichen Sachlichkeit, mit der er sich immer wieder subtil der Innenperspektive entzieht. So erfährt man beiläufig, daß es Lenz auf seiner Wanderung ins Steintal »manchmal unangenehm war, nicht auf dem Kopf gehen« zu können – eine Feststellung, die den Verlust seines Gefühls für Raum und Distanz anzeigt. Kurz darauf heißt es dann: »er begriff nicht, daß es so viel Zeit brauchte, um einen Abhang hinunter zu klimmen, einen fernen

Punkt zu erreichen; er meinte, er müsse Alles mit ein paar Schritten ausmessen können.« Später heißt es: »er riß sich auf und jagte den Abhang hinunter«. Dieser letzte Satz ist ein Beispiel dafür, wie die Erzählperspektive fast unmerklich von innen nach außen geht.

Büchner rekonstruiert nicht den zunächst relativ erfolgreichen, sondern den »gestrandeten Poeten« (Gutzkow). Diese Entscheidung, die das ihm zugängliche Material nahelegt, impliziert zwangsläufig eine Auseinandersetzung mit Goethes Lenz-Bild in »Dichtung und Wahrheit« (vgl. Gersch). Büchner nimmt Goethes Aufforderung auf, Lenz' »Lebensgang, bis zu der Zeit, da er sich im Wahnsinn verlor« zu schreiben. In einer kleinen, von Büchner hinzuerfundenen Szene geht Lenz »mit rasender Schnelligkeit« sein Leben durch und sagt: »consequent, consequent« und wenn ihn jemand anspricht: »inconsequent, inconsequent«. Darin drückt er den Widerspruch zwischen sich und seiner Umwelt aus. Lenz fordert in dem von Büchner hinzuerfundenen Kunstgespräch für die Kunst wie für das Leben: »Leben, Möglichkeit des Daseins«.

In der Kunst folgt daraus ein kritischer Realismus (»Der Dichter ist mir der liebste, der mir die Natur am wirklichsten giebt«), der in das »eigenthümliche Wesen jedes«, auch des Geringsten eindringt. Für das Leben setzt die Forderung einer »Möglichkeit des Daseins« ein deutliches Bewußtsein der Entfremdung des menschlichen Individuums voraus. Lenz leidet an der eigenen Entfremdung und registriert auch die Entfremdung in seiner Umwelt. Verzweifelt und vergeblich versucht er, beide aufzuheben. Insofern sind für Büchner sein Kunstprogramm und sein »Wahnsinn« miteinander verbunden. Gegen Goethe, der bei Lenz ein künstlerisches Scheitern und Scheitern im Leben feststellt, beantwortet Büchner Tiecks Frage, ob Lenz' Leben »wirklich ein Irren« war, indem er die zwingende Konsequenz von Lenz' Lebensentwurf aufzeigt. Lenz hält an den Sturm und Drang-Postulaten, vor allem an der Forderung nach Selbstverwirklichung in einer Einheit von Kunst und Leben fest. Von dieser Position aus gesehen können »Idealismus« und Klassik nur »Holzpuppen« schaffen als »schmählichste Verachtung der menschlichen Natur«. Büchner verschiebt die historischen Zusammenhänge, wenn er Lenz zu einem Gegner des Idealismus macht, mit dem er noch gar nicht in Berührung gekommen ist. Hier ficht Büchner eindeutig einen eigenen Kampf gegen die ästhetische und ideologische Dominanz der Kunstperiode aus. Das zeigen die Zeugnisse außerhalb der Erzählung, zum Beispiel sein Brief an die Familie vom 28. 7. 1835. Darin beharrt er darauf, die Welt nicht zu zeigen, »wie sie sein solle«, sondern »wie sie ist«. »Was noch die sogenannten Idealdichter betrifft, so finde ich, daß sie fast nichts als Marionetten mit himmelblauen Nasen und affektiertem Pathos, aber nicht Menschen von Fleisch und Blut gegeben haben.« Für Büchner hat die Wirklichkeit vor der Idee Vorrang. »Die Gestalt mag nun schön oder häßlich seyn, sie hat nun einmal das Recht, zu seyn wie sie ist«, läßt er Camille in »Dantons Tod« sagen. So sehr Büchner die historischen Zusammenhänge verschiebt, auch indem er Kaufmann zum Idealisten macht, er trifft doch ein zentrales Merkmal von Lenz' Position, nämlich daß sie sich mit dem Weg, den Goethe literarisch und politisch nach 1776 gegangen ist, nicht vereinbaren läßt. (Allerdings vermeidet es Büchner, die Konfrontation auf die Spitze zu treiben, indem er Goethe nicht auftreten läßt. Mehr als Goethe ist für Büchner Schiller der anzugreifende.) Büchner setzt Lenz ins Recht, er knüpft an dessen literaturtheoretische Position an. Er zeigt allerdings auch, daß Lenz diese seine Position, die in der Erzählung verknüpft ist mit seinen pantheistisch-materialistischen Thesen im Gespräch mit Oberlin – ebenfalls eine Zutat Büchners –, in seiner Zeit zum Außenseiter macht. Weder bei Oberlin noch bei Kaufmann stößt Lenz auf irgendein Verständnis.

Beide fordern seine Rückkehr zum Vater. Dieser steht für die Einschränkungen, die die zeitgenössische Gesellschaft dem Individuum auferlegt. Offensichtlich hat Lenz ihn als befehlende, verbietende und strafende Instanz erlebt. Der Vater fordert Triebunterdrückung und steht damit den Vereinigungs- und Verschmelzungswünschen des Sohnes entgegen. Diese richten sich nicht nur auf die Natur, sondern, damit verknüpft, auf die Mutter, auf das weibliche Geschlecht, das in der Erzählung zusätzlich durch Madame Oberlin, das sterbende Kind und die Erinnerungen an Friederike vertreten wird. Stephan hat im einzelnen herausgearbeitet, wie ein idealisiertes Frauenbild (»Engel«) Lenz daran hindert, sein eigenes Begehren zu akzeptieren. Die in der Erzählung mit größter Feinfühligkeit nur angedeuteten Gründe liegen in der traumatisierten ödipalen Grundkonstellation seiner Familie. (Mit Bezug auf neuere psychoanalytische Arbeiten kann auch von einer narzistischen Störung gesprochen werden.) Wie einfühlend Büchner hier mit Lenz umgeht, wird erst dem klar, der sich ausführlich mit den historischen Dokumenten beschäftigt hat. Die Lenzforschung ist auf diese biographischen Zusammenhänge erst sehr viel später gestoßen.

Büchner gestaltet Lenz als ein leidendes Individuum, das das Leid in der Welt nicht ertragen kann (vgl. Hinderer), das eigene Leiden nicht verdrängen oder kanalisieren kann. Von hier aus erklären sich Lenz' Annäherung an die Religion wie auch seine später rigorose Abwendung bis hin zum Atheismus. Lenz macht die reale Probe auf die Fähigkeit der Religion, Leiden aufzuheben (vgl. die von Büchner hinzuerfundene Predigtszene und die Erwachungsszene) und erfährt, daß sie dieses nicht kann und außerdem Leiden verklärt und verschleiert. Mit dieser Darstellung geht Büchner deutlich über den historischen Lenz hinaus, indem er dessen Isolation in seiner Zeit auch mit seinem religionskritischen Denken begründet. Büchner aktualisiert hier Lenz, schließt seine Darstellung an die aktuelle Kritik an der Verschleierungsfunktion der Religion in den rückständigen Fürstentümern Deutschlands an. Immerhin ist schon für den historischen Lenz die Wahrnehmung, nur ein Ball der Umstände zu sein, ein unaufgelöster Widerspruch zur angenommenen Güte Gottes, weil dieser damit dem Individuum die Möglichkeit zur Selbstverwirklichung versagt.

Einfühlend und doch sachlich konstatierend vergegenwärtigt Büchner die Phantasien und Handlungen Lenz', die als Ausdruck von »Wahnsinn« interpretiert werden können. Immer wieder ist darauf hingewiesen worden (z.B. von Mayer), daß Büchner zumindest vergleichbare Erfahrungen von Verwirrung und Selbstentfremdung gemacht haben müsse, um ihre Symptome so eindringlich beschreiben zu können. Der Zustand, den Büchner in seinen Gießener Briefen zwischen November 1833 und März 1834 mitteilt (z.B. »Ich bin ein Automat [...] Das Gefühl des Gestorbenseins ist in mir [...] Alles verzehrt sich in mir selbst«) wird in der Forschung immer wieder als eine Basis für die Annäherung an die Person Lenz' angeführt. Wie bei Lenz führen auch bei Büchner individuell-biographische und politisch-gesellschaftliche Gründe zu dem Zustand von Lähmung und Entfremdung (»Ich [war] in tiefe Schwermut verfallen; dabei engten mich die politischen Verhältnisse ein [...] Kummer und Widerwillen machten mich krank«, an die Familie im April 1834).

Gegen die Perspektive, »einem vermodertem Fürstengeschlecht« in »einem kriechenden Staatsdiener-Aristokratismus« als »Knecht« dienen zu müssen, wehrt sich Büchner durch die Gründung der »Gesellschaft der Menschenrechte« und eine agitatorische Tätigkeit, die durch Appell an das Volk auf den Umsturz der Verhältnisse zielt. Die Anknüpfung an die Entfremdungserfahrung von Lenz darf in diesem Zusammenhang nicht als Resignation gewertet werden wie häufig in der Sekundärliteratur. Mit Lenz bestehen in der Sozialkritik und im literarischen Selbstverständnis deutliche Gemeinsamkeiten, die Büchner ein Selbstverständnis als Schriftsteller ermöglichen, das ein kontinuierliches revolutionäres Engagement auch in Straßburg einschließt. Der Bezug auf Lenz' sozialkritischen Realismus hilft Büchner auch, sich nicht nur von der Klassik, sondern auch vom Jungen Deutschland abzugrenzen – vor allem von dessen Illusion, »durch die Tagesliteratur eine völlige Umgestaltung unserer re-

ligiösen und gesellschaftlichen Ideen« erreichen zu können (an Gutzkow, 1. 1. 1836): »ich gehe meinen Weg für mich [...] ich zeichne
meine Charaktere, wie ich sie der Natur und der Geschichte ange-
messen halte.«

Die intensive Beschäftigung mit Lenz hinterläßt ihre Spuren nicht
nur in der Erzählung, sondern in weiten Teilen von Büchners Werk.
Leider gibt es hierüber noch keine zureichende Untersuchung. Diese
müßte sowohl den formalen als auch den inhaltlichen Anknüpfungen
und verändernden Wiederaufnahmen nachgehen. Nicht zufällig sind
Teile von Lenz' und Büchners Werken immer wieder für eine offene,
antiidealistische Dramenform in Anspruch genommen worden (zur
Kritik daran vgl. Guthrie). Sengle bezeichnet den »Woyzeck« als
»gereiften Sturm und Drang« (Biedermeierzeit. Bd. 3. Stuttgart
1980, S. 282). Schon Gutzkow sieht in ihm, der ihm durch die Teil-
publikation von Franzos 1875 bekannt wird, »ein Resisuum der
Lenz-Studien« (an Luise Büchner, 7. 5. 1876, mitgeteilt von Hauschild, Büchner. Königstein 1985, S. 52). Auch zwischen der ver-
quer artistischen, nur scheinbar als »Lustspiel« aufgehenden Struktur
von »Leonce und Lena« und der »Komödien«struktur bei Lenz gibt
es Entsprechungen. Wie Büchner hier mit verschiedenen zeitgenössischen Komödien- und Tragödienkonzeptionen spielt, versuchte dies
schon Lenz – vor allem im »Hofmeister« und »Neuen Menoza«. In
den Figuren Leonce, Woyzeck und – mit Abstrichen – Camille und
Danton nimmt Büchner die Thematik des »Lenz« wieder auf: Le-
bensüberdruß, Langeweile, Entfremdungs- und Leiderfahrung,
Selbstentfremdung bis zur Existenz als Automat, Wahnsinn. Eine
Untersuchung, die auch den zahlreichen versteckten kleineren verändernden Übernahmen nachgeben müßte, würde den Rahmen dieser Arbeit sprengen. Partikulare Vorarbeiten gibt es von Höllerer
und Mann.

Literatur zur Rezeption in der Romantik

Unglaub, S. 247–250

Literatur zu Schiller und Lenz

Rubensohn, Max: Schiller und Lenz. in: Euph. 12 (1905), S. 692 f.

Literatur zu Tieck

Genton, Elisabeth: Ein Brief Ludwig Tiecks über die nachgelassenen Schriften von Lenz: In: Jb. Stiftung Kippenberg NF 1 (1963), S. 169–184

Stöber, August (Hg.): Der Dichter Lenz im Steinthale (aus Pfarrer Oberlins Papieren gezogen). In: Erwinia 2 (1839), S. 6–8, 14–16, 20–22

Oberlin, Jean-Fréderic: Herr L ... Edition des bisher unveröffentlichten MSCR. Hg. von Hartmut Dedert, Hubert Gersch, Stephan Oswald u. Reinhard F. Spieß. In: Revue des Langues Vivantes 42 (1976), S. 357–385. Auch in: Lenz. Studienausgabe. (s.u.), S. 35–50

Büchner

Büchner, Georg: Lenz. Eine Reliquie. In: Telegraph für Deutschland, Nr. 5 (Jan. 1839), S. 7–11 u. 13–14. – In: Georg Büchner: Sämtliche Werke und Briefe. Nach der Historisch-Kritischen Ausgabe von Werner R. Lehmann. München 1980. S. 69–90; *Gersch,* Hubert (Hg.): Lenz. Studienausgabe. Stuttgart 1986. (Reclam 8210)

S: *Mann,* Grant Thomas: J. M. R. Lenz and George Büchner. A comparative study. Diss. phil. Univ. of Michigan 1979

Parker, John R.: Some reflections on Georg Büchner's ›Lenz‹ and its principal source, the Oberlin record. In: German Life and Letters 21 (1967/68), S. 103–111

Pütz, Heinz-Peter: Büchners Lenz und seine Quelle. Bericht und Erzählung. In: ZfdPh 84 (1965), S. 1–22

Stephan/Winter, S. 64–110

Thorn-Prikker, Jan: Ach die Wissenschaft, die Wissenschaft! Bericht über die Forschungsliteratur zu Büchners »Lenz«. In: Georg Büchner III. Sonderband text & kritik. München 1981. S. 181–197

Ueding, Cornelia: Denken sprechen handeln. Aufklärung und Aufklärungskritik im Werk Georg Büchners. Bern 1976

3.3. Umstrittene Kultfigur einiger Literaten – von Büchners Tod bis zum zweiten Weltkrieg

In der zweiten Hälfte des 19. Jahrhunderts beginnt sich ein kleiner Kreis von Autoren für Lenz zu interessieren. Es handelt sich um Lokalforscher und Außenseiter in der Literaturwissenschaft (Gruppe, Dorer-Egloff). Büchners »Lenz«-Erzählung wird erst im Naturalismus zu einem wichtigen Faktor in der Lenzrezeption. Trotz Gutzkows Publikation der Erzählung und der ersten Werkausgabe von Ludwig Büchner (1859), in der die vermeintlich fragmentarische Erzählung bearbeitet und ergänzt erscheint, wird auch Büchner zunächst nicht einer breiteren, literarisch interessierten Öffentlichkeit bekannt.

Mit der Orientierung an einem monumentalisierenden Bild des

»Dichterheros« Goethe werden die Urteile über Lenz als »Affen Goethes« weiter kolportiert – zum Beispiel sogar in den einflußreichen Literaturgeschichten Gervinus' und Hettners. Symptomatisch für das verbreitete Urteil ist ein Vorgang, den Karl E. Franzos, der Herausgeber der Büchnerausgabe von 1879 berichtet. Ihm verweigern in den siebziger Jahren zwei Zeitungen den Abdruck eines Aufsatzes, der Büchner in die Tradition von Lenz stellen soll. Die Redakteure verweisen auf die Unbekanntheit beider Autoren und auf ihren Mangel an »Kraft und Selbstzucht [...], sich die Beherrschung der Kunstform des Dramas zu erringen« (Karl E. Franzos: Über Georg Büchner. In: Deutsche Zeitung 29 (1901), S. 290, Zitat bei Jan Ch. Hauschild Georg Büchner, Königstein 1985, S. 109). Die Orientierung an der klassischen Dramenform, wie sie zum Beispiel in den Hohenzollerndramen Wildenbruchs noch einmal erneuert wird, trifft Lenz wie Büchner. Der Inhalt ihres Werkes steht auch dem gründerzeitlichen Optimismus entgegen. Entsprechend werden beide Autoren aufgewertet, als die Kritik an Gesellschaft und Staat wächst. So entdecken die Naturalisten Lenz sowohl als Subjektivisten als auch als Realisten.

Zunächst wächst ein Interesse an Lenz aufgrund der Entdeckung der Friederikegedichte, die die Aufmerksamkeit auf die Dreiecksbeziehung Goethe-Friederike-Lenz legen. Dieses Thema bearbeiten Friedrich Geßlers Drama »Reinhold Lenz« (1867) und Albert Grüns Schauspiel »Friederike« (1859). Geßler, dessen Stück zuerst im »Friederiken-Album« des Brion-Denkmal-Komitees veröffentlicht wird, schockt sein bürgerliches Publikum mit der »blutigen Kampfstatt« des Genies, das notwendig bürgerliche Ordnung, Sitte und Familie zerstöre. Einige Szenen aus den »Soldaten« adaptierend läßt Geßler Lenz zunächst den Desportes spielen, der die Keuschheit eines naiven Bauernmädchens zerstört. Anschließend läßt der Autor seinen Helden in den »heiligen Dom« von Friederikes Herz eindringen, wo sie die »Gebete« ihrer fortdauernden Liebe zu Goethe verrichtet, ihrem ungetreuen, dennoch aber von ihr glorifizierten Liebhaber. Als Lenz abgewiesen wird, zerstört er das Bildnis Goethes im Pfarrhaus und stürzt sich in freier Abwandlung der Gustchenszene aus dem »Hofmeister« in den Teich, wobei er den biederen Schulmeister, der ebenfalls aussichtslos in Friederike verliebt ist, gleich mit hineinzieht. Immerhin vermeidet Geßler ein tragisches Ende. Beide werden gerettet, aber Lenz ist »doch verloren«. Sein »Wahnsinn« der ihn den »Quell des Lichts« nicht mehr erkennen läßt, wird motiviert mit der Absage des Sohnes an die bergende und rettende Einheit mit der Mutter, in die auch Salzmann den »Heimatlosen« nicht mehr zurückführen kann. Diese knappe Zusammenfassung zeigt, daß

Geßlers Lenzfigur wenig mit dem historischen Autor, viel aber mit dem bürgerlichen Bewußtsein von 1867 zu tun hat. Geßler wiederholt – sehr im Gegensatz zu Büchner – die Ausgrenzung des Wahnsinnigen aus dem kommunikativen Zusammenhang der Menschen und will die bürgerlichen Normen von Sitte und Anstand durch das abschreckende Beispiel eines pathologischen Außenseiters festigen, der von ihnen abgefallen ist.

Die Friederike-Thematik nimmt auch großen Raum in der fünfzehnteiligen »Novelle« Wilhelm Benneckes »Reinhold Lenz« (1871) ein. Der Autor erscheint als unglücklich Liebender und auf Goethe fixierter Dichterkonkurrent und als exzentrischer Bohemien, der, hochbegabt, wahnsinnig wird. Goethes Urteil in »Dichtung und Wahrheit« wird trivialisiert und romanhaft ausphantasiert: »Das lag nun einmal in seiner Natur: Lust in Leid und Glück in Unglück zu verkehren.« »Reinhold Lenz, armes, hochbefähigtes Menschenkind, der Du ein Leben hattest, so verfehlt wie vielleicht kein Anderer auf Erden nach oder vor Dir.«

1863 bearbeitet der Wiener Dramatiker Eduard von Bauernfeld Lenz für die Bühne des Wiener Hof-Burgtheaters: »Soldatenliebchen. Schaupiel in vier Acten. Zum Theil nach Lenz: Die Soldaten.« Möglicherweise ist Bauernfeld von Hebbel auf Lenz hingewiesen worden, dessen Frau die Rolle der Mutter Stolzius' spielt. Hebbel hat sich zwar mit Lenz beschäftigt, kann aber aufgrund seiner eigenen, anders ausgerichteten Poetologie nur wenig Verständnis für den Autor aufbringen. Thema der »Salonstücke« Bauernfelds ist immer wieder der friedliche ›Klassenkompromiß‹ zwischen Adel und Bürgertum durch Heirat. Entsprechend entwickelt sich die Liebelei des Offiziers, der hier Könneritz heißt, zur großen Liebe. Er heiratet Marie.

Ungleich tiefer und vielfältiger gestaltet sich die Rezeption der »jammervollsten aller Literaturleichen« (Bleibtreu) in Naturalismus und Expressionismus. Die Autoren beider Literaturrichtungen entwikkeln aus unterschiedlichen Gründen ein Bewußtsein für die Notwendigkeit, an vermeintlich ›unzeitgemäße‹ Dichter wieder anzuknüpfen. Zu diesen, die »isoliert, kämpfend, müde [...] einer gar baldigen Vergessenheit anheimgefallen« seien, zählt Julius Hillebrand, der Verfasser der Programmschrift »Naturalismus schlechtweg« (1886), Lenz (In: Literarische Manifeste des Naturalismus. Hrsg. von Erich Ruprecht. Stuttgart 1962. S. 67). Im Zeichen des Naturalismus opponiert seit den achtziger Jahren eine junge Generation gegen die Dominanz einer verklärten Klassik, aus der das übersteigerte Großmachtbewußtsein des jungen Kaiserreiches nach dem Sieg gegen

Frankreich ideologisches Rüstzeug gewinnt. Dieser Gegensatz begünstigt die Anknüpfung an den Sturm und Drang. Um 1885 projiziert die junge Generation ihr Selbstbild in das der Genies von 1770. Mit diesen teilt sie die Betonung von Begeisterung und Phantasie, verbunden mit dem Pathos des Jugendlichen und Neuen und das offene Hineintragen eigener Zeiterfahrung in die Dichtung. An die Stelle einer idealistisch stilisierten Sprache soll die gesprochene treten, zum Beispiel der Dialekt. Hinzu tritt schon früh eine weitere Gemeinsamkeit: die sozialkritische Wirkungsabsicht.

Entsprechend weisen die Brüder Hart in den »Kritischen Waffengängen« (1882) immer wieder auf den Sturm und Drang und auf Lenz hin, vor allem wenn sie Lyrik besprechen. Der Anthologie der jungen »Stürmer und Dränger« »Moderne Dichtercharaktere« (1885) sind zwei Motti von Lenz vorangestellt: »Wir rufen dem kommenden Jahrhundert« und »Der Geist des Künstlers wiegt mehr als das Werk seiner Kunst«. Im gleichen Jahr nimmt Carl Bleibtreu in seiner Programmschrift »Revolution der Literatur« energisch Partei für Lenz und fordert auf, ihn zu studieren, von ihm zu lernen. Die »furchtlos gebliebenen Bemühungen der älteren Stürmer und Dränger, [...] die Tragik der alltäglichen Wirklichkeit zu gestalten«, seien eine »heilsame Reaktion gegen die kosmopolitischen und antiken Neigungen der großen Dioskuren«.

»An Tiefblick für das Tragische, an echtestem Realismus des Schmerzes steht aber ›Der Hofmeister‹ von Lenz für mich hoch über allen anderen Erzeugnissen dieses Styls. [...] An unmittelbarer *Wahrheit*, an wirklicher Lebenskenntnis und Charakteristik bleiben auch die künstlerisch verfehlten Producte Lenz' immer noch unerreicht.

1885 und noch 1900 setzt Bleibtreu Lenz sogar weit über Büchner (in: Marlowe, Grabbe und Lenz. In: Wiener Rundschau 4 [1900], S. 429—432). Diese Wertung ruft bei Hans Landsberg energischen Widerspruch hervor (Der Fall Georg Büchner. In: Wiener Rundschau 5 [1901]). Dessen allzu übersteigerte Büchner-Apologie gleicht dann Franzos wieder aus (Über Georg Büchner. In: Deutsche Dichtung 29 [1901], S. 195—203, 289—300). Einer der beiden Herausgeber der »Modernen Dichtercharaktere«, Wilhelm Arent, identifiziert sich mit Lenz so stark, daß er ihn als ein »alter Ego« ansieht. Psychisch labil und gefährdet, entwickelt Arent eine hektische Schreibaktivität. In einer Nervenheilanstalt verfaßt er als Neunzehnjähriger die »Mystifikation« (Arent in: Mein alter Ego. In: Die Gesellschaft 8 [1892]) »Reinhold Lenz. Lyrisches aus dem Nachlaß« (1884). In ihr stellt er Lenz als einen »ebenbürtigen Rivalen des ›jungen Goethe‹, gleich groß als Lyriker und Dramatiker« vor. In einer Einleitung skizziert er die Forschungslage, wobei er der herrschenden Meinung seit Tieck ihre einseitige Goetheorientierung vorwirft, und preist Lenz' Werk als »Ausfluß des übervollen, überquellenden Herzens«, überzarter Sensibilität und einer »Liebessehnsucht, die nie befriedigt war, weil sie nie auf dieser Erde befriedigt werden konnte«. Zur Hauptsache besteht das Buch aus kommentierten Gedichten Lenz'. Arent erweist sich freilich nicht nur als ein guter, wenn auch in seinem Enthusiasmus unkritischer Lenzkenner, sondern er mischt eigne, nicht als solche gekennzeichnete Nachdichtungen zwischen die wirklichen Lenztexte. Angeblich hat er sie aus den Händen des holländischen Autographensammlers Donoop erstanden. Arents Identifikation mit dem Autor geht nämlich so weit, daß er sich – nach der Aussage Halbes in »Scholle und Schicksal« (München 1933. S. 417 f.) – als »Reinkarnation von Lenz« sieht, und zwar »nicht nur bildlich, sondern ganz wörtlich genommen«. Arent erklärt es zu seiner Pflicht, »für den Rahmen seines eigenen früheren Ichs, somit eigentlich für sich selbst das Nötigste zu tun« (Halbe). Für Arent steht folgerichtig der Subjektivist Lenz im Vordergrund. »Schroffster Subjektivismus, welcher sich im Augenblick ohne jede Spur von Reflexion auslebt, gilt mir als einzig berechtigte Lyrik.« (»Reinhold Lenz«) Aus eigener Geniesucht, zwanghaft gesuchter Einheit von Kunst und Leben entsteht eine sehr persönliche, aber im Grunde die Eigenart des Lyrikers Lenz verfehlende Rezeption. Mit seiner Publikation will Arent offensichtlich nicht nur sich ins Gespräch bringen, sondern ganz gezielt auch die Goethephilologie herausfordern. Diese reagiert entsprechend. Erich Schmidt spricht zum Beispiel in der Münchner »Allgemeinen Zeitung« (18./19. 10. 1884) von dem Gassenjungen, der es gewagt habe, »Kot gegen die Sterne zu werfen«. Der Leipziger Germanist Friedrich Zarncke richtet an den Buchhandel gar den Appell, das Werk nicht zu vertreiben (»Literarisches Zentralblatt« 13. 6. 1885/12. 9. 1885).

Arent macht den jungen Halbe auf Lenz aufmerksam, der »in einigen heißen Tagen und Wochen« dessen dramatisches Werk liest und das Ergebnis dieser Studien in der »Gesellschaft« veröffentlicht: »Der Dramatiker Reinhold Lenz. Zu seinem hundertjährigen Geburtstage« (1892). Im gleichen Heft gedenkt Arent Lenz' mit einem Gedicht »Reinhold Lenz«. Halbe erinnert sich in »Scholle und Schicksal«, daß auch Otto Brahm, der seit 1889 die »Freie Bühne« mit leitet, ihn auf Lenz hingewiesen habe. Er habe ihn als »eine Erscheinung wie Lenz« bezeichnet und ihm prophezeit, er werde »wohl auch so enden«. Solche Äußerungen zeigen, wie Lenz zu einer Kultfigur in der naturalistischen Bewegung wird. Nach Albert Soergel leben die jungen Autoren – vor allem in Berlin, Zürich und

Wien – vor der Jahrhundertwende »das einbildungsreiche Leben vermeintlicher Genies. Ein Grabbe, ein Lenz zu sein, ist ihre Sehnsucht« (Albert Soergel: Dichtung und Dichter der Zeit. Leipzig 1912. S. 85). Zu dieser Aussage paßt, daß Otto Julius Bierbaum in seinem Künstler- und Bohèmeroman »Stilpe« (1897) von einem Lenz-Zirkel unter Gymnasiasten berichtet. Die jungen Autoren zieht die Einheit von Kunst und Leben bei Lenz an. Er wird als Außenseiter und Bohèmien gesehen. Sein Scheitern erhöht eher die Identifikation.

Für Halbe steht in Lenz' Stücken »die Formel des naturalistischen Charakterdramas vor uns«. Er beschreibt Lenz' Ziele als Dramatiker, den »Hofmeister«, die »Soldaten«, »Die Freunde machen den Philosophen« und den »Engländer«. Halbe zeigt Lenz als einen »jungen Revolutionär«, der aus Shakespeareschem Geist das deutsche Drama neu begründet habe, indem er den Vorrang der Charaktere gegenüber der Handlung, sowie die Einheit des Interesses gegenüber der Einheit der Handlung verwirklicht habe. Gerade Lenz' Wirkungsabsicht, seine Versuche, sich in zeitgenössische Verhältnisse einzumischen, werden jetzt zum Argument, Stücke wie den »Hofmeister« positiv gegenüber Goethe hervorzuheben. Der Abstand zur Gegenwart vermindert sich radikal, wenn Halbe am Beispiel des »Hofmeisters« fragt:

»Bist du das nicht? Sind wir das nicht, die dort agieren? und mit einem Male wird uns Erlebnis, daß Raum und Zeit nur Anschauungsformen und hundert und tausend Jahre werden uns wie der Tag, der gestern vergangen ist.«

Halbe stellt eine Aufführung der »Soldaten« in Aussicht, die aber nicht zustandekommt. Erst 1911 regt der Theaterwissenschaftler und Germanist Arthur Kutscher in München eine Aufführung an, die im Künstlertheater mit großem Erfolg stattfindet und diesem Stück fortan die Bühnen öffnet (vgl. Genton).

Max Halbe berichtet in »Scholle und Schicksal« (S. 418) auch, daß er zu seinem Drama »Jugend« durch die Identifikation mit Lenz angeregt worden sei. Lenz' Erlebnisse in Sesenheim, die er in dem Gedicht »Die Liebe auf dem Lande« verarbeitet hat, verbinden sich für Halbe mit eigenen Erfahrungen zum »Zeugungsfunken« für das Stück. Dabei hilft die Beschäftigung mit Lenz Halbe, die eigenen Grenzen eines »naturalistisch getreuen Bildes der Wirklichkeit« zu überwinden. Er will »Menschlichkeit im Bunde mit Schönheit, als Gegensatz zu dem die Bühne beherrschenden Grau in Grau«. Die thematische Korrespondenz zwischen »Jugend« und Lenz' Werken liegt im Konflikt zwischen Triebhaftigkeit und Moral, Natur und

Zwang. Mit Lenz teilt der Autor den jugendlichen Ansturm gegen die Konventionen und Vorurteile der Erwachsenen.

Beim jungen Gerhart Hauptmann dominiert die Büchner – über die Lenzrezeption. Sein Lenz-Bild ist vorwiegend über Büchners Lenzfigur vermittelt. Seit Hauptmann verknüpfen sich bei vielen Autoren Lenz- und Büchnerrezeption. Dazu trägt bei, daß die Naturalisten nach Lenz auch Büchner entdecken. Ob Hauptmann sich überhaupt ausführlich mit dem Werk des historischen Lenz auseinandergesetzt hat, ist bisher noch nicht gründlich untersucht worden. Immerhin werden 1887 im naturalistischen Zirkel »Durch«, wo Hauptmann Büchner vorstellt, in der Diskussion gleich Bezüge zu Lenz hergestellt. Dieser habe ebenfalls »etwas Stürmisches« gehabt und konnte gleichfalls »nicht zur vollen Entfaltung gelangen«, während die »zukünftige Literaturgeschichte nur das Ausgereifte gelten« lasse (Protokoll Bergs, zit. bei: Requardt/Machatzke, S. 40). Und in dem Züricher Dichterzirkel, dem sich Hauptmann 1888 anschließt, kreisen die Gespräche auch häufig um Lenz, wie jener in »Aus meinem Leben« vermerkt.

In einem Punkt deckt sich die Grundeinstellung des jungen Dramatikers von vornherein mit der Lenz': in dem wiederbetonten Primat der »Charaktere« über die »Handlung« im Drama, dem ja auch Halbe und Bleibtreu folgen:

»Was man der Handlung gibt, nimmt man den Charakteren. Wo du auch immer dem begegnest, was dramaturgische Schädlinge immer vermissen, immer suchen und niemals erkennen, wo es vorhanden ist, eben das, was sie auch mit dem Namen ›Handlung‹ bezeichnen – nimm, was du findest, wenn dir die ›Handlung‹ begegnen sollte, Axt, Knüppel oder den ersten Stein, der dir gerade zur Hand ist, und schlage sie tot.« (Einsichten und Ausblicke. Dramaturgie.)

In einem partiellen Gegensatz zum Postulat des Charakterdramas, aber in Korrespondenz mit Lenz steht die Absicht in den frühen Werken, den Einfluß der Umstände auf die Figuren, ihre Determiniertheit darzustellen: »Immer mehr ›Undramatisches‹ dramatisch zu begreifen ist der Fortschritt« (Einsichten und Ausblicke. Dramaturgie). Das Büchner-Lenzsche Vorbild bestärkt Hauptmann sowohl in seiner Ablehnung eines epigonalen Klassizismus, dem er sich anfangs noch genähert hatte, als auch in seiner Distanz zu einer Kunst als »absoluter Nachahmung« der Natur, die er bereits 1885 in dem Aufsatz »Über das Bemalen der Statuen« formuliert. Eine verwandte Position findet Hauptmann im Kunstgespräch von Büchners »Lenz«, wo sowohl eine idealistische wie eine äußerlich wirklichkeitsgetreue Kunst attackiert wird zugunsten einer solchen, die »die Natur am wirklichsten« wiedergibt.

Deutlicher und intensiver ist der Einfluß des Dramatikers Lenz auf Wedekind. Dieser kommt mit dem Werk des Stürmers und Drängers über den Züricher Dichterkreis Ende der achtziger Jahre in Berührung. Über die Diskussionen in diesem Kreis, dem unter anderem Carl und – zeitweilig – Gerhart Hauptmann, Karl Henkell, John Henry Mackay und Peter Hille angehören, berichtet Kutscher, daß die geäußerten Standpunkte weit auseinanderliegen. »Am ehesten verstand man sich noch, wenn die Rede auf Lenz, Grabbe oder Büchner kam« (Wedekind. München 1964. S. 52). Auch im Münchner Kreis um Wedekind ist Lenz' Werk ein Diskussionsgegenstand. Zu diesem Kreis gehören unter anderem der Lenz-Editor Franz Blei und Otto Falckenberg, der Mitbegründer des Kabaretts »Elf Scharfrichter«. Falckenberg wird 1916 Leiter der Münchner Kammerspiele und führt im gleichen Jahr den »Engländer« erstmals auf, später auch andere Werke: »Die Soldaten« und »Die Buhlschwester«.

Leider fehlt bisher eine eingehende Untersuchung der Einflüsse Lenz' auf Wedekind. Dessen »Frühings Erwachen« (1891) korrespondiert schon im Thema der Erziehung mit dem »Hofmeister«. An der Art der Erziehung und am Wesen der Erzieher zeigen beide Stücke das Wesen der Gesellschaft auf. Beide drücken die Erfahrung einer Zeit gesellschaftlichen Stillstands aus und können als realistischer Ausdruck gesellschaftlicher Mangelerfahrungen interpretiert werden. Die grundsätzliche Kritik der pädagogischen Institutionen und ihrer Agenten läßt in beiden Werken eine Reformperspektive letztlich nicht zu. Brecht zeigt in seinen »Lenz-Studien«, daß der »Hofmeister« keine reine Komödie werden konnte, weil die gesellschaftlichen Verhältnisse dem widersprachen. Entsprechend kann Wedekind keine reine »Kindertragödie« schreiben. Wie schon Irmer (in: Der Theaterdichter Frank Wedekind. Berlin (DDR) 1975. S. 111) bemerkt hat, paßt auf »Frühlings Erwachen« Lenz' Komödiendefinition in der »Menoza«-Rezension: »Komödien sind Gemälde der Gesellschaft. Und wo die ernsthaft wird, kann das Gemälde nicht lachend werden.« Tragödien sind den Figuren bei Wedekind entsprechend nur in der Form der Komödie gestattet. »Ich glaube, daß das Stück um so ergreifender wird, je harmloser, [...], je lachender es gespielt wird.« (Briefe II, Nr. 279)

Die Personen werden um der Sache willen vorgeführt. Eine ›Einheit des Interesses‹ hält das Stück zusammen, nämlich »die Erscheinungen der Pubertät bei der heranwachsenden Jugend poetisch zu gestalten« (Briefe I, Nr. 79). Um das chaotische Ineinander sozialer, institutioneller, ideologischer und psychischer Zwänge zu gestalten, schreibt Wedekind statt eines Konversationsstückes ein offenes Drama, dessen Formprinzipien (zum Beispiel die lockere Szenenreihung) an Lenz erinnern. Die Figuren können dabei wie bei Lenz ihre eigentlichen Antriebe nur begrenzt oder gar nicht formulieren. Wie im »Menoza« sind viele Figuren bloße Personifizierungen, die durch eine Gebärde, eine Geste in ihrem Spielraum festgelegt werden. Der so entstehende Eindruck des Marionettenhaften führt schon für Kayser (Das Groteske in Malerei und Dichtung. Reinbek 1960) bei beiden Autoren in die Nähe des Grotesken. Freilich ist Kaysers Untersuchung zu stark an den bloßen Formen interessiert, ihre sozial-kritische Funktion wird ausgeklammert. So kann er Wedekind »pervertierte Erbauungsliteratur« vorwerfen. Damit hat er insofern recht, als beide Autoren in den Verrenkungen der Figuren, der Vermischung eigentlich getrennter Realitätsbereiche, den jähen Widersprüchen, Umschlägen und Abbrüchen in Dialog, Szenen und Handlung die Verletzung und Verzerrung des Menschlichen in der jeweiligen Gesellschaft zeigen wollen.

Ein wichtiger Einfluß auf Naturalisten und Expressionisten geht von Büchners erzählerisch vermitteltem Lenz-Bild aus. Die Thematik des Wahnsinns, überhaupt in der zeitgenössischen Literatur wichtig, steht dabei im Vordergrund. Der fünfundzwanzigjährige Hauptmann liest Büchners Erzählung in der Ausgabe von Franzos und trägt im naturalistischen Verein »Durch«, dem unter anderem Leo Berg und Eugen Wolff angehören und zu dem Alberti, Bleibtreu, Bölsche, die Brüder Hart und Arno Holz Kontakt halten, am 17. 6. 1887 Auszüge vor. Hauptmann betreibt in Erkner und 1888 in Zürich einen regelrechten Büchner»kultus«, wie er in »Aus meinem Leben« beschreibt. Dieser beruht auf einer persönlichen wie literarisch-künstlerischen Identifikation mit »diesem wie eine glühende Lava aus dichterischen Tiefen emporgeschleuderten Dichtergeist«, den er »bei allem Abstand seiner Einmaligkeit« als einen »Verwandten von uns« ansieht (»Aus meinem Leben«). Hauptmann unterschlägt hier seine – auch – politische Identifikation mit Büchner. Immerhin muß er 1888 wie Büchner vor einer drohenden Verhaftung aufgrund der Sozialistengesetze nach Zürich ausweichen. Das dortige Grab Büchners wird für ihn und seine Freunde »ein ständiger Wallfahrtsort«.

Allerdings vermeidet Hauptmann ein politisches Engagement. Er entnimmt seinem Vorbild gerade die Distanz zu aktuellen politischen Bewegungen und literarischen Programmen. So verwundert es nicht, wenn die Rezeption des Büchnerschen Lenz-Bildes sich nicht auf die aufrührerischen Elemente bezieht, sondern vor allem auf die Beschreibung der Symptome von Schizophrenie und Wahnsinn, auf Stilmerkmale und Motive wie die Verbindung von Natur- und seelischer Stimmung. In der novellistischen Studie »Bahnwärter Thiel«

(1888) ist die Gestaltung des psychischen Prozesses wesentlich durch Büchner angeregt. Thiel ist – bei allen signifikanten Unterschieden – eine Büchners Lenz verwandte Gestalt. Er ist ebenfalls durch ein schweres Schuldgefühl und eine tiefe Gespaltenheit charakterisiert. Wie Lenz ist er unfähig, sich auszusprechen und verstummt am Ende ganz. Hauptmann knüpft auch, wenn auch mit anderer Wendung, an die »Heiligung« der Mutter und die Muttermordphantasien im »Lenz« an. Der Protagonist Thiel belegt ferner die Beeinflussung durch das im Kunstgespräch formulierte Programm, sich in das Leben eines »Geringsten« zu versetzen. In dieser Anknüpfung drückt sich die sozialkritische Einstellung des frühen Hauptmann aus. Am deutlichsten zeigt sich der Einfluß des »Lenz« im Stil. Fischer ist ihm nachgegangen. Er hebt unter anderem den Gebrauch des Mienenspiels hervor, Wortanklänge wie »Wühlen«, »Angst«, die Entsprechung von seelischer Bewegung und Landschaftsstimmung, die Lichtmetaphorik, das »Lachen« des Atheismus. Die Studie »Apostel« (1890) haben Requardt/Machatzke zu Recht als »psychologische Fallstudie religiöser Wahnvorstellungen mit den Mitteln einer an der Sprachkunst Georg Büchners geschulten dichterischen Darstellung« bezeichnet (S. 234). Hauptmann knüpft hier an einen Teilaspekt des Lenz-Bildes an, vermeidet aber eine grundsätzliche Infragestellung der Religion. Die Spannung der Erzählung erwächst aus dem heftigen Schwanken zwischen dem Glauben an die Berufung und dem Zweifel an ihr, der Hingabe an grandiose Wahnphantasien und der durchbrechenden Selbsterkenntnis. Auch der Segelmacher Kielblock in »Fasching« (1887) ist eine Lenz verwandte Figur. Sein sich ins Maßlose steigernder Anspruch auf Lebensintensität, auf Sichausleben führt in der Konfrontation mit der zunehmend abweisenden, unheimlichen Natur zum Außersichsein und zum Wahnsinn, der ihm und Marie den Tod bringt.

Wie die Naturalisten steht die junge Generation der expressionistischen Dichter dem herrschenden Kult des Klassisch-Vollendeten und -Erhabenen kritisch gegenüber. Georg Heym notiert am 20. 7. 1909 in sein Tagebuch: »Ich liebe alle, die in sich ein zerrissenes Herz haben, ich liebe Kleist, Grabbe, Hölderlin, Büchner [...] Ich liebe alle, die oft so an sich verzweifeln, wie ich fast täglich an mir verzweifle.« Am 10. 12. 1911 schreibt Heym:

»In dreihundert Jahren werden die Menschen sich an den Kopf fassen, wenn sie unsere Leben sehen. Sie werden sich wahrhaftig fragen, wie die Günther, Lenz, Kleist, Grabbe, Hölderlin, Lenau, die Hoddis, Heym, Frank überhaupt so weit durchgekommen sind. Und wie es für diese Naturen (die zu anständig waren, um zu compromißlern, wie Goethe, Rilke, George etc.) in dieser trüben und vor Wahnsinn knallenden Zeit überhaupt noch möglich war, sich durchzuschlagen.«

Das Thema ›Wahnsinn‹ behandelt Heym in der Erzählung »Der Irre« (1913) – allerdings mit dem wesentlichen Unterschied zu »Lenz«, daß er auf jegliche historische und gesellschaftliche Konkretion verzichtet, die Wahrnehmung von – im Gegensatz zu Lenz – von vornherein fortgeschrittener Umnachtung in einem zeitlosen Raum vor sich gehen läßt. Die Berührungspunkte liegen weniger in der Figur des Irren, der, statt seine Aggressionen gegen sich selbst zu richten, sie radikal auf seine Umwelt konzentriert. Der Kindermord – bei Lenz gibt es Morde nur in der Imagination – führt zu einer Auferweckungsszene, die in Aufschwung und Scheitern Büchner nachgestaltet ist. Allgemein liegen die Berührungspunkte in der Gestaltung der Symptome des Wahnsinns: im Wechsel zwischen Ruhe und Bewegung, zwischen Selbstvergottung und Depression, in der Bewußtseinsspaltung.

Georg Trakls Traumtext »Traum und Umnachtung« erscheint 1914 kurz vor einem Wiederabdruck von Büchners Erzählung in der Zeitschrift »Der Brenner«. Er dokumentiert deutlicher als Heyms Text eine »Lenz«-Faszination. Schon der Titel verweist auf Schlüsselwörter aus der Erzählung. Auch hier verzichtet der Dichter auf jede zeitliche und örtliche Konkretion. Der hermetische Text signalisiert einen Kommunikationsabbruch, dem nicht wie im »Lenz« ein vorweggehendes positives Programm der Veränderung von Literatur und Gesellschaft gegenübersteht. Wichtige Motive wie Schuldgefühl, Mord- und Todesphantasien, vor allem das Mutterbild – auch ihre Epiphanie – und die Rolle des Priesters als Gott vertretendes Wesen erinnern an »Lenz«. Von Schierks und Goltschnigg durchgeführte Textvergleiche des zweiten Abschnittes mit den entsprechenden »Lenz«-Passagen ergeben weitgehende Korrespondenzen. Allerdings schmilzt Trakl diese Entlehnungen in einen neuen stilistischen und inhaltlichen Zusammenhang ein, der mit dem seiner Gedichte korrespondiert. Eindeutig wird durch den Träumer hindurch erzählt, es fehlt die bewegte Optik des Wechsels von Innen- und Außenperspektive.

Phänomene des Wahnsinns bilden ein wichtiges Thema in Trakls Werk überhaupt. »Es ist ein so namenloses Unglück, wenn einem die Welt entzweibricht«, schreibt er Ende November 1913 an Ficker. Diese Grunderfahrung vermitteln die Traumsequenzen. Die Bilder und Erinnerungssplitter, die aus dem Vorbewußten kommen, werden dabei in Mythen verwandelt, deren Archaik den Text deutlich gegen den Heyms abhebt, der in einer Stadtlandschaft spielt. (Später wird Peter Schneider Lenz in die Großstadt verlegen.) Natur und

Dorf sind Teil einer Seelenlandschaft. Wie im »Lenz« signalisieren sie eine Idylle, die den Träumer nicht mehr birgt. Sein Verhältnis zu ihnen drückt entsprechend seine innere Gespaltenheit aus.

Auch Alfred Döblins Erzählung »Die Ermordung einer Butterblume« (1910) zeigt in den Naturbildern und den dargestellten Symptomen eines schließlich »unrettbaren Wahnsinns« einen deutlichen »Lenz«-Einfluß. Im Unterschied zu Lenz ist Herr Fischer freilich der Typ des durchschnittlichen Bürgers. Durch die »Ermordung« einer Butterblume wird die Natur ihm zu einer fremden, gefährlichen Macht, deren Zorn er nicht mehr befriedigen kann: Wie bei Büchner ist dieses Naturbild Ergebnis von Projektionen. Latente Schuldkomplexe verdichten sich in ihm, so die »gemordete« Geliebte und die »gemordete« Schwiegermutter. Wie Lenz inszeniert Fischer einen Auferweckungsversuch, der scheitert.

Zu der posthumen Veröffentlichung von Hugo von Hofmannsthals »Andreas«-Fragment bemerkt Hauptmann, er habe häufig mit jenem über »Lenz« gesprochen und er finde, daß in der Erzählung »der Einfluß des ›Lenz‹ erkennbar« sei (C. F. Wilhelm Behl: Zwiesprache mit Gerhart Hauptmann. München 1949. S. 74). Hofmannsthal übernimmt 1912 Büchners »Lenz« in seinen Sammelband »Deutsche Erzähler«. Das Prosafragment »Andreas«, das er in einer ersten unvollständigen Fassung im gleichen Jahr niederschreibt, knüpft an die Motivik des Wahnsinns an. Es behandelt die Reise des jungen Wiener Adligen Andreas von Ferschengelder nach Venedig, die er begründet mit der »schwierigen, schleppenden Rekonvaleszenz nach einer seelischen Krise, Spuren von Anhedonia, von Verlust des Wertgefühls, Verwirrung der Begriffe«. Eigentlich geht es Andreas darum, seine tiefe Gespaltenheit zu überwinden, die sich in seinem doppelten Frauenbild (Maria/Mariquita – Kokotte und Heilige) ebenso zeigt wie den einfühlsam-altruistischen und den egoistisch-zerstörerischen Anteilen seiner selbst. Letztere zeigen sich in seiner Bindung an den bösen Reitknecht und im Erlebnis mit dem Hund, den er als Kind brutal getötet hat. Die Erzählung zielt auf die Versöhnung von Andreas mit sich selbst. Diese soll in der Hochzeit mit dem Kärtner Bauernmädchen Romana vollzogen werden, die in Venedig, wo Andreas immer mehr in gegensätzliche Strebungen zerfällt, die Erinnerung an die Einheit verkörpert: »Er ahnte, daß ein Blick von hoch genug alle Getrennten vereinigt […] Er hatte Romana überall, er konnte sie in sich nehmen, wo er wollte.« Für Hofmannsthal sind die Widersprüche offensichtlich aufhebbar – im Gegensatz zu Büchner, dessen Lenz mit dem »So lebte er hin« einen vorweggenommenen Tod erleidet. Insofern ist Andreas nicht Lenz' Bruder, sondern sein »Überwinder« (Stephan). Die Berührungspunkte liegen in den schizothymen Symptomen und ihrer sprachlichen Vergegenwärtigung, die bis in einzelne Bilder und Wortkomplexe Korrespondenzen zu Büchners Erzählung aufweist – vor allem im Finazzer-Kapitel. Unter den Fortsetzungsplänen von 1913 findet sich eine Begegnung von Andreas mit der »Frau an der Aar« aus Lenz' Ballade »Die Geschichte auf der Aar« (1777). Die Begegnung mit dem Unglück dieser Frau, die ihren Mann beim Umschlagen ihres Bootes auf der Aar verliert und nur durch sein Selbstopfer gerettet wird, soll als ein »Augenblick« gestaltet werden, der Andreas »trifft« und aufgrund dessen er beten kann. Hofmannsthal verwendet dieses Gedicht auch im »Adligen Kaufmann«, einem Dramenfragment aus dem Nachlaß und in dem Erzählfragment »Die Heilung«, das 1910/12 datiert ist. In dieser Erzählung will Hofmannsthal das »Hauptmotiv ›Schwermut‹« »combinieren« mit dem Motiv der Frau an der Aar. »Auf diese Frau drückt so furchtbar die Wirklichkeit des Geschehenen, das Unaufhebliche.«

Robert Walser veröffentlicht 1907 in der »Schaubühne« einen Aufsatz über Lenz' »Soldaten« (Nr. 38, 19. 09. 1907), für deren Aufführung er sich einsetzt. Sein kurzes Szenenfragment »Lenz« (veröffentlicht April 1912 in der »Schaubühne«) beinhaltet eine Annäherung an den Autor, die sich ihre Perspektive nicht durch Büchners Erzählung vorgeben läßt. Sie dokumentiert eine Einfühlung in die Person, die wesentlich dadurch motiviert ist, daß Walser sich selbst sein Leben lang einen Platz an der »Peripherie der bürgerlichen Existenz« (Gespräch mit Carl Seelig, 1941) zuweist. Er identifiziert sich dabei mit denen, die im Schatten der Großen stehen.

Walser rekonstruiert die Dreieckskonstellation Goethe-Friederike-Lenz und zeigt die Konkurrenz, ja unaufhebbare Antinomie zwischen den beiden Dichtern auf. Diese vergegenwärtigt er an den unterschiedlichen Perspektiven, die beide beim Blick vom Straßburger Münster herab entwickeln. Goethe formt eine Landschaft, in der »Ordnung [...] das Schöne« ist. Lenz dagegen vertritt die Produktivität des Chaos: »In unsere deutsche Literatur muß der Sturm fahren, daß das alte, morsche Haus in seinen Gebälken, Wänden und Gliedern zittert.« Am Weimarer Hof kann sich Lenz entsprechend nicht »anschmiegen«. Er begeht »Unziemlichkeiten«, ist nach Goethe ein »Esel«, der auf eine »sanfte Manier« fortgeschafft werden muß.

Walser nimmt Büchners Konfrontation von Sturm und Drang und Klassik auf, spitzt sie aber auf Lenz und Goethe zu, was Büchner offensichtlich bewußt vermieden hat.

Seit der Aufführung der »Soldaten« (1911) durch Arthur Kutscher wird dieses Stück immer wieder von Bühnen und Regisseuren entdeckt, zum Beispiel 1916 von Max Reinhardt und 1920 von E. L. Stahl. Genton weist nach, daß im und nach dem ersten Weltkrieg auch andere Stücke Lenz' entdeckt und gespielt werden: mehrere Plautusübersetzungen, sowie »Der Engländer« und die Shakespeare-übertragung »Amor vincit omnia«. Der Komponist und Bremer Generalmusikdirektor Manfred Gurlitt, der 1920 eine »Wozzek«-Oper komponiert und 1926 uraufgeführt hat, bearbeitet 1930 »Die Soldaten« für das Musiktheater. Die Oper wird ein großer Erfolg, wie die Zahl der bei Genton dokumentierten Inszenierungen zeigt. Gurlitt konzentriert sich auf Marie, die untreue Verlobte und Stolzius, den betrogenen Liebhaber. Das Liebesdrama steht im Vordergrund. Die Darstellung des Soldatenmilieus hingegen tritt deutlich zurück.

Gurlitts Bearbeitung ist nicht die einzige produktive Aneignung von Lenz im Musiktheater der Weimarer Republik. Franz Lehàr gibt in einer seiner erfolgreichen Gesangsoperetten, dem Singspiel »Friederike« (1928) Lenz eine Hauptrolle, durch die er einem breiteren Bühnenpublikum bekannt wird. Das Libretto haben Ludwig Hirzer und Fritz Löhner-Beda erarbeitet. Im Mittelpunkt steht Goethes Sesenheimer Liebeserlebnis. Zwischen Goethe und Lenz wird ein deutlicher Abstand gehalten. Lenz ist der ewig unglücklich und erfolglos Verliebte, Goethe der große Dichter und erfolgreiche Liebhaber, der aufgrund unglücklicher Umstände dann doch mannhaft verzichten muß.

Waldfried Burggraf bearbeitet das Leben Lenz' für das Theater in dem fünfaktigen Drama »Weh um Michael«, das 1929 mit Erfolg in Nürnberg erstaufgeführt wird. Die biographische Anknüpfung an den »Schatten zerbrochenen Lebens« ist sehr frei und zum Teil von den damals schon bekannten historischen Fakten her gesehen fehlerhaft. Die reißerisch-kolportagehafte, aber geschickt gebaute Handlung zeigt einen Lenz, der in jeder Hinsicht von vornherein sich in einer Schieflage zur Welt befindet, die ganz zwangsläufig ihn am Ende in den Wahnsinn führt. Er solidarisiert sich in einer Gesellschaft streng getrennter Stände mit den Armen, er verliebt sich in fast jede Frau, die ihm begegnet, er konkurriert heftig mit dem Genie Goethe, an den er Besitzansprüche stellt, dessen Größe er aber nicht niederringen kann. Goethes Distanzierung – er wird früh auf dem Weg zur Klassik gezeigt – gibt Lenz das »Gift« seiner Krankheit ein, für die er freilich durch eine verrückte Großmutter schon erblich vorbelastet ist. Burggraf knüpft an das Interesse der Expressionisten an der mit Lenz verbundenen Wahnsinnproblematik an, auch die Strukturierung des Textes in zweiundzwanzig Stationen belegt den expressionistischen Einfluß. Lenz scheitert letztlich an der eigenen mangelnden Anpassungsfähigkeit. Er versucht strikt sich an die Maxime zu halten, die ihm ein Königsberger Professor mit auf den Lebensweg gibt: »Selbst erleben! Form und Erlebnis muß am eigenen Stock wachsen.« Die Folge davon, daß er so »tollkühn« gewesen ist, »zu dichten«, ist, daß er am Ende »auf brüchiger Scholle (der Moskwa) ins Nichts« treibt.

Eine viel tiefer gehende Auseinandersetzung mit Lenz' Biographie und Werk dokumentiert Peter Huchels »Lenz«-Gedicht von 1927. Trotz des vorangestellten Büchner-Mottos »So lebte er hin« belegt es eine Kenntnis und Aneignung des Autors, die über die »Lenz«-Erzählung hinausreicht. Huchel konzentriert sich auf den Aufenthalt des Dichters bei Oberlin. Zunächst zeigt er Lenz in einer Kammer des Pfarrhauses, »wirre Schreie an die Braut« schreibend. Die zweite Strophe beschreibt den Gegensatz zwischen dem Glanz der »Potentaten« und dem Elend ihrer »hinkenden Soldaten« und ihrer armen Untertanen. Lenz steht unter einem unwiderstehlichen Zwang, »nieder[zu]schreiben,/ was sich in der Kehle staut«. Die nächste Strophe thematisiert Lenz' Verbundenheit mit der Natur, seine Sehnsucht nach einem harmonischen »schönen Leben« – doch seine Erfahrung von Armut und Unterdrückung steht dem entgegen. Die letzte Strophe knüpft an die gescheiterte Auferweckungsszene in Fouday an und phantasiert Büchners »Triumpfgesang der Hölle«, Lenz' Abkehr von der Religion aus. Huchel nimmt damit drei zentrale Themenbereiche von Büchners Erzählung auf. Ihm kommt es dabei auf Lenz' Sozialerfahrung in der Ständegesellschaft an. Lenz identifiziert sich mit dem Los der Armen, daraus folgt seine Einsamkeit und Isolation; denn er wird nicht verstanden (»dich ließ die Welt allein«). Seine zu tiefe Kenntnis der Welt läßt ihn »frieren«. Huchel vermeidet im Gegensatz zu Büchner weitgehend das Einbringen psychopathologischer Symptome des Wahnsinns. Lenz ist der Dichter, der die Wahrheit über die soziale Verfassung der Welt sagen muß. Voraussetzung dafür ist eine ungewöhnliche Sensibilität (»Gott hat dich zu arm bekleidet/ mit der staubgebornen Haut«). Die Lenz-Ansprache (»du«) signalisiert das Sich-in-Beziehung-setzen des Sprechenden zu dem thematisierten Autor. Daß Huchel sich gerade mit dem unverstandenen Anwalt der einfachen Leute identifiziert, erscheint angesichts seiner anderen früheren Gedichte nicht zufällig. In ihnen stellt er Tätigkeiten und Wesen der einfachen Menschen, der Mägde, Fischer, Kesselflicker und Bettler in seiner ländlichen Heimat südlich Potsdam dar. Rückblickend charakterisiert er sein Frühwerk, er habe eine »bewußt übersehene unterdrückte Klasse im Gedicht sichtbar machen wollen« (I. Seidler: Peter Huchel und sein lyrisches Werk. In: Otto F. Best: Hommage für P. H. München 1968, S. 98 f.). Genau dies zeigt er auch als den Grund für Lenz' Dichten an.

Der junge Brecht dürfte im Kreis der Münchner Bohème um den Theaterwissenschaftler und »Soldaten«-Bearbeiter Kutscher und um Wedekind, in dem er zwischen 1917 und 1922 verkehrt, auf Lenz verwiesen worden sein. Hans-Otto Münsterer berichtet, er habe Brecht in dieser Zeit immer wieder auf den ihm »besonders nahestehenden« Lenz aufmerksam gemacht (Bert Brecht. Zürich 1963. S. 57). Doch erst in der zweiten Hälfte der zwanziger Jahre wächst Brechts Interesse an diesem Autor. Wie Elisabeth Hauptmann bezeugt (nach: Kitching, S. 18), erwägt Brecht, den »Hofmeister« aufzuführen – als erster nach 1791. Mit Sicherheit ergibt sich dieses Interesse aus Brechts Vorhaben, ein politisches, realistisches und »episches« Theater zu begründen, das das herkömmliche bürgerliche ablösen soll. Die bürgerlichen »Weihetempel« dienen nach Brecht nur dem »Erlebertum«, einer anachronistischen »Einfühlung« in große »Persönlichkeiten«. Diese Kritik macht Brecht gerade auch an der Vielzahl der zeitgenössischen Klassikinszenierungen fest. Die antiklassische und antiaristotelische Tradition Shakespeare-Lenz-Büchner hat sich dagegen trotz der Naturalisten nicht durchsetzen können. An sie kann Brecht bei seinem Bestreben anknüpfen, »Individualität« auf der Bühne abzubauen, die soziale Determination zu gestalten, den Verfremdungseffekt zu entwickeln. Schriftliche Belege für eine intensive Auseinandersetzung mit Lenz finden sich indes erst in der Exilzeit. Seitdem zieht Brecht immer wieder eine »Linie« von »gewissen Versuchen des epischen Theaters« zurück zur »elisabethanischen Dramaturgie«, zu »Lenz«, »Schiller (Frühwerke), Goethe (›Götz‹ und ›Faust‹, beide Teile), Grabbe, Büchner« (Ungedruckte Notiz Brechts, zit. von Käthe Rülicke-Weiler, Die Dramaturgie Brechts. Berlin 1968. S. 94).

Wie Brecht hat vermutlich Marieluise Fleißer aufgrund ihres Münchner Studiums bei Arthur Kutscher und der Kontakte zu dessen Literatenkreis von Lenz Kenntnis bekommen. Es fällt auf, daß ihr zweites Theaterstück, »Die Pioniere in Ingolstadt«, dessen zweite Inszenierung in Berlin 1929 einen Theaterskandal auslöst, von der Kritik ziemlich einhellig in die Lenz-Büchnersche Tradition eingeordnet wird. Dies geschieht meist mit einem negativen Akzent, der sicher dadurch verstärkt wird, daß hier ausgerechnet eine Frau gegen ästhetische und vor allem moralische Normen verstößt. Diese Rezeption verweist auf das Fortbestehen des Anti-Lenz-Syndroms aus der Kaiserzeit in der bürgerlichen Kritik. So wird der Fleißer vom Maßstab des klassischen Werkes aus »Formlosigkeit« vorgeworfen, und zwar mit ausdrücklichem Verweis auf Lenz und Büchner als Vorbilder (Vgl. z.B. Materialien zum Leben und Schreiben der Marieluise Fleißer. Hrsg. von Günther Rühle. Frankfurt 1973. S. 94).

Zum andern prangert die Kritik sittliche Verfehlungen der Autorin an. Sie habe eine »Pornodramatik« geschrieben, die schildere, wie »Pioniere, lauter Wozzecks von heute [...] über die Dienstmädchen herfallen« (Materialien, S. 95).

Die Einordnung in die Lenz-Büchnersche Tradition ist nicht zufällig. Schon in der Thematik ist Fleißers Stück mit Lenz' »Soldaten« und Büchners »Woyzeck« verwandt. Wie Lenz schreibt sich die Autorin von bedrängenden persönlichen Erfahrungen frei. Bei ihrem Bestreben, sie zu objektivieren, hilft ihr Brecht, indem er ihr den ›plot‹ vorgibt, den sie ausfüllt (Gesammelte Werke. Bd. 1. Frankfurt 1972. S. 442). Mit Lenz verbindet Fleißer der Zwang, die Sprachnot von Figuren darzustellen, die der sozialen Determination bewußtlos unterliegen. Wie bei Lenz kommen die eigentlichen Bedürfnisse der Figuren nach Anerkennung und Liebe nur entstellt und entfremdet in ihren Worten und Handlungen zum Ausdruck. Dieses Faktum ist auch bei Fleißer ein wesentlicher Grund für die epische Struktur des Stückes, seine lockere Szenenreihung, der eine Zielrichtung im aristotelischen Sinne fehlt. Stellt sich Fleißer eher instinktiv und vom Thema her in die Tradition Lenz' und Büchners, so greift Brecht bei der Berliner Inszenierung gezielt und radikal in den Text ein, indem er die dargestellten Konflikte verschärft, ins moralisch Provokante und Politische zuspitzt. Nicht zu Unrecht sieht der Kritiker der nationalistischen »Deutschen Zeitung« deshalb einen »Kulturbankrott des Theaters und seiner politischen Ausrichtung« heraufdämmern (Materialien, S. 194). Für Brecht ist die Inszenierung der »Pioniere« ein Medium und Forum für seinen ästhetischen und politischen Kampf gegen das bürgerliche Theater. Seine Lenz-Anknüpfung ist, wie im nächsten Kapitel zu zeigen sein wird, viel reflektierter als die Fleißers. Brecht beerbt Lenz, um ihn kritisch aufzuheben in seinem Kampf für eine gesellschaftliche Umgestaltung mit den Mitteln des Theaters.

Texte und Sekundärliteratur

Arent, Wilhelm: Mein Alter ego. Einige notgedrungene Notizen von Wilhelm Arent. In: Die Gesellschaft 8/1 (1892). S. 711–713

Ders.: Reinhold Lenz. Lyrisches aus dem Nachlaß aufgefunden von Karl Ludwig [d. i. Wilhelm Arent]. Berlin 1884

Bierbaum Otto Julius: Stilpe. Ein Roman aus der Froschperspektive. Berlin/Leipzig 1897. Nachdruck München 1963

Bleibtreu, Karl: Revolution der Literatur. Leipzig 1886. Neuauflage: Tübingen 1973

Bennecke, Wilhelm: Reinhold Lenz. Leipzig 1871

Bauernfeld, Eduard von: Soldatenliebchen. Wien 1863. – S: *Röttinger*, Werner: Bauernfeld auf dem Burgtheater. Diss. phil. Wien 1945

Burggraf, Waldfried: Weh um Michael. Leipzig 1929

Döblin, Alfred: Die Ermordung der Butterblume. In: Ders.: Die Ermordung der Butterblume. Ausgewählte Erzählungen. In: Ausgewählte Werke in Einzelbänden in Verbindung mit den Söhnen des Dichters. Hg. von Walter Muschg. Olten/Freiburg 1962. S. 42–55

Fleißer, Marie-Luise: Die Pioniere von Ingolstadt. 2. Fassung (Berliner Fassung 1929). Bühnenmscr. Berlin 1929. In: Gesammelte Werke. Hg. von Günter Rühle. Frankfurt 1972. Bd. 1, S. 178–222

Geßler, Friedrich: Reinhold Lenz. Eine Novelle. Leipzig 1871. Nachdruck in: Gesammelte Werke. Lahr 1899. S. 53–104

Grün, Albert: Friederike. Ein Schauspiel. Straßburg 1859

Gurlitt, Manfred: Die Soldaten. Oper in drei Akten. Dichtung von J. M. R. Lenz. Bearbtg. vom Komponisten. Wien/Leipzig 1930

Halbe, Max: Der Dramatiker Reinhold Lenz. Zu seinem 100-jährigen Todestage. In: Die Gesellschaft 8/1 (1892), S. 568–582

Ders.: Jugend. Ein Liebesdrama. Berlin 1893

Hauptmann, Gerhard: Fasching. In: Siegfried. August 1888. – In: G. H.: Sämtliche Werke. Hg. von Hans-Egon Hass. Bd. 6: Erzählungen und theoretische Prosa. Frankfurt/M. 1963. S. 13–34

Ders.: Bahnwärter Thiel. In: Die Gesellschaft 10 (1888). – In: Sämtl. Werke, Bd. 6, S. 35–68

Hauptmann, Gerhard: Der Apostel. In: Moderne Dichtung 1 (1890). – In: G. H.: Sämtl. Werke, Bd. 6, S. 69–84. – S: *Fischer*, Heinz: Georg Büchner. Bonn 1972. S. 41–61; *Lang*, Walter: Lenz und Hauptmann. Ein Beitrag zur Geschichte des Naturalismus im Drama. Diss. phil. Frankfurt 1921; *Requardt*, Walter, *Machatzke*, Martin: Gerhard Hauptmann und Erkner. Studien zum Berliner Frühwerk. Berlin 1980; *Rothe*, Friedrich: Georg Büchners ›Spätrezeption‹. Hauptmann, Wedekind und das Drama der Jahrhundertwende. In: Georg Büchner Jb 3 (1983), Frankfurt 1984. S. 270–274; *Schlick*, Werner (Hg.): Dichter über Büchner. Frankfurt/M. 1973

Heym, Georg: Der Irre. In: Georg Heym: Dichtungen und Schriften, Bd. 2. Hamburg 1962. S. 19–34. – S: *Blunden*, Allan: Notes on Georg Heyms Novelle ›Der Irre‹. In: GLL N. S. 28 (1975), S. 107–119.

Hofmannsthal, Hugo von: Andreas oder die Vereinigten. In: Corona 1930. Nachdruck Berlin 1932. Sowie in: Schriften und Werke. Kritische Ausgabe, Veranstaltet vom Freien deutschen Hochstift. Bd. 30: Aus dem Nachlaß. Hg. von Manfred Pape. Frankfurt/M. 1982, S. 7–218

Ders.: Die Heilung. In: Schriften u. Werke, Bd. 29: Erzählungen aus dem Nachlaß. Hg. von Ellen Ritter. Frankfurt 1978. S. 189–192. – S: *Pape*, Manfred: Die Geschichte auf der Aar. In: Dichtung und Wahrheit bei J. M. R. Lenz und Hugo von Hofmannsthal. Neue Züricher Zeitung, Fernausgabe Nr. 77 vom 01. 04. 1977, S. 25 und Nr. 78 v. 02./03. 04. 1977, S. 57; – *Goltschnigg*, Dietmar: Büchners ›Lenz‹, Hofmannsthals ›Andreas‹ und Trakls ›Traum und Umnachtung‹. Eine literaturpsychologische Wirkungsanalyse. In: Sprachkunst 1 (1974), S. 231–243

Huchel, Peter: Lenz (Straßburg, Paris 1927). In: Die Sternenreuse. Gedichte 1925–1947. München 1967. S. 46

Ders.: Georg Büchners ›Lenz‹. In: Die literarische Welt 9 (1933), Nr. 19, S. 3

Lehàr, Franz: Friederike. Ein Singspiel. Leipzig 1928

Trakl, Georg: Traum und Umnachtung. In: Der Brenner 1914, S. 358–363. – Nachdruck in: Dichtungen und Briefe. Hist.-krit. Ausgabe (Hg. v. Walter Killy und Hans Szeklar). Bd. 1, Salzburg 1969. – S: *Goltschnigg* (Wirkungsanalyse), s.o.; *Schierks*, Rudolf Dirk: Büchner und Trakl. Zum Problem der Anspielungen im Werk Trakls. In: PMLA 87 (1972), S. 1052–1064

Walser, Robert: Lenz. In: Schaubühne 8 (April 1912). Nachdruck in: Dichtungen in Prosa. Genf/Darmstadt 1953. Bd. 1, S. 231–243

Wedekind, Frank: Frühlings Erwachen. Zürich 1891. – In: F. W.: Gesammelte Werke. München 1924. Bd. 5, S. 93–174. – S: *Rothe* (Spätrezeption), s.o.

Literatur zu Lenz im Naturalismus

Mensing, Erwin: Jüngste deutsche Dichter in ihren Beziehungen zu J. M. R. Lenz. Diss. phil. München 1927

Allgemein zum Zeitraum

Genton, S. 115–198

Goltschnigg, Dietmar: Materialien zur Rezeptions- und Wirkungsgeschichte Georg Büchners. Kronberg 1974

Ders.: Rezeptions- und Wirkungsgeschichte Georg Büchners. Kronberg 1975

Stephan/Winter, S. 111–117

3.4. *Letzte intensive Phase der Aneigung –*
von der Nachkriegszeit bis zur Gegenwart

Unmittelbar nach dem Zusammenbruch des Dritten Reiches 1945 ist die geistige Konstellation für Anknüpfungen an Lenz ungünstig. Sehr im Gegensatz zu der Zeit nach dem ersten Weltkrieg besinnt man sich in allen vier Besatzungszonen auf die vermeintlich zeitüberdauernden und unbeschädigten Werte der Weimarer Klassik. Noch 1952 kann Emil Staiger bei nur wenig Widerspruch die Frage »Was hat uns Goethe heute zu sagen?« umformulieren in »Wie bestehen wir heute vor ihm?«. Der Klassikkult kommt in den vielen Goethe- und Schillerinszenierungen und bei den Goethefeiern 1949 zum Ausdruck. Darüber hinaus setzen sich in Westdeutschland sehr schnell traditionalistische Konzepte durch, die »Geist« und »Tat« radikal trennen und einen Realismus, für den Lenz steht, ablehnen. Auch für die jüngere, früh sich einem oppositionellen Avantgardismus verschreibende Generation spielt die Tradition des Sturm und Drang keine Rolle.

Anders wird die Lage in der sowjetisch besetzten Zone, in die Brecht zurückkehrt. 1950 inszeniert er als zweites Stück im Berliner Schiffbauerdamm-Theater eine Bearbeitung des »Hofmeisters«. Programmatisch und mit deutlicher Distanz zur Konjunktur der klassischen Werte auch in der DDR knüpft Brecht an den »Realisten« Lenz an und verstößt damit gegen die von Lukàcs, Abusch, Kurella und Becher, sowie dem »Demokratischen Kulturbund« und der SED ausgegebene Parole, daß »die Weimarer Kultur richtunggebend für das Deutschtum der Gegenwart« sei (Lukàcs: Goethe und seine Zeit. Bern 1947. S. 10). Brecht macht Lenz' wichtigstes Stück, das seit 1791 nicht mehr aufgeführt ist, überhaupt erst auf der Bühne heimisch.

Schon Ende der dreißiger Jahre setzt sich Brecht ausführlich mit Lenz auseinander. Die Rezeption drückt seine Distanz zu der Anknüpfung an Klassik und bürgerlichen Realismus aus, wie sie im Rahmen der Volksfrontpolitik von der Exil-KPD verstärkt vertreten wird. Schon in der Weimarer Republik ist Brecht ein Gegner der Versuche vor allem Lukàcs' und Kurellas, in Korrespondenz mit der traditionalistischen Wende in der Sowjetunion die klassische Ästhetik Goethes und Schillers für eine marxistische Literaturtheorie und -praxis zu aktualisieren. Neben grundsätzlichen Einwänden gegen die geschlossene Form der klassischen Werke sieht Brecht diese auch als »beschädigt« an aufgrund des Rückzugs der Weimarer Autoren in die literarische Autonomie während der Klassenauseinandersetzungen im Zeitalter der französischen Revolution. Über die Tauglichkeit bestimmter literarischer Formen und Schreibstrategien für den Realismus müsse entsprechend zuerst die jeweilige Wirklichkeit befragt werden. Ironisch notiert er 1940:

»Man versteht nichts von der Literatur, wenn man nur die ganz Großen gelten läßt. [...] Man mag bei Lenz nicht finden, was man bei Goethe findet, aber man findet auch bei Goethe nicht, was bei Lenz.« (»Das Werk der kleineren Genien«)

Mit dieser Position befindet sich Brecht in Übereinstimmung mit Anna Seghers, die 1938 in ihrem Briefwechsel mit Georg Lukàcs nach dem Preis für die Abrundung und Vollendung des klassischen Kunstwerkes fragt. Wie Brecht sieht sie diese erkauft »durch eine starke Anlehnung an die bestehende Gesellschaft, eine Auflehnung hätte vermutlich dieses Werk gefährdet«. Seghers führt unter anderem Lenz als Gegenbeispiel an. Dieser habe seine Auflehnung mit einem Mangel an Werk»totalität« und persönlich mit »Wahnsinn« bezahlt (an Lukàcs, 28. 6. 1938). Seghers setzt Lukàcs ihre Vorstellung einer »Unmittelbarkeit« und Wahrhaftigkeit des Künstlers entgegen. Dieser müsse rücksichtslos »auf die Realität lossteuern« und dürfe keine Furcht vor einer Abweichung »vom unmittelbaren Erlebnis« haben, weil diese »entrealisierend« wirke. So legitimiert Seghers eine Beschäftigung mit den Romantikern wie mit Lenz, die aufgrund des Vorrangs von Subjektivität und Phantasie gegenüber dem Typischen und Gesetzlichen von Lukàcs diskreditiert werden.

Für Brecht ist Lenz ein Kronzeuge für eine Realismuskonzeption, die nicht wie Lukàcs eine bestimmte Schreibweise favorisiert, sondern den Dichter als »Anwalt« der jeweiligen Wirklichkeit betrachtet. In den »Notizen über realistische Schreibweise« (1940) schreibt Brecht, Lenz drücke im »Hofmeister« die »Probleme und Selbstbespiegelungen der bürgerlichen Klasse« aus, er gestalte den »emanzipierten Lakai«, der »freilich noch als Hofmeister behandelt wird und als solchen sich behandeln läßt«. Für Brecht ist – entgegen Lenz' Gattungsbezeichnung – der »Hofmeister« ein »Trauerspiel« – entsprechend dem »Trauerspiel« des deutschen Bürgertums, auf das die »nicht vollzogene bürgerliche Revolution [...] ihre Schatten« werfe. Diesen Gedanken drückt Brecht schon 1938/39 in einer seiner »Studien« in Gedichtform, dem Sonett »Über das bürgerliche Trauerspiel ›Der Hofmeister‹ von Lenz« aus. Brechts Gattungsbestimmung zielt in Korrespondenz mit seiner Realismusauffassung auf die Haltung, die der historische Autor zu der von ihm erfahrenen »deutschen Misere«, der Unfähigkeit der Deutschen zu Revolutionen, einnimmt: »Des Deutschen Stimme bricht, wenn er's erzählt.« Von 1938/39 her gesehen, fungiert der Held des Lenz-Textes nach der Abschaffung der Feudalgesellschaft nur noch als heiter zu betrachtender Hampelmann:

»Nun er gewahrt, daß sich mit seinem Glied
Zugleich sein Brotkorb in die Höhe zieht.
So heißt es denn zu wählen, und er wählt.«

So drückt die Kastration die Anpassung des deutschen »Figaro« aus, während der französische immerhin 1789 »Macht gewinnt«. Beide Werke, der »Hofmeister« und Beaumarchais' »Figaros Hochzeit« seien »Ergebnisse revolutionärer realistischer Haltung«, »Standardwerke des bürgerlichen Realismus« (»Notizen über bürgerliche Schreibweise«, 1940).

Im Herbst 1948 siedelt Brecht in die spätere DDR über. Zusammen mit Helene Weigel gründet er das Berliner Ensemble. Dessen dritte Produktion ist die »Hofmeister«-Bearbeitung. Zwischen Herbst 1949 und Frühjahr 1950 entstehen sechs Fassungen. Die dritte beeinflußt bereits den Probenverlauf. Die fünfte wird zur Uraufführung gespielt. Die sechste entspricht dem ersten Druck in den »Versuchen«, Heft 11 (1951/52). Sie wird auch in die »Stücke«, Band 9 und in die »Gesammelten Werke«, Band 6 übernommen. Seine Regieabsichten hält Brecht in »Notaten« fest.

Nach Kitching übernimmt Brecht in der Endfassung 44% des Lenz-Textes, 56% hat er selbst geschrieben. Brecht strafft den Text. Aus 35 Szenen werden siebzehn, wobei Brecht drei neue Szenen schreibt: »Auf der Schlittschuhbahn«, »zu Halle« (Abtreibung) und »Läuffer (bei offenem Fenster)«. Neu sind auch Prolog, Zwischenspiel und Epilog. Brecht trennt die bürgerlich-adlige Doppelhochzeit am Ende des Textes auf, indem er in Szene 15 Pätus zum Spießbürger in der Ehe mit der Schuldirektorstochter Karoline macht, in Szene 16 die Adligen Fritz und Gustchen vereint, in der – gegen Lenz – letzten dann Läuffer mit Lise. Diese Umstellung unterstreicht das Gewicht der »Hofmeister«-Handlung, der die Fritz- und Pätus-Handlungen spiegelbildlich entsprechen.

Brecht stilisiert Läuffer, Pätus und Fritz zu Figuren, die auf unterschiedliche Weise das verhängnisvolle Fehlverhalten deutscher Intellektueller – ihre Anpassung an die jeweils herrschende Macht – zeigen. Entsprechend legt Brecht Läuffers Selbstkastration eindeutiger als Lenz als Vernichtung des letzten Restes von Aufsässigkeit, als Anpassungshandlung an. Bezeichnenderweise läßt Brecht die Kastration mit einem Zeugnis belohnen, das Läuffer die langersehnte Lehrerstelle bringt. Pätus und Fritz rebellieren heftig gegen die Zustände, freilich nur im geistigen Bereich. Entsprechend versagen sie in der Realität bei der Probe auf ihre Gesinnung. In diesem Zusammenhang kritisiert Brecht in neu eingefügten Passagen die eskapistischen und ideologisch verschleiernden Funktionen der Rezeption von Philosophie und Literatur (u.a. Goethe, Klopstock und Rousseau). Hier greift Brecht auch ironisch Kants kategorischen Imperativ und seine Ehedefinition aus der »Metaphysik der Sitten« auf. Beide leisteten einer ins Geistige gewendeten Abwehr von Sinnenlust Vorschub. Für Brecht führt eine solche Triebunterdrückung auch zu einer Untertänigkeit gegenüber der Obrigkeit. Diesen schon bei Lenz angelegten Zusammenhang macht er zu einer Hauptthese seiner Bearbeitung. Neu gegenüber Lenz ist, daß Brecht diesen Zusammenhang weiterführt bis zur Kompensation der individuellen Untertänigkeit durch Aggressivität nach außen. Mit aktuellem Bezug auf den gerade niedergerungenen Faschismus fügt Brecht in das Stück das Thema »Nationalismus und Krieg« ein. Wenzeslaus, der die eigene Triebunterdrückung durch Pfeiferauchen kompensierende Erzieher, formuliert ein nationalistisches Programm der Erziehung »teutscher Hermanne«. Mehrfach wird im Stück auf Preußens kriegerische Abenteuer unter Friedrich dem Großen und auf die durch ihn geförderte Ideologie des Patriotismus angespielt. So verscherzt sich Läuffer die Gunst des Majors, weil er angeblich die »Glorie« des »Heldenkönigs« verdunkelt hat. Am Ende verbindet der angepaßte Lenz die Bitte um ein Zeugnis mit der Versicherung, er werde künftig des »Heldenkönigs Martyrium immer ohne Weglassung lehren«. Die studentische Intelligenz diskutiert abstrakt über die Notwendigkeit von Kriegen. Die Ständegesellschaft des 18. Jahrhunderts identifiziert Brecht dabei als Klassengesellschaft, auch: indem er die adligen Figuren eindeutig zu Ausbeutern macht, denen menschliche Züge gegenüber Bürgern fremd sind.

Prolog und Epilog sollen den Zuschauer zum distanzierten Betrachten der Misere motivieren, sie rufen aber auch zum befreienden Kampf gegen sie auf. Brecht stellt also die vorgeführten Haltungen und Ideologien immer noch als vorhanden und wirkungsmächtig dar. Dahinter steht für ihn die Einsicht, daß in dem durch die Besatzungsmacht »befohlenen Sozialismus« (Brecht) die alten Haltungen weiterwirken. In diesem Sinn sieht Brecht das Stück als einen »Beitrag zu der großen Erziehungsreform« an, »die eben jetzt in der Republik durchgeführt wird« (»Ist ›Der Hofmeister‹ ein ›negatives Stück‹?«). Brecht bezieht sich damit auf die Schul- und Hochschulreform in der DDR, die auch die Entlassung faschistisch gesinnter Lehrer einschließt.

Brecht will mit seiner Bearbeitung das Original nicht verdrängen. Es scheint im Gegenteil durch den Text durch, der als dessen Parodie gelesen werden kann. Dies gilt vor allem für die Stellen, wo Lenz ernsthaft wird. Auf weiten Strecken wirkt die Bearbeitung freilich als eine Umfunktionierung des Originals aus einer Gegenwartsperspektive, die das bei Lenz schon Angelegte deutlicher herausstellt und gleichzeitig dessen unentschiedene gesellschaftliche Perspektive von 1950 zurückblickend in eine eindeutige verändert. Dieser in den Text hineingestaltete Rückblick auf das Original führt strukturell zu einer Episierung des Textes, die an die antiaristotelischen Strukturen bei Lenz anknüpfen kann. Gleichzeitig erscheinen die Widersprüche, unter denen die Figuren Lenz' in ihrer Zeit leiden, von der Distanz der Gegenwart her als komisch. Brecht ›beerbt‹ also den von ihm geschätzten »Hofmeister«, indem er das geschichtlich Exemplarische herausarbeitet und zugleich die überlebte Vergangenheit heiter verabschiedet. Die intendierte Publikumsreaktion ist, ein dialektisches Verhältnis zur deutschen Misere aufzubauen: »Der Hofmeister selbst erntet unser Mitgefühl, da er sehr unterdrückt wird, und unsere Verachtung, da er sich so sehr unterdrücken läßt.«

Diese Absichten stoßen trotz der außerordentlich positiven Kritiken Rillas und Harichs (Nachdr. in: Monika Wyss (Hg.): Brecht in der Kritik. München 1967) bei anderen Kritikern der SED und der DDR-Germanistik auf Kritik. Die SED führt seit 1950 eine heftige Kampagne gegen die »Miseretheorie«. Diese beinhalte eine »geschichtsmechanische« Auffassung der Vergangenheit, die sich nur an den Siegen der Reaktion, nicht aber an den Kämpfen der Volksmassen gegen sie orientiere. Diese Argumentation verknüpft sich mit der erwähnten Orientierung auf die Weimarer Klassik. Der junge sozialistische Staat sieht sich als »Vollstrecker« der bürgerlich-humanistischen Ideale. Dagegen formuliert Brecht, wie oben gezeigt, ausdrücklich den Abstand zu Lenz in den Text hinein. Gleichzeitig will er mit der »Hofmeister«aufführung ganz ausdrücklich die einseitige Orientierung der Literaturgeschichte an Goethe und Schiller korrigieren: »Die Unterdrückung Lenzens durch die Literaturgeschichte muß man aufzeigen« (Brief Brechts von 1950, zit. bei Hans Mayer: Bertolt Brecht und die Tradition. München 1965, S. 53).

Die episch-dialektische Struktur des Stückes steht zusätzlich in einem deutlichen Gegensatz zu der Befürwortung von Einfühlung und Vorbildfiguren bei den meisten Theatermachern in der DDR (W. Langhoff, H. Hauser) und weiten Teilen der Theaterkritik, die sich an Stanislawskis Einfühlungstheater orientieren. Aus beiden Gründen – vermeintlich undialektische Miseretheorie und Mangel an Vorbildfiguren – muß sich Brecht gegen den Vorwurf wehren, er habe aus dem »Hofmeister« ein »negatives Stück« gemacht. So hat für Mittenzwei Brecht eine »Kampfposition des progressiven Bürgertums gegen die Feudalverhältnisse« preisgegeben und »auf die neu aufgeworfenen Fragen der Misere-Theorie keine sehr differenzierte Antwort« gegeben (Werner Mittenzwei: Brechts Verhältnis zur Tradition. Berlin 1972, S. 229, 238). In dem von einer Forschergruppe unter Leitung von Mittenzwei 1972 publizierten Werk »Theater in der Zeitenwende« wird Brecht sogar vorgeworfen, er unterstelle Lenz »ein freiwilliges Unterordnen unter die deutsche Misere« (Bd. 1. Berlin 1972, S. 306).

Bis heute hat die DDR-Literaturwissenschaft keine neue detaillierte Untersuchung vorgelegt, die der seit 1973 veränderten Sicht des Erbeproblems entspräche. Die westliche Forschung hat das im Brechtarchiv vorhandene Material erstmals gesichtet (Kitching) und den »Hofmeister« als Beleg für Brechts »Umfunktionierung« der Klassik herangezogen (Mayer). Den eigentlichen politischen und ästhetischen Absichten Brechts wird erst Giese gerecht. Knopf gibt eine Interpretation des Textes (in »Brecht Handbuch«, Bd. 1), die vor allem auch die Traditionsbezüge und Anspielungen klärt. Grathoff beschreibt das Verhältnis von Bearbeitung und Original als »Rückschritt im Fortschritt«. Auf dem Theater ist Brechts Bearbeitung nach der erfolgreichen Uraufführung immer wieder zu sehen, doch hat sie auf Dauer den Reiz des Originals nicht verdrängen können, für dessen Rezeption in Wissenschaft und Theaterpraxis sie den entscheidenden Anstoß gegeben hat.

Brechts Hochschätzung von Lenz folgen seine Schüler Joachim Tenschert und Manfred Wekwerth, als sie 1964 Brechts fragmentarische Shakespearebearbeitung »Coriolan« für eine Inszenierung am Berliner Ensemble vervollständigen und dabei für die Textrevision unter anderem Lenz' ebenfalls fragmentarische Übersetzung wegen ihrer »Sprachkraft und Poesie« benutzen (Joachim Tenschert: Zur Fassung des Berliner Ensembles. In: spectaculum 8, S. 188).

Trotz Brechts Eintreten für Lenz fehlen in der DDR-Literatur zunächst weitere Anknüpfungen an ihn. Ein Grund dafür liegt sicher in der fortdauernden Orientierung von Literaturgeschichte und Kulturpolitik an der Weimarer Klassik als verpflichtendem Erbe und Vorbild. Wie sehr Brechts »Hofmeister«-Inszenierung auch die junge Autorengeneration herausfordert, belegen Christa Wolfs Überlegungen in »Brecht und andere« (in »Lesen und Schreiben«): »Seine Respektlosigkeit gegenüber dem ›bürgerlichen Trauerspiel‹ macht uns die Köpfe heiß.« Rückblickend sieht Wolf sich und ihre Kollegen 1950 »im Besitz« eines »allzurunden Wissens«: »Wir [...] konnten nicht wissen, daß er [Brecht] durch uns hindurch sah auf jene, die wir nach unerhörter Anstrengung vielleicht einmal werden würden.« Diese Bemerkung zeigt, wie in Brechts Traditionsverständnis doch Anregungen liegen, die in einer verdrängten Situation aufgegriffen werden. Lenz wird für DDR-Autoren aktuell, wenn sich deren Haltung zur Umwelt, zur DDR-Realität dahingehend verändert, daß am »allzurunden Wissen« gezweifelt wird.

Der erste Autor, der sich nach Brecht direkt auf Lenz bezieht, ist Johannes Bobrowski. Sein 1963 entstandenes Gedicht »J. M. R. Lenz« gehört in die Reihe von Künstlergedichten, in denen der Autor »gegen den Tod [zu] schreiben« versucht (an Peter Jokostra, 22. 4. 1959). Diese Formulierung ist zum einen biographisch zu verstehen, sie bezieht sich aber auch auf die immer gefährdete Stellung des Dichters am Rande der Gesellschaft. In diesem Sinn erinnert sich der Dichter Bobrowski aus einer aktuellen Situation heraus an menschliche und poetische Haltungen, denen er nahesteht. Das Lenz-Gedicht vergegenwärtigt den »niedlichen« Poeten – eine Anspielung auf seine Kleinheit und Goethes Verniedlichung seiner Erscheinung in »Dichtung und Wahrheit« – zunächst aus historischem Abstand, dann in zunehmender Verschmelzung des Sprechenden mit ihm. Die erste Strophe berichtet wichtige biographische Begebenheiten, vor allem die Umstände von Lenz' Tod in Moskau. Die Formulierung »[Lenz] geht durchs Gebirg« bezieht sich sowohl auf Büchner zurück als auch auf Paul Celans weiter unten zu besprechenden hermetischen Text. Das Werk Lenz' stellt die dritte Strophe in knappen Reminiszenzen vor: Anspielungen auf den »Hofmeister« (in der Bearbeitung Brechts!), auf die »Soldaten«, auf das Gedicht »Wo bist du itzt, mein unvergleichlich Mädchen«. Die letzte Strophe zeigt, eingeleitet durch eine Anspielung auf Huchels »Lenz«-Gedicht (»Es dröhnt zu den Augen herein«) den Zusammenbruch des Dichters, wobei mit dem Himmel und dem »Petriturm« Rigas auf die patriarchalische Macht verwiesen wird, die ihn preisgibt und der er zugleich unterliegt.

In diametralem Gegensatz zur kulturoffiziellen Bevorzugung des Wohlabgerundeten, Klassisch-Großen und Gesunden thematisiert Bobrowski also den an der Welt scheiternden, die eigene Pathologie ausdrückenden, schließlich im Wahnsinn endenden Dichter. Sein notwendiges Schicksal sind Unverständnis, Einsamkeit und Verstummen (»War einiges zu reden/ [...] Aber nicht reden/jetzt«). Da Bobrowski von der Perspektive auf Lenz' Ende her schreibt, steht im Gegensatz zu Huchels Text nicht der kämpfende Dichter im Vordergrund. Bobrowskis eigene Isolationserfahrungen am Anfang der sechziger Jahre in der DDR tragen sicher zu der Identifikation bei, die sich abseits des »allzurunden Wissens« (Wolf) ergibt. Bobrowskis anspielungsreiches, artifizielles Gedicht ist ein Beispiel »engagierter Esoterik« (R. v. Heydebrandt). Gleichzeitig läßt sich mit diesem Text, der ja durchaus die sozialen Verhältnisse in Lenz' Zeit thematisiert, »gegen jede Verengung des Realismus-Begriffs« argumentieren, wie es der Autor selbst getan hat.

Für Christa Wolfs Abkehr von derartigen »Verengungen« spielt die Lenzrezeption – vor allem die über Büchner vermittelte – eine große Rolle. In »Glauben an Irdisches« (entstanden 1968, veröffentlicht zuerst 1972 in »Lesen und Schreiben«) setzt sich Wolf ausführlich mit ihrem wichtigen Vorbild Anna Seghers auseinander. Im Mittelpunkt dieses Essays steht die Interpretation ihres Briefwechsels mit Lukàcs. Wolf nimmt Anna Seghers ausdrücklich gegen die »rein ideologische Kritik« von Lukàcs in Schutz und identifiziert sich mit Seghers' Verteidigung Lenz' und der Romantiker. Wolf folgert, »daß eine Entscheidung verlangt werden könnte zwischen Auflehnung, rückhaltloser Teilnahme an den Kämpfen der Zeit und dem aufgerundeten vollendeten Werk, dem die Zerrissenheit der Zeit und ihr

Reflex im Künstler nicht mehr anzumerken ist«. Diese »Koordinate der Tiefe, der Zeitgenossenschaft des unvermeidlichen Engagements« entwickelt Wolf in dem Essay »Lesen und Schreiben« (1968, 1972 im gleichnamigen Sammelband veröffentlicht) am Beispiel von Büchners Verfahren in der »Lenz«-Erzählung. »Die Variante Wahnsinn kann dem nachgeborenen Büchner nicht fremd gewesen sein.« Der »Dichter, Naturwissenschaftler und Revolutionär« Büchner habe sich schreibend »mit der Zeit zu verschmelzen versucht« »in dem Augenblick, da beide ihre dichteste, konfliktreichste und schmerzhafteste Annäherung erfahren«. Entsprechend sei eine Geschichte von »phantastischer Genauigkeit« entstanden: »Einsicht, Nüchternheit und Kenntnis bei gesteigerter Sensibilität«. An Büchners Vergegenwärtigung des Sturm und Drang-Autors entwickelt Wolf die Forderung einer »epischen Prosa«, die sich als »Instrument« verstehe, »Zukunft in die Gegenwart hinein vorzuschieben, und zwar im einzelnen [Leser]«. Gegen eine Wiedergabe der Wirklichkeit in verfälschenden Konstruktionen oder in Wunschbildern fordert Wolf Erfahrungen mit sich selbst und der Umwelt authentisch zu vermitteln, um die »Verhärtung, Versteinerung, Gewöhnung« aufzusprengen. Dieses erfahrungsorientierte Schreiben versucht Wolf zuerst in »Nachdenken über Christa T.«.

Bildet für Christa Wolf der produktive Umgang Büchners mit der historischen Lenzfigur den Ausgangspunkt für die Formulierung einer Prosatheorie, die sich deutlich von den damals noch geltenden Konventionen des sozialistischen Realismus absetzt, betrifft die »Lenz«-Aneignung bei Volker Braun vorwiegend das Verfahren der Darstellung, die sprachlichen und stilistischen Mittel. Stellt sich Lenz außerhalb der herrschenden Diskurse über Religion, Moral, Gesellschaft und Ästhetik, was er mit Einsamkeit und Wahnsinn büßen muß, gerät Karin in »Unvollendete Geschichte« (1975) als überzeugte Sozialistin, Tochter eines Kreis-Ratsvorsitzenden halb gewollt, halb passiv in eine Position außerhalb des DDR-Herrschaftsdiskurses. Sie gehört plötzlich nicht mehr zu denen, die einfach »überzeugt sind«, aber auch nicht zu denen, die »überzeugt werden« müssen oder »feindlich« sind. Charlotte W. Koerner hat gezeigt, wie in dieser Geschichte in der Erzählstruktur, in einzelnen Formulierungen und Motiven Büchners »Lenz« in produktiver Aneignung gegenwärtig ist. Freilich löst sich Karins Identität trotz der existenziellen Bedrohung im Gegensatz zu der Lenz' nicht völlig auf. Karin möchte freilich die ihr sozial und ideologisch zugeschriebene Rolle verändern. Wie Lenz steht sie unter dem Druck patriarchalischer Herrschaftsansprüche, die ihre Ängste auslösen und verstärken. Karins emotionales Sichwehren drückt das von Braun in den Text montierte Zitat aus dem »Hessischen Landboten« aus: »Was ist denn nun das für ein gewaltiges Ding: der Staat?« Die Wahnsinnsthematik aus »Lenz« wird aufgenommen, wenn die verzweifelte Karin die Lehre ziehen will: »Abstumpfen, um bei Sinnen zu bleiben.« Braun praktiziert in der »Unvollendeten Geschichte« ein erfahrungsorientiertes Schreiben im Sinne Christa Wolfs. Darauf weist auch der schon im Titel betonte Fragmentcharakter hin, der eine bewußte Abkehr vom Klassisch-Abgerundeten signalisiert.

Seit dem Wechsel von Ulbricht zu Honecker 1972 verändert sich die kulturpolitische Linie in der DDR. Die Erbediskussion nimmt partiell von der These Abschied, der sozialistische Staat sei der bloße Vollstrecker der klassischen Ideale und Utopien. Dies signalisieren zuerst die Klassikdebatte in »Sinn und Form« und das Kolloquium der Akademie der Wissenschaften »Über Tradition und Erbe« 1973. Auf dem siebten Schriftstellerkongreß 1973 beschreibt Volker Braun polemisch die Tendenz, die »Aufgaben der Literatur« bruchlos aus Weimarer Verhältnissen abzuleiten, »einen bürgerlichen Humanismus mit sozialistischem Rostanstrich« zu propagieren. Braun will dagegen mit Brecht das Erbe »bewahren durch den Akt seiner Aufhebung« (»Literatur und Geschichtsbewußtsein«). Wird jetzt neben dem Moment der Kontinuität der Bruch mit der bürgerlichen Überlieferung betont, legitimiert dies die Rehabilitierung der Außenseiter in der deutschen Literaturgeschichte, die am Widerspruch zwischen sich und der Gesellschaft zerbrechen, ohne klassisch-abgerundete Werke zu schaffen. »Lenz, Hölderlin, Kleist [...] heißen die Bezugsgestalten und die Erinnerung an sie erfolgt oft im Zeichen einer beunruhigenden Heraufbeschwörung, durch das dem gesellschaftlichen Adressaten Warn- und Merktafeln aufgerichtet werden sollen« (Bernd Leistner: Unruhe um einen Klassiker. Leipzig 1978, S. 72). Es gehe um die »nicht zu Ende geführten« Ansätze, um »alles, was (nicht) zur Geltung gekommen ist«, formuliert Heiner Müller 1975 mit Blick auf Lenz (Gesammelte Irrtümer. Frankfurt 1986. S. 25).

1978 gibt Joachim Seyppel eine Lenz-Werkauswahl heraus. In seinem einleitenden Essay vergleicht er die »Außenseiter« Lenz und Volker Braun. Er sieht »Ehrlichkeit ohne Rücksicht auf mögliche Auswirkungen«, eine »Radikalität im Entwerfen eines Modells der Besserung sozialer Zustände«, ein Fehlen von »Anpasserschaft«. »Was Opportunisten realistisch nennen, käme ihm [Lenz] als Verrat vor.« Provokant formuliert Seyppel mit Blick auf Lenz: »Wer will, daß Kommende ein ›Erbe‹ haben sollen, fordere das zunächst verkannte Kunstwerk.«

Als von seiner Zeit, vor allem vom »Alten in Weimar« verkannter Autor, »Hofmeister und Narr« rehabilitiert Klaus Körner 1975 Lenz

in einem Personengedicht, das an Bobrowski, Celan und Huchel anknüpft: »J. M. R. Lenz in Moskau«. Christoph Hein beschreibt in
dem Essay »Waldbruder Lenz« (1981) seine Sicht des Konfliktes
zwischen Lenz und Goethe. Goethe habe als einziger genialer Autor
durch den »Zufall« einer herrscherlichen Laune eine gesicherte Stellung erhalten als »Klassiker der Landesfürsten und Beamten«. Das
fehlende Interesse der zeitgenössischen Gesellschaft an der Literatur
treibe ihm dann die jungen Genies zu. Lenz sei dabei von vornherein
persönlich fixiert gewesen auf den »Wahlbruder Goethe«. Eine Tradition der Lenz-Beurteilung aufnehmend, formuliert er – allerdings
ohne Werturteil: »Goethe ist der Drehzapfen seiner Arbeiten, er bewirkt sie geradezu.« Genialität sei freilich »kein guter Gärtner« gewesen. Goethes Anspruch auf »Größe« habe keine Götter neben
sich geduldet, die zudem »in ihrer Huldigung [...] schon den Umsturz anklingen« ließen. Die wenigen Stücke Lenz' lösen für Hein
die mit ihm verbundenen Hoffnungen nicht voll ein, er sieht in »ihrem kleinmalenden Realismus« aber eine »folgenreiche«, immer
noch in ihren Möglichkeiten unausgeschöpfte Darstellungsform, die
die Großinterpretationen von Gesellschaft unterlaufe und diesen zugleich an »Genauigkeit« überlegen sei.

1977 wird im Apollosaal der Berliner Staatsoper Friedrich Goldmanns Opernfantasie »Hot« nach dem »Engländer« von Lenz, in der
Bearbeitung von Thomas Körner erstaufgeführt. Der Text verwendet auch Passagen aus der »Goetz«-Rezension und dem »Ersten
Principium der Moral«. Das Libretto weist gegenüber der Vorlage
deutliche Änderungen auf. So nimmt die Prinzessin die Verantwor-
tung für die »Folgen« daraus, daß sie der Bezugspunkt von Hots
»verwirrter Einbildungskraft« ist, auf sich, indem sie sich letztlich
mit Hot gegen die Welt der Erwachsenen und Mächtigen stellt. In
einem Sprung über die Schranken der Realität fallen sich in der
Schlußszene beide in die Arme und singen: »behaltet euren Himmel
für euch«, nachdem Armida selbst vorher die nur vermeintliche Buh-
lerin gespielt und Hot seinen Stich in die Gurgel nur imitiert hat.
Vergegenwärtigt »Der Engländer« den allmählichen Zerfall eines
Subjekts, zeichnen Körner/Goldmann einen Entwicklungsprozeß
mit dem Versprechen eines positiven Ausgangs, das Märchen der gelingenden Entfaltung eines Subjekts unter extrem entfremdeten Bedingungen. Die Opernfantasie feiert den Außenseiter, der die verbindlichen Interpretationen der Erwachsenen, die sozialen und religiösen Normen durch einen widerständigen Subjektivismus unterläuft. Da auf eine psychologische Motivierung auf der irrealen Ebene
der Oper verzichtet werden kann, wirkt die Feier subjektiver Selbstverwirklichung eher als ein Wunschbild, zumal die ironischen Bre-

chungen im Text die Distanz des Autors zum Figurenstandpunkt anzeigen. Gerade diese betont die durchaus artifizielle Musik mit ihren Zitaten aus früheren Epochen und unterschiedlichen Stilebenen. Goldmanns Partitur ist für ein Bläserquintett mit einigen wenigen zusätzlichen Instrumenten (vor allem Schlagzeug, Elektroorgel und Kontrabaß) geschrieben. Nach Seyppel scheiden sich an der Berliner Aufführung die »Publikumsgeister« – in einer Zeit, in der auch im Bereich der Literatur die als dekadent gebrandmarkte Avantgarde vorsichtig rehabilitiert wird (Karl H. Barck, D. Schlenstedt, W. Thieme »Künstlerische Avantgarde«, Berlin 1979).

Benno Besson, Regieassistent Brechts bei dessen »Hofmeister«-Inszenierung, plant 1980 am Deutschen Theater in Berlin, den »Neuen Menoza« in einer Bearbeitung von Christoph Hein aufzuführen. Das Vorhaben scheitert und Besson kann das Stück erst 1982 inszenieren, und zwar am Wiener Burgtheater und auf der Grundlage des Originals. Heins Bearbeitung, 1981 in »Cromwell und andere Stücke« publiziert, wird zuerst 1982 in Schwerin gespielt. Die bundesdeutsche Erstaufführung findet erst 1985 in Augsburg statt (vgl. Theater heute 26 [1985], H. 6, S. 51). Lenz war sich darüber klar, daß diese Komödie überarbeitet werden mußte. Hein korrigiert die in ihr vorhandenen Unstimmigkeiten – zum Beispiel in den Mitteilungen Babets, die sich in II, 3 selbst, in III, 2 und 4 dagegen die Biederlings zu Dianas Eltern erklärt. Außerdem strafft Hein das Stück, indem er dessen fünfaktige Struktur akzentuiert: durch Zusammenziehung von Szenen (z.B. I, 6, 7 und II, 1 zu II, 1 der Bearbeitung), durch ihre Vertauschung und durch kleinere Kürzungen oder Ergänzungen. Die Änderungen sollen auch die Komik verstärken oder Handlungsmotive der Figuren verdeutlichen. Die Figur des Magisters Beza geht im Edelmann von Zopf auf. Mit dieser Figur knüpft Hein an Brechts Charakterisierung der Rolle des Intellektuellen in der deutschen Misere an. Zopf vereint eine heimliche Sympathie für die französische Revolution mit Selbstanpassung und Denunziantentum in Deutschland. Wie Besson in Wien nimmt Hein die Schlußszene der angefangenen Überarbeitung auf, in der der Graf, der den Mordversuch Dianas überlebt hat, ihr seine Liebe beteuert, andererseits mit ihrer Hilfe doch noch Wilhelmine zur Geliebten machen will. Hein verlängert diese Szene, indem er in guter Kenntnis von Lenz' Komödienstruktur ironisch Familie Biederling in ihrer wahren Zusammengehörigkeit wiedervereinigt: der Vater erfährt, daß nicht nur der Prinz sein Sohn, sondern auch Diana seine Tochter ist. Auch das Problem, wer der jeweilige Schwiegersohn, bzw. die Schwiegertochter sein kann, ist geklärt. Der die Idylle störende Graf fällt derweilen tot aus der Kutsche. Konsequenter als bei Lenz wird so die

Opposition des »edlen Wilden« gegen die Verderbnis der europäischen Zivilisation aufgehoben, indem der ›Cumbaner‹ in die bürgerliche Familie integriert wird. »Die Wiederkehr des verlorenen Sohnes« ist zu Recht eine Rezension in »Theater heute« (H. 8, 1982) überschrieben. Hein verschärft die schon im Original enthaltene Kritik an der deutschen Aufklärung, indem er ihren Kompromißcharakter, ihr Eingebundensein in die bestehende Feudalgesellschaft aufzeigt. Ausgerechnet der Graf beharrt bei Hein darauf: »Europa ist aufgeklärt«, er habe »Philosophie« und »Ökonomie«. Des Grafen ausbeuterische Sexualität, seine moralische Skrupellosigkeit, die dem Bekenntnis zur Aufklärung widersprechen, sind Ausdruck seiner Stellung als Feudalherr. Die beiden bürgerlichen Aufklärer Zierau und Zopf sind skrupellose Opportunisten. Und das partriarchalisch-moralische Pathos des ökonomisch erfolgreichen Biederling ist nicht zuletzt durch die Verdrängung der chaotischen Anteile der eigenen Familiengeschichte ermöglicht. In Heins Bearbeitung schildert das Stück den Sieg von »Empfindung«, »Feuer« und »Leben« über vom Verstand gezimmerte »Systeme«, über Opportunismus, Anpassung und Herrschaftsverhalten. Daß freilich die Vertreter der siegenden Werte deutlich in die bestehende Gesellschaft integriert sind und Hein außerdem keinen Kommentar zur Handlung aus der Perspektive der Gegenwart gibt, zeigt, daß Hein im Gegensatz zu Brecht keine Perspektive der Veränderung in das Stück hineinkomponiert. Offensichtlich will er seinem Publikum zeigen, wie Lenz die »bürgerliche Gesellschaft« mit »kleinmalendem Realismus« »formuliert« hat. »Die Wirklichkeitstreue dieser Poetik hat eine revolutionäre Unverschämtheit für ein mit Vorliebe heroisch einherschreitendes Geschichtsbewußtsein« (»Waldbruder Lenz«).

Lenz schreibe nämlich »vermengt in die Widersprüche« der Realität, denen er »qualvoll [...] ausgeliefert« sei und »schreit sie aus sich heraus« als »einer der wildesten Träumer«, dem zugleich »das Tor zur Utopie verschlossen ist« (Sigrid Damm: Lenz: In: Blätter des deutschen Theaters Berlin [DDR] 1986, H. 4, S. 116 f.). Seine fortdauernde Anziehungskraft belegt 1986 die Inszenierung »Lenz – ein deutsches Spiel nach Georg Büchner« im bat Studiotheater Berlin (Regie: Hans-Dieter Meves). Es handelt sich um eine Aufführung Berliner Schauspielstudenten des 4. Studienjahres. Die gegensätzlichen Lebenskonzepte Goethes und Lenz' thematisiert Horst Ulrich Wendler in der »dramatischen Grille« »Lenz oder die Empfindsamen« (Uraufführung Weimar 1986). Zugleich bearbeitet Paul Hans Dittrich das Gedicht »Abschied von Kochberg« als »Lied für Singstimme und Klavier« (Leipzig 1986).

Steht in der DDR-Rezeption eindeutig der Realist Lenz im Vordergrund, dessen Verständnis zugleich gegen »wohlabgerundete Werke« beansprucht wird, wird dieser in der Bundesrepublik erst in der Phase des politischen Aufbruchs und der Studentenbewegung entdeckt – zu einem Zeitpunkt, wo überhaupt in der Literatur der Realismus aktuell wird. Aus der Zeit vor 1968 ragt die Lenzrezeption Paul Celans heraus. Sie richtet sich auf die Tragik des an der Welt scheiternden Dichters – eine Deutungstradition, die in der DDR Bobrowski aufnimmt. Zugleich hängt Celans Rezeption mit seiner Konzeption des hermetischen Gedichts zusammen. Sie ist über Büchner vermittelt und dokumentiert in der Erzählung »Gespräch im Gebirg« und in der Büchnerpreis-Rede von 1960. »Initialzündung« (Mayer) ist ein Büchner-Seminar Hans Mayers in Paris Anfang 1960, an dem Celan teilnimmt, In der Rede entwickelt er seine Anschauung von Dichtung und Dichter. Die »Lenz«-Erzählung demonstriert für Celan Büchners und Lenz' radikale »In-Frage-Stellung« der Kunst, zu der alle heutige Dichtung zurück muß, wenn sie weiterfragen will«. Am Kunstgespräch zeigt Celan, wie es Büchners ästhetische Konzeption ausdrücke und man zugleich von diesem zu rück zum »historischen Lenz« gelange. Celan knüpft an Lenz-Büchners Verurteilung der »Holzpuppen« des Idealismus an, denen das »Natürliche und Kreatürliche« entgegengesetzt werde. Lenz' Rede enthalte aber den Widerspruch, daß er, um »das Natürliche als das Natürliche mit der Kunst zu erfassen«, sich wünsche, ein »Medusenhaupt« zu sein, um eine »natürliche Gruppe in Stein [zu] verwandeln«, d.h. künstlerisch festzuhalten. Lenz' Kunst, die das Menschliche festhalten wolle, zerstöre es also zugleich. Celan sieht hierin eine unfreiwillige Annäherung Lenz' an die »Automaten« des Idealismus. Mit der Beobachtung des Erzählers am Ende des Gesprächs, Lenz habe sich »ganz vergessen«, sieht Celan den Dichter auf dem Weg in die »Ich-Ferne«. Lenz lasse sich freilich »gleichsam blind auf dieses Prinzip ästhetischer Stilisierung ein. Celan fragt weiter, wie Lenz und der Künstler überhaupt, indem er diesen Weg gehe, am Ende wieder »frei« werden könne. Lenz habe diese Möglichkeit nicht gehabt mit der Konsequenz, daß »der Tod als Erlöser [...] nicht lange auf sich warten ließ«. In Lenz spurlosem Verschwinden in Moskau drückt sich für Celan sein »Gegenwort« aus, das sich zuvor in seinem Wahnsinn gezeigt habe. Aus besonderem Grund hebt Celan, der am Ende die »Gegend« aufsucht, aus der Lenz, der ihm Begegnete, kommt, das Datum heraus, mit dem Büchners Erzählung beginnt: den 20. Januar. Janz hat gezeigt, daß Celan hier auch auf die Wannseekonferenz vom 20. 1. 1942 anspielt, auf der die »Endlösung« der »Judenfrage« beschlossen wurde. Für den Juden Celan ist dies ein wichtiges Datum, das das eigene Leben und Werk bestimmt, für Lenz wird mit dem am 20. Januar beginnenden Aufenthalt endgültig der Prozeß manifest, der ihn zum Ausgeschlossenen unter den Menschen macht. An Lenz' Verstummen zeigt Celan die Gefährdung des Dichters auf, der »seiner Daten eingedenk« bleibt. Für Celan neigt das Gedicht »zum Verstummen«, aber es soll aus dem »Schon nicht mehr« zurückrufen ins »Immer – noch«: »Das Gedicht spricht ja! Es bleibt seiner Daten eingedenk, aber – es spricht.«

In der »Meridian«-Rede erwähnt Celan, er habe »eine kleine Geschichte zu Papier [gebracht], in der ich einen Menschen ›wie Lenz‹ durchs Gebirg gehen ließ«. In diesem Text habe er sich von seinem »›20. Jänner‹ hergeschrieben«. »Ich bin [...] mir selbst begegnet.« »Das Gespräch im Gebirg« (1959) behandelt die jüdische Existenz, zum einen ihre völlige Entwertung, das Ausgeschlossensein der Juden »unter dem Stern« aus der menschlichen Gesellschaft, zum andern die Suche nach »radikaler [...] Individuation« (Celan) in dieser Außenseiterposition. In beiden Elementen liegt die Anknüpfung an Lenz, die signalisiert wird durch die Formulierungen »der Jud ging ..«, bzw. »wir, die Juden, die da kamen, wie Lenz, durchs Gebirg«. Die Juden definieren sich wie Lenz von ihrem »20. Jänner« her. Daß die Juden Groß und Klein sich in der Erzählung exakt ein halbes Jahr später begegnen, hebt diesen Bezug nicht auf, sondern zeigt an, daß es sich um Überlebende handelt, für die der Juli wie ihr Leben überhaupt unter jenem Zeichen steht.

In den fünfziger und sechziger Jahren werden nach Genton einige Stücke Lenz' auf dem Theater gespielt und sogar neu entdeckt. So wird Brechts »Hofmeister«-Bearbeitung mehrfach nachgespielt. Das Original wird zuerst 1957 aufgeführt. »Die Soldaten«, seit Kutschers Inszenierung auf der Bühne etabliert, erscheinen mehrfach in Spielplänen. 1963 wird »Der neue Menoza« erstaufgeführt.

1954 bearbeitet der Dramatiker Ferdinand Bruckner im Auftrag von Oskar Fritz Schuh die »Buhlschwester« für eine Aufführung im Berliner Theater am Kurfürstendamm. Nach Genton ist dieses Stück zuerst 1916 gespielt worden. Aus der fünfaktigen Komödie macht Bruckner eine einaktige. Mehr als bei Lenz steht die jetzt durchweg positiv gezeichnete »Buhlschwester« Julchen im Mittelpunkt. Sie führt die drei Herren aufgrund von deren Dummheit und Verblendung an der Nase herum. Bruckner will nämlich »die Rache der beeidigten Kreatur« darstellen, »die über die drei Vertreter der ›herrschenden Klasse‹ triumphiert« (an O. F. Schuh, 20. 7. 1954, zit. nach Lehfeld, S. 193). Für eine Aufführung im Hamburger Ohnsorgtheater im Jahre 1985 überträgt Herma Koehn den Text ins Niederdeutsche (»Jungfer Julchen«). Text und Inszenierung sind ein

Versuch, Lenz' Ziel einer volkstümlichen Komödie nahezukommen. Außerdem betonen sie stärker als Bruckner die sozialkritischen Akzente, wozu auch der Schluß beiträgt. Im Unterschied zu Lenz machen hier nach der Flucht der Kokotte die drei düpierten Galane sofort einer neuen »Dame« den Hof.

Eine produktive Rezeption Lenz', die sich an Breite und Vielfalt mit der in Naturalismus und Expressionismus vergleichen läßt, setzt in der Bundesrepublik erst Ende der sechziger Jahre ein. In dieser Zeit geraten Literatur wie große Teile der Kultur in eine Legitimationskrise vor allem durch die Anfragen der Studentenbewegung, die nach den »gesellschaftlichen Funktionen« der Literatur fragt und mit dem frühen Marcuse die »affirmative Funktion« der Kultur anprangert. Enzensberger und Boehlich beschwören in »Kursbuch« 15 vermeintlich den »Tod der Literatur«. Auswege werden im operativ-dokumentarischen Schreiben gesehen, vor allem aber in einer radikalen Politisierung der Literatur. Eine weniger radikale Antwort bildet das Anknüpfen an die Tradition einer nicht autonomen, gesellschaftskritischen Literatur, die bisher durch das Beharren auf Kunstautonomie – auch noch legitimiert durch die einflußreiche Ästhetik Adornos – diskreditiert ist, zum Beispiel an die sozialkritischen Texte des Sturm und Drang. Jost Hermand setzt zwischen 1965 und 1971 eine erste Welle der Aneignung des »progressiven« Erbes an, die auf ein »Aktivieren«, »Verwerten«, »Bekanntmachen« aus se (Die Literatur wird durchforscht werden. In: Basis 8 [1978]). Anknüpfungen an Lenz werden dabei zusätzlich gefördert durch die scharfe Kritik von Autoren und linker Literaturwissenschaft an der »Weimarer Hofklassik« (Hermand/Grimm), die die Literatur zugunsten eines Klassenkompromisses den bürgerlich-aufklärerischen Zielen entfremdet habe. Dieses Verdikt führt zu einer radikalen Umwertung der Geschichte der deutschen Literatur im letzten Dritte des 18. Jahrhunderts. Aufklärung, Sturm und Drang und Jakobinismus werden zum Maßstab für die Beurteilung ihrer Entwicklung. Durch Brechts Vorbild, aber auch die Praxis zeitgenössischer Autoren wie Frisch, Dürrenmatt und Wilder ist auch das Interesse an einer nicht autonomen, antiaristotelischen ›epischen‹ Dramenform gewachsen.

In Lenz' Abkehr von den drei Einheiten und der tendenziell offenen Form sieht der Komponist Bernd Alois Zimmermann einen wichtigen Anknüpfungspunkt. Die »Anmerkungen« nennt er eine Schrift voll »unerhörter Kühnheit«, die »in eine Richtung« weise, welche »in geradezu frappierender Weise mit meinen musikdramaturgischen Erkenntnissen von einer Form [...] übereinstimmte (»Intervall und Zeit«). Lenz strebe eine »Einheit der inneren Hand lung« an und nehme das Joycesche Prinzip der »Simultaneität« vorweg. 1968 wird Zimmermanns Oper »Die Soldaten« nach dem gleichnamigen Stück in Köln erstaufgeführt. Nach dem Prinzip der Simultaneität ist die Oper aufgebaut. Obwohl die Szenenfolge Lenz' nur teilweise aufgelöst ist, sind zeitliche und räumliche Trennungen radikal aufgehoben: »Die Zukunft frißt sich bedrohlich in die Vergangenheit ein [repräsentiert durch Lenz' Handlung, H. G. W.] und präsentiert ein Bild der Gegenwart, dem wir alle – am Schluß – gegenüberstehen« (»Intervall und Zeit«). Zimmermann benutzt neben drei Gedichten den gekürzten Text des Dramas, doch entfernt er sich bewußt weit von dem ursprünglichen Gehalt des Stückes. Das »Zeitkolorit« des Originals ist für Zimmermann »lediglich der Grund, auf dem sich das Geschehen abhebt« (»Lenz und neue Aspekte der Oper«). Das historisch konkrete Schicksal Maries wird zu einer übergreifenden Anklage gegen eine unmenschliche Welt überhöht, in der eine reale Möglichkeit totaler Zerstörung vorhanden ist. Die Soldaten stehen in der Oper für die Repräsentanten und Handlanger eines »falschen Ganzen«. Sie entwickeln und bedienen eine Maschinerie, die letztlich auf die atomare Weltzerstörung zusteuert. Die Geschichte der Marie soll den Zwang und Schrecken verdeutlichen, den die Macht der Soldaten auch in den unmittelbaren menschlichen Beziehungen hervorruft. Zimmermanns Sicht ist geprägt durch die Erfahrung von Faschismus und Krieg und durch die Debatte um die Atombombe in den fünfziger und sechziger Jahren. Die Komposition entstand bereits 1958–60 und wurde 1963/64 überarbeitet. Sie gehört also noch nicht in die Zeit der Studentenbewegung, nimmt aber mit der aktuell-politischen Umformung der »anachronistischen« Operngattung die Politisierung der Kunst vorweg – allerdings verbunden mit einer anvantgardistischen Form. Das Werk bündelt die Musik verschiedener Kulturbereiche und Zeiten zu einem Aufschrei gegen die Bedrohung der Menschheit. Entsprechend monumental sind die Besetzung wie die Anforderungen an die Aufführenden. Zimmermann strebt ein »Gesamtkunstwerk« an, das als »totales Theater« die Gattungen und Künste übergreift.

Lenz' »Soldaten« finden 1967 noch einen anderen Bearbeiter: Heinar Kipphardt. Sein Text wird zuerst 1968 in Düsseldorf aufgeführt. Kipphardt hat nach seinem Weggang aus der DDR in der Bundesrepublik eine neue Identifikation als Autor von Dokumentarstücken gefunden, die »politische Schlüsselfragen« der Zeit aufgreifen. Auf der Suche nach der deutschen Tradition des politischen Eingreiftheaters gerät er folgerichtig an Lenz' Stück. Dieses will er im Gegensatz zu Zimmermann nur »in einer verbesserten Form« vorlegen, »Schwächen und Unschärfen« beseitigen. Freilich handelt es sich um

eine mehr als technische Bearbeitung. Im Wunsch, die »Unterdrük-
kung« Lenz' durch die Literaturgeschichte aufzuheben, trifft sich
Kipphardt mit Brecht. Er verzichtet freilich auf dessen Prinzip der
»Historisierung« durch episch-dialektische Aneignung. Im Gegenteil, Kipphardt stärkt die aristotelischen Elemente des Stückes, indem er die relative Autonomie der Einzelszene aufhebt, vor allem
aber indem seine Figuren fähig sind, sich über ihre Absichten auszusprechen. Kipphardt streicht den Lenzschen Gegensatz zwischen
kaum erahntem wahrem Selbst und entfremdetem Denken und Handeln. So berechnen Marie und ihr Vater ganz bewußt die Chancen
zum Klassenaufstieg. Am deutlichsten wird Kipphardts Eingreifen in
der von ihm erfundenen Figur des Sekretärs. Lessings Marinelli geschickt nachgestaltet, spricht er mit dem Klassenblick des Bürgers,
der sich zum willigen Werkzeug der Herrschenden macht, die Inter-
essenlage vor allem Desportes' brutal und offen aus. Der deutlich
durch das marxistische Geschichtsverständnis der Gegenwart ge-
prägte klassenanalytische Zugriff auf das Stück beschneidet freilich
dessen Reichtum, weil er den Figuren und Handlungen ihre Widersprüchlichkeit nimmt, vor allem aber schränkt er die Schlagkraft der
sozialen Kritik ein, weil ja alle Beteiligten die Klassenverhältnisse bewußt und direkt mit produzieren, unter denen sie leiden. Bei Lenz
dagegen liegt die Stärke der Sozialkritik gerade in der Indirektheit
der Beziehungen zwischen Individuum und Gesellschaft. Seine Figuren sind weitgehend Opfer, bewußtlose Marionetten. Eine weitere
wichtige Änderung betrifft den Hauptmann Pirzel. Kipphardt steigert und aktualisiert diese Figur zu einem Theoretiker der Militär-
technik, der andeutungsweise die qualitative Veränderung des Soldatenstandes durch technische Innovation durchreflektiert. Pirzel trägt
auch den Reformvorschlag der »Pflanzschule« vor, welcher so – gegen Lenz – als Utopie eines Außenseiters erscheint, der nicht ernstgenommen wird. Weil Kipphardt – klarer aufklärerisch-didaktisch
als Lenz – von heute her Klassenstrukturen im 18. Jahrhundert aufzeigen will, muß er dem Reformvorschlag am Ende den Ernst nehmen.

Kipphardt strafft das Stück. Gegenüber 35 Szenen kommt er mit
32 aus. Insgesamt wirkt Kipphardts Text klarer und leichter spielbar
als das Original, was ja auch angestrebt ist. Der Erfolg auf den Bühnen gibt Kipphardt zunächst recht. Doch kann die Bearbeitung das
Original nicht verdrängen; denn die Faszination des letzteren liegt
gerade darin, daß der Zuschauer nicht von einer überlegenen Position aus über das Funktionieren der Gesellschaft belehrt wird, sondern die Ratlosigkeit der Figuren über ihre Struktur und Veränder-
barkeit teilt und ihm Erklärungen offengelassen werden.

Eine breite produktive Aneignung Lenz', vor allem der Figur Büchners, setzt ein, als die politische Aufbruchsstimmung zuende geht, der Niedergang und die vermeintliche Erfolglosigkeit der Studentenbewegung, aber auch die politische »Tendenzwende«, zuerst sich bündelnd im »deutschen Herbst« der Terroristen- und »Sympathisanten«verfolgung, Resignationsstimmungen unter den linken Intellektuellen und Autoren verbreiten. Eine Signalfunktion kommt hierbei schon Peter Schneiders erfolgreicher Erzählung »Lenz« (1973) zu. Peter Rühmkorf läßt in dem autobiographischen Text »Die Jahre die ihr kennt« (Reinbek 1973) in einem Traum den »großen Lenz« als Medium auftreten, durch das er der eigenen »Ambivalenz« innewird (S. 69). Schneider vermittelt über die Lenzfigur ebenfalls Ambivalenzerfahrungen. Im Gegensatz zu Kipphardts Vertrauen auf politische Aufklärung, das ihn an den Realisten Lenz anknüpfen läßt, werden in diesem Text politisches Handeln und Agitieren zum Problem, obwohl sie als solche noch nicht radikal in Frage gestellt werden. Darin signalisiert »Lenz« den Umbruch der Studentenbewegung, deren relatives Scheitern von einem ihrer Exponenten in literarischer Formulierung eingestanden wird. Schneider schildert in »Die Beseitigung der ersten Klarheit« (1977), wie die »Revolte« 1967/68 ihn selbst und viele Generationsgenossen erst zu »Personen« gemacht habe. Es habe zeitweise eine gelebte Utopie von Selbstveränderung und intendierter politischer Veränderung gegeben. Die Verwissenschaftlichung der »spontanen Parolen der ersten Stunde« habe erst später eingesetzt. Den inneren Grund für den Zerfall der Bewegung sieht Schneider in einem selbst auferlegten Zwang zur »Objektivierung«, zur Ausgrenzung des Individuell-Persönlichen zugunsten der Arbeit an politischen Strategien, wobei der Streit über diese den Zerfall in verschiedene Gruppen zur Folge gehabt habe. In diesen habe sich dann eine »Gruppenwahrnehmung« an die Stelle der Wahrnehmung des einzelnen Mitgliedes gesetzt. Als Beispiel führt Schneider den eigenen Aufsatz »Die Phantasie im Spätkapitalismus und die Kulturrevolution« an (in: Kursbuch 16 [1969]). In diesem läßt Schneider nur »agitatorische« und »propandistische« Funktionen der Kunst gelten. Hier habe er, sagt Schneider, in einem »intellektuellen Kraftakt […] den Hoffnungen, die ich nur noch denken, nicht mehr spüren konnte, die Gestalt objektiver Gesetze« gegeben.

Die Folgen des Zwangs zur »Objektivierung« für den Einzelnen stellt Schneider im »Lenz« dar. Dieser thematisiert die Entfremdungserfahrungen des einzelnen in einer Bewegung, die sich die kollektive Befreiung zum Ziel gesetzt hat. Ein solches Thema läßt sich nicht mehr in dokumentarischer oder agitatorischer Form darstellen. Im durchaus traditionellen Vertrauen darauf, daß die subjektive Erfahrung und Strukturierung von Welt am ehesten im Medium der Literatur gelinge, benutzt Schneider die Gattung der Prosaerzählung, wobei er darüber hinaus noch vor der Folie der Büchnerschen Vorlage erzählt. Entgegen den in der Studentenbewegung weit verbreiteten Zweifeln an der »gesellschaftlichen Funktion« fiktionaler Literatur sieht sich Schneider also genötigt, einen fiktionalen Text zu schreiben. »Es war [...] ein Bedürfnis, mich wiederzufinden [...]. ›Lenz‹ beschreibt einen Re-Individualisierungsprozeß« (Schneider in: Stuttgarter Nachrichten 6. 10. 82).

Schneider bezieht sich nicht direkt auf den historischen Lenz, mit dem er sich erst später, in einer Besprechung der Erzählung Büchners für die »›Zeit‹-Bibliothek der 100 Bücher« auseinandersetzt.

»J. M. R. Lenz entdeckt die Widersprüche zwischen den niederen Ständen und den gebildeten Klassen für die Literatur [...]. Fünfzig Jahre später drang Georg Büchner auf die praktische Auflösung des Gegensatzes zwischen ›Armen‹ und ›Reichen‹ zu einer Zeit, da in den »untersetzten deutschen Verhältnissen nicht einmal eine bürgerliche Revolution bevorstand [...]. Anders als Goethe, der mit einem soliden Sinn für Macht ausgestattet war, waren Büchner und Lenz weder bereit noch fähig, soziale Widersprüche aus der Wahrnehmung auszugrenzen, weil ihre Aufhebung noch nicht an der Zeit war. Beide waren sie ›ihrer Zeit weit voraus‹, wie die Späteren gern anerkennen, freilich ohne den Preis zu nennen, den diese Zufrühgekommenen zu Lebzeiten zahlten: Verhaftung, Verbannung, Flucht in den Wahnsinn.

Entsprechend liest Schneider »Lenz« als Geschichte »einer inneren Versteinerung und Vereisung«, die »eine so radikale Zurückweisung durch die Wirklichkeit in Gang setzt« und die »der historische Lenz wehrlos erlitt«. Für Stephan belegt diese Formulierung, daß Schneider in »Lenz« die »Selbstreflexion des scheiternden, resignierenden Revolutionärs gesehen hat« (S. 126). Offensichtlich setzt Schneider Lenz' Perspektive in der Erzählung mit der Perspektive des Erzählers gleich. Und die »Beschwörung gescheiterter Hoffnungen« (Stephan) ist sicher ein Hauptthema der Erzählung Schneiders. Schneider wählt die Folie des »Lenz«, weil er sich im Seelenzustand des Protagonisten, in seinen Symptomen einer fortschreitenden Entfremdung von sich selbst und von seiner Umwelt wiedererkennt – wie sich ja auch Büchner in Lenz wiedererkannt hat.

Allerdings hat Schneider im Gegensatz zur Mehrheit seiner Nachfolger noch eine Utopie und eine Perspektive in die Erzählung hineinzugestalten versucht. Der aus Berlin geflohene Held findet bei den Kämpfen der Arbeiter in Trento ansatzweise eine Erfüllung seiner politischen und persönlich-emotionalen Bedürfnisse. Privatheit und Öffentlichkeit fallen hier nicht mehr auseinander.

»Es wurde ihm selbstverständlich, daß man sich für seine Zweifel und Unsicherheiten ebenso interessierte wie für seine Standpunkte. Da er mit den meisten ohne weiteres über L., über einen Traum, über eine Angst sprechen konnte, erschien es ihm nicht mehr so wichtig, so daß die persönlichen Konflikte oft von selber, ohne daß es eines Planes bedurft hätte, gelöst wurden.«

Ob der unfreiwillig nach Berlin zurückgekehrte Held diese Erfahrungen in ein neues Verhalten umsetzen kann, läßt der Erzähler am Ende offen – als eine Aufforderung an den Leser, den in der Erzählung enthaltenen Appell produktiv umzusetzen. Trotz der deutlichen resignativen Elemente in den Berlinpassagen ist die Erzählung ein Eingreiftext. Schneider hat sie – außer zur Selbstklärung und zur Legitimation einer schriftstellerischen Tätigkeit – primär für das Publikum der Studentenbewegung geschrieben, dem er ihre Anfänge vorhält, wo »öffentliche« Politik und Privatheit noch nicht auseinandergetreten sind. Freilich ist diese Abkehr von den »vagen Begriffen des Anfangs« (Schneider) nicht zufällig gewesen und Schneider vermag auch nicht anzugeben, wie eine Bewegung, die sich aufgrund der Anforderungen der historischen Situation weiterentwickelt hat, die Verheißung des Anfangs wieder aufnehmen kann. So vermag der Text nicht zu verhindern, daß ihm eher die Momente der Resignation entnommen werden, daß er in der Rezeption häufig den Umbruch »von der alten Radikalität zur neuen Subjektivität« (Michael Schneider) legitimiert.

Schneider ahmt Büchners Sprache, Erzählhaltung und Stil nach – bis hin zu Paraphrasen und Zitaten. Goltschnigg hat die Entsprechungen und Übereinstimmungen untersucht und zusammengestellt. An die Stelle von Natur und Dorf tritt die Stadtlandschaft Berlins. Sie bildet das Medium und Forum, um des modernen Lenz Gefühle und Identitätsverlust, Einsamkeit, Angst und Depression zu entfalten.

»Es hatte geregnet, mitten in eine Schwüle hinein, die Nässe machte die Häuser kleiner, die Bürgersteige rückten näher zusammen. Einmal sah er das Gesicht eines Vorübergehenden mit so großer Deutlichkeit, daß es ihm die Tränen in die Augen trieb. Erzähl mir deine Geschichte, ich hänge dich nicht auf. In der Dämmerung setzte sich Lenz an das Ufer eines Kanals. [...] Ein Lastkahn lag an der Mauer, Lenz war, als müsse er frieren. Er warf öfter Steine in das Wasser und wartete dann, bis die Häuser aufhörten zu wanken. *Als er aufschaute, konnte er die Grenze zwischen Dächern und Himmel nicht mehr erkennen. Soweit er schauen konnte nichts als gewaltige Klötze, über ihm diese fahle Lichtglocke im Himmel, und alles so kalt, so steinern. Es wurde ihm entsetzlich einsam, er war allein, er wollte mit sich sprechen, er konnte nicht, er wagte kaum zu atmen.*«

Die Unterstreichung kennzeichnet eine Paraphrase (Satz 1), bzw. ein Zitat (Satz 2).

Zerbricht Büchners Lenz an der Unmöglichkeit, eine Einheit zwischen Kunst und Leben herzustellen, »Leben, Möglichkeit des Daseins« in der Kunst gegen den Idealismus durchzusetzen, so leidet Schneiders Lenz an dem Auseinandertreten von Kopf und Körper, Intellekt und Sinnlichkeit, Politik und Emotionalität. Der Konflikt von Büchners Lenz mit der patriarchalen Autorität spiegelt sich in Lenz-Schneiders Konflikt mit den dogmatischen linken Gruppen, vor allem aber in seinem Zusammenstoß mit B. Das ambivalente Frauenbild von Büchners Lenzfigur taucht bei Schneider in den Beziehungen zu L., zu Marina und Pierra, vor allem aber auch in den Muttermordphantasien auf. Sahlberg kommt diesbezüglich zu dem Ergebnis: »Man könnte Büchners Lenz als Symbol des Unbewußten von Schneiders Lenz bezeichnen: Dieser trägt einen latenten Wahnsinn in sich, den Orestkomplex des Muttermörders. Büchners Lenz geht im Wahnsinn unter, Schneiders wird geheilt« (S. 142). Der geglückte Anschluß an das Proletariat in Trento bewirkt bei Schneiders Lenz, daß sich seine Wahrnehmungsfähigkeit verändert und er sich aus den Phantasmen, die Gewalt über ihn haben, befreien kann. Wenn in der Trienter »Therapie« die verdrängten Erfahrungen ihre Gewalt über Schneiders Lenz verlieren, liegt darin eine politisch-didaktische Absicht linker Kritik an der Psychoanalyse, die der Anknüpfung an Büchner einen Teil ihrer Ernsthaftigkeit nimmt. Büchners Erzählung macht betroffen aufgrund der Konsequenz des dargestellten Prozesses. Schneider nimmt einen Teil der geschilderten pathologischen Symptome auf, biegt aber die in ihnen liegenden Konsequenzen ab. Dies muß zu einer Verflachung der Anknüpfung führen. Zum Beispiel wird der »Riß«, den Büchners Lenz in der Schöpfung empfindet, bei Schneider zu einem »Riß«, der Lenz beim Anblick seiner ehemaligen Freundin »durchzuckt«, wobei dieser »Riß«, wie später deutlich wird, aus Schuldgefühlen bezüglich des Todes der Mutter entstanden ist. Das Beispiel zeigt, wie Schneider Büchners sehr vielschichtige Motivik, die sich gegen eine einlinige Interpretation sperrt, eher verengt.

Brecht gestaltet in seiner »Hofmeister«-Bearbeitung die Ohnmacht und Willfährigkeit des Intellektuellen gegenüber der Macht. Bei Schneider will der Intellektuelle »kämpfen«, wird aber durch seine eigenen Verletzungen und Entfremdungen, die zudem in der Gruppe nicht aufgearbeitet werden können, daran gehindert. Peter Rühmkorfs Kritik trifft zu, Schneiders »zweigestrichener Lenz« sei »ein Reisender in eigenen Reizbarkeiten«, der »aus Begegnungen immer nur sein eigenes Erregungskapital« schlage (Urlaub am Fließband. In: Dasda 19. 11. 1973. S. 50). Die Erzählung zeigt, wie die Politisierung für die Studenten viel zu schnell gekommen ist, so daß die eigene bürgerliche Vergangenheit übersprungen wurde. Die Geschichte ist dort am stärksten, wo sie schildert, wie die vom eigenen Narzismus geprägten Ansprüche und Wahrnehmungsformen den Intellektuellen davon abhalten, die Welt einmal anders als aus dem eigenen Blickwinkel zu sehen.

Nur sehr vorsichtig deutet Schneider hierfür Ursachen an. Die jüngste Geschichte der »deutschen Misere« – Faschismus, Krieg und Nachkriegsrestauration – bildet den Rahmen für die »Privatgeschichte«. So vermischen sich die Kriegsszenen, die Angst und Ohnmachtsgefühle auslösen, in Lenz' Erinnerung mit den kindlichen Konflikten, der Prügelszene, dem Fremdgehen und dem Tod der Mutter. »Private« familiäre und politische Erfahrungen formen bei Lenz ein Syndrom, das schließlich eine Handlungslähmung bewirkt. So gesehen, ist Schneiders »Lenz« schon ein wichtiger und authentischer Text über die Studentenbewegung, weil er ihre innere Krise herleitet aus der trotz Ideologie- und Systemkritik noch unaufgearbeiteten Faschismuserfahrung und aus der Verdrängung der Verletzungen aus der individuellen Sozialisation.

Obwohl Schneider in seiner Besprechung von Büchners »Lenz« in der »›Zeit‹-Bibliothek« anmerkt, daß man »Lenz' Seelenzustand [...] nicht prolongieren und zum Lebensgefühl stilisieren« dürfe, wird die Lenzfigur zu einem Katalysator für breite Stimmungen, wobei Schneider die Bilder und Formulierungen bereitgestellt hat. Ein typisches Beispiel dafür, wie Entfremdungs- und Resignationsgefühle auf Lenz projiziert werden, bildet der »Provinzlenz« von Albert Herrenknecht:

»Lenz irrte durch die Kleinstadt. Er fühlte sich entsetzlich einsam; er war allein, ganz allein. Irgendetwas trieb ihn. Er mußte raus, er mußte unter Leute. Und als er sie fand, waren sie anders als die, die er brauchte. [...]
Er fühlte sich anders als die anderen, und dieses Gefühl machte ihm Angst; denn es schuf seine Einsamkeit. Es machte ihn stumpf für die Lebendigkeit der anderen, hinterließ Unverständnis und Gleichgültigkeit. Er hatte das Gefühl, sein Leben zu verschleudern, ein unnützes Dasein zu führen.«

Allerdings ist die geschilderte Melancholie bei Herrenknecht nur die eine Seite des »Provinzlebens«, die andere ist der Kampf um die Veränderung des Bestehenden, hier vor allem für ein neues Jugendzentrum in Wertheim. Eine Neuausgabe des »Hessischen Landboten« als »Provinzzeitung der Jugendzentren im hessischen Lande und Umlande« repräsentiert die politisch-aufklärerische Seite des Büchnerbezugs bei Herrenknecht. Völlig gelöst von solchen konkreten politischen und historischen Zusammenhängen sind dann die Zitate der »Lenz«-Stimmung in Alexander Rockwells Film »Lenz« (1980), der in New York spielt und nicht mehr in die engere Lenzrezeption einzuordnen ist.

Lenz-Stimmung prägt auch die Schilderung einer Fußwanderung von München nach Paris, die der Filmregisseur Werner Herzog im November/Dezember 1974 unternommen hat. »Vom Gehen im Eis« (1978) reproduziert bis in einzelne Formulierungen hinein Lenz-Büchners und -Schneiders Entfremdungsklage, Depression und Narzismus, obwohl die Autoren nicht ausdrücklich genannt werden. Die Wanderung kreuzt die Vogesen und berührt das Tal von Waldbach und Fouday. Die Strapazen, die Einsamkeit und die Naturerlebnisse auf der Wanderung dienen freilich der Selbstinszenierung eines Narzisten, der als erfolgreicher Regisseur und Künstler überleben will. Die Verfluchung der »kalten« Welt, das »Wühlen in sich«(!), die Klage über die eigene »Erschöpfung« und Leere, die Versuche, Gehen, Wahrnehmen und Flüchten zu lernen geschehen nicht zuletzt um der Motive für neue Filme willen. Je weniger Bilder der Wanderer in der öden Natur sieht, desto mehr produziert sie sein Inneres.

Näher in den konkreten Zusammenhang der Lenzrezeption gehört Hermann Kinders autobiographischer Roman »Schleiftrog« (1979).

»Lenz, Lenz, wer war das denn noch? Da gabs doch so ein Stück von Brecht. Hat der sich nicht kastriert? Heute abend werde ich mir in der Literaturgeschichte ansehen, wer das war. Daß ich alles vergesse!«

So reagiert der Germanistikstudent Bruno auf die Erwähnung von Lenz in der Vorlesung eines Professors. Für Bruno ist der historische Lenz nur eine Bildungsreminiszenz, Teil des toten Wissens, das er in seiner Verhaftung an einen heruntergekommenen bürgerlichen Bildungsbegriff des Sammelns und Archivierens speichern möchte. Wie Schneiders Lenz leidet Bruno unter einer tiefen Diskrepanz zwischen Theorie und Praxis. Sein akkumuliertes Wissen hilft Bruno nicht, zum Handeln zu kommen und noch nicht einmal, den eigenen Alltag zu bestehen. Der intellektuelle Leistungsdruck, dem er sich, geprägt von den väterlichen Ansprüchen, unterwirft, entfremdet ihn von sich selbst. Clichés und Fremdzitate verstellen ihm schon früh den Zugang zu eigenen Empfindungen, lassen ihn zeitweise ganz im Wirrwarr des unbegriffenen Angeeigneten aufgehen. Auch die dezidiert linke Theorie und Phraseologie hebt für Bruno den Abstand zum praktischen Leben nicht auf. Daraus resultieren bei ihm wie bei Schneiders Lenz Aggressionen gegenüber Marx. Bei Schneider und bei Kinder spiegelt die Beziehung zur Geliebten ein Nachholbedürfnis des Kopfmenschen an Sinnlichkeit und Emotionalität wieder.

Schneiders Lenz gelingt es aber, das Scheitern seiner Beziehung in Trento partiell zu verarbeiten. Für Bruno hingegen entwickelt sich Gertrud zu der Person, die eine Alternative verkörpert und daher ihm sein Scheitern vollends deutlich werden läßt. Nach dem Examen verläßt sie die intellektuelle Klasse, wird Arbeiterin und kommt erst über die praktische Gewerkschaftsarbeit wieder mit Theorie in Berührung. Bruno hingegen gibt jede politische Praxis auf. Stattdessen schreibt er sein Leben als einen »realistischen Roman« auf. In dieser Einbeziehung der Autorproblematik liegt eine Parallele zu Büchners Lenz. Beide, Bruno und Lenz können auf keine Weise die Kluft zwischen Schreiben und Leben schließen. Für Bruno ist das Schreiben zuletzt nur noch resignierende Flucht aus dem Handeln. Im Realismusanspruch Brunos liegt eine Parallele zu Lenz', Büchners und Schneiders Poetologie. Kinder, der wie Schneider, allerdings zu einem späteren Zeitpunkt, die Voraussetzungen und das Scheitern der Studentenbewegung vom individuellen Beispiel her reflektiert, stellt sich die Frage, ob der Schriftsteller wie in Schneiders »Lenz« individuelle und/oder kollektive Wege zur Veränderung aufzeigen soll, was leicht zu einer Idealisierung von Figuren und Handeln führt. (Diese signalisiert die recht schematische Konstruktion der Trento-Episode bei Schneider.) Kinder entscheidet sich für einen nicht idealisierten Helden. Dessen letztendliche innere Gebrochenheit zeigt sich darin, daß er seinen Lebensweg, seine Gefühle und Reflexionen nur ironisch distanziert als »Bildungsroman« beschreiben kann. Dabei stellt er sich als Erzähler immer wieder die Frage, warum er nie so »ideal« ist, wie er es gern wäre. Bruno ist melancholischer, narzistischer und larmoyanter als Schneiders Lenz. Kinder zeigt in dem Text, daß »wir Schreiber Neurotiker sind! Hysteriker, Exhibitionisten, Narzisten, Geltungssüchtige, Lebensversager« (Patriotisch? Alltäglich? Dramatisch? in: tübinger texte H. 7 [1978]). Das Lebensfazit Brunos erinnert an Lenz' Beginn der »Goetz«-Rezension, wo die durchschnittliche Biographie eines Intellektuellen in seiner Zeit dargestellt ist, der nur ein Rädchen in der großen Maschinerie der Gesellschaft sei und schließlich in eine Stellung geschoben werde, ohne etwas zu bewirken:

»Bullen sind wir geblieben, bürgerliche Einzelkämpfer. Wir sind ein bißchen verzweifelt, ein bißchen ironisch und hängen an uns [...]. Wir werden dreißig, nehmen eine Stellung ein, man braucht uns, man kann sich auf uns verlassen, es ist unnötig, uns Berufsverbot zu geben.«

Das Motto von Uwe Timms Roman »Kerbels Flucht« (1980) zitiert den im Selbstmord endenden Dichter Kleist; zu Recht ist der Text in Handlungsverlauf und Struktur auch mit dem »Werther« verglichen worden (Hanjo Kesting: Die alten Leiden des neuen Werther. In: Frankfurter Rundschau 9. 9. 80). Timm knüpft aber außerdem an Büchners »Lenz« an, und zwar an die selbstzerstörerischen Züge des Protagonisten. Auf dem Höhepunkt seiner Krise notiert er im Tagebuch den »Lenz«-Satz: »Er stand nun am Abgrund, wo eine wahnsinnige Lust ihn trieb, immer wieder hinzuschauen und sich diese Qual zu wiederholen.« Wie Schneiders Lenz wird Kerbel von der Freundin verlassen, ihm dadurch seine »Austauschbarkeit« vorgeführt. Er erlebt das eigene Leben als zunehmend verödet und steigert sich hinein in eine »allgemeine Lustlosigkeit«, »langsame Auszehrung der Zuversicht«, eine »Bleichsucht der Wünsche, eine Atrophie des Willens«. Kerbel verkörpert deutlich den resignierten und gescheiterten Rebellen der ausgehenden Studentenbewegung, der seine politische Arbeit, die vor dem Handlungszeitraum des Textes liegt, als »vertane« Zeit ansieht. Wie für Schneiders Lenz und Kinders Bruno verlieren für ihn die »Begriffe der politischen Theorie« ihre Relevanz. Dies geht bei ihm freilich so weit, daß das Problem der Theorie-Praxis-Vermittlung gar nicht mehr auftaucht. Der noch aktive Studentenpolitiker Oberhofer verkörpert das patriarchale Element und mahnt Kerbel, sein Leben nicht zu verschleudern, d. h. das Studium abzuschließen und sich wieder aktiv in die linke Bewegung zu integrieren. Kerbel empfindet freilich gegenüber der Umwelt zunehmend nur Ekel: »Wie kommt es zu dieser allgemeinen Starre in diesem Land, zu dieser entsetzlichen Bewußtseinslähmung, zu dieser perversen Selbstzufriedenheit mit dem eigenen Kastratendasein?« Kerbel erkennt wie Büchners Lenz einen »Riß« in der Weltordnung: »Warum soll dieser häßliche Riß in mir nicht auch durch den ganzen Kosmos gehen?« Ganz konsequent läßt Timm seinen Helden eine Polizeikontrolle im ›deutschen Herbst‹ der Terroristenverfolgung ignorieren und diese »Flucht« im Kugelhagel beenden. Kerbel verkörpert ganz konsequent die Wende »von der alten Radikalität zur neuen Sensibilität« (M. Schneider), die schon Schneiders Lenz signalisiert. Die Tagebuchform verstärkt noch den Eindruck von Solipsismus und Masochismus. Bleibt die Entwicklung Lenz' und Brunos am Ende offen, scheitert Kerbel auch bei dem Versuch, sich schreibend zu befreien. Timms Zurücknahme jeder Utopie dokumentiert ein sicheres Gefühl für eine gesellschaftliche Stimmungslage, gibt aber mit dem Verzicht aufs Kämpfen ein wesentliches Element des Lenz-Büchnerschen »Erbes« auf.

Karin Struck zitiert in ihren Werken, insbesondere in »Klassenliebe« (1973) und »Die Mutter« (1975) häufig aus Büchners »Lenz«. Für die Autorin drücken diese Zitate »Hilferufe« mit der »bloßen ungeübten Hand« aus. Sie beinhalten – wie überhaupt die vielen Entlehnungen bei Struck – keine strukturelle und nur begrenzt eine motivische Anknüpfung. Und doch gewinnen die Verweise auf »Lenz« eine besondere Funktion im Hinblick auf das Programm der Autorin, sich schreibend immer wieder selbst zu definieren. »Mindestens viermal« liest Karin in »Klassenliebe« »Lenz«. Ihre Rezeption sprengt die Autonomie des Textes auf und entlehnt einzelne Formulierungen. Auf Lenz' Ausspruch, »ich verlange in Allem Leben, Möglichkeit des Daseins« – zweimal zitiert in »Klassenliebe« – projiziert die Schreiberin ihre ganz persönliche Sehnsucht nach befreiender Spontaneität und Ausbruch aus der sozialen Determination: »Tanz, Befreiung von seelischem Druck«. Das Zitat aus der Aufweckungsszene »wühlte all seinen Willen auf einen Punkt« führt bei Karin zu der Frage: »Wie kann *ich* all meinen Willen auf einen Punkt wühlen? Genau das Bild. Zerstreut wurden meine Willen überallhin, auf Sinnloses. Ich muß jetzt all meinen Willen auf einen Punkt wühlen. Auf meinen Punkt.« Die Schreiberin versucht hier die äußerste Kraftanspannung, die Büchners Lenz im Moment dieser Formulierung vollzieht, nachzuahmen, aus den Worten Kraft zu saugen. Karin Struck betont immer wieder, daß Schreiben für sie einen Vorgang des Gebärens darstelle. Büchners Lenz geht es um eine Neugeburt eines gestorbenen Kindes. Beiden geht es – Büchners verzweifeltem Lenz zum letzten Mal – um eine Probe der eigenen Schöpfungskraft.

In ihrem Roman »Lieben« stellt Karin Struck unter anderem einen schizophrenen Drogensüchtigen namens Lenz dar. Die selektive Anknüpfung an Büchners Erzählung liegt hier darin, daß Büchner-Lenz' Versuch, ein gestorbenes Kind aufzuwecken, doppelt aufgenommen wird: in den Schuldgefühlen der Hauptfigur Lotte nach der Abtreibung, die sie in ihren Phantasien rückgängig machen möchte und in ihrer Anstrengung, Lenz, der als Drogensüchtiger dem Tode geweiht ist, zu retten. Wie Büchners Lenz seine eigenen Schuldgefühle durch die scheiternde Kindesaufweckung nicht überwinden kann, vermag Lotte ihre bedrückende Abtreibungserfahrung durch ihren Beistand für Lenz nicht zu überwinden. Im Gegensatz zu Schneiders und Büchners Figur ist Strucks Lenz ein ausgeflippter »Wilder ohne Sprache« (Beatrice von Matt), bei dem Lotte ihren mit Lenz-Büchners Wünschen vergleichbaren Wunsch nach Regression und Verschmelzung partiell erfüllt findet, dessen Genuß- und Todeswut sie aber nicht besänftigen kann.

Karin Strucks »Lenz«-Zitieren gehört wie die strukturell und motivisch enger an Büchners »Erbe« anknüpfenden Texte ihrer männlichen Kollegen in die Phase der »neuen Sensibilität« am Ausgang der Studentenbewegung. »Klassenliebe« zum Beispiel ist wie Schneiders »Lenz« ein bedeutender Signaltext für jene. Das Schreibprogramm

Karin Strucks zelebriert aber keine Resignationsgefühle von gescheiterten Rebellen, sondern drückt in seinen Widersprüchen und sprachlichen Unzulänglichkeiten eine streitbare Subjektivität aus, die sich ihr Selbstwertgefühl mit jedem Satz neu erkämpft. Die »Lenz«-Bruchstücke werden diesem Programm rücksichtslos einverleibt, zum Sprechen-Lernen benutzt, als Autorität zur Selbst-Aufwertung mit eigenem Leben gefüllt und zur Selbst-Absicherung verwendet.

Untergründiger, aber hinsichtlich Büchners Text substantieller, ist der »Lenz«-Bezug in Kipphardts Roman »März« (1976) über den Patienten und Dichter Alexander Herbeck. Dieser ist, wie der Titel schon andeutet, eine Lenz verwandte Gestalt. Die Bezüge liegen in den geschilderten Übergängen zwischen Genie und Wahnsinn, Dichtung und Leben, aber auch in Motivparallelen wie der Muttermordphantasie, der Angst vor der patriarchalen Gewalt, dem Christusbezug und ganz allgemein in der Darstellung schizophrener Symptome. Kipphardt vermeidet aber jede direkte Bezugnahme auf Lenz. Der Autor stellt das Buch in den Zusammenhang der antipsychiatrischen Bewegung, wobei er, der selber als Psychiater tätig war, in ihm auch eigene Erfahrungen verarbeitet.

Von den vorgestellten, Büchners »Lenz« rezipierenden Texten sind die Versuche zu unterscheiden, Büchners Figur in einem anderen Medium als dem der Prosa zu vergegenwärtigen. Dies setzt eine genaue und umfassende Aneignung der Erzählung voraus und fordert auch eine eingehendere Auseinandersetzung mit dem historischen Lenz, um Büchners Bild zu verstehen, zu vervollständigen oder zu korrigieren. Mit Unterstützung des Literarischen Colloquiums Berlin dreht 1970 George Moorse nach Büchners Text seinen »Lenz«-Film, ein Werk, das mit Sicherheit Schneider zu seiner Büchner-Bezugnahme angeregt hat. Moorse stellt den verhaltensgestörten, kommunikationsunfähigen und schizophrenen Außenseiter in ruhigen Bildsequenzen dar, die seine Gestik, Mimik und Bewegungen, den ständigen Wechsel zwischen hektischem Aufbruch und Erschlaffung meist vor der winterlichen Landschaft des Elsaß zeigen. Die Sorgfalt und Genauigkeit, mit der die seelischen Regungen – häufig in vergrößernden Nahaufnahmen oder in Von-unten-Perspektive und oft ohne Sprache von dem hervorragenden Schauspieler Michael König dargestellt werden, gibt dem Individuum ein sehr hohes Maß an Bedeutsamkeit. Die notwendig beim Zuschauer Identifikation fordernde Perspektive unterscheidet den Film von der Sicht Büchners auf Lenz, die bei aller Einfühlung doch sachlich und häufig auch distanziert ist. So heroisiert der Film Lenz zu einer Kultfigur deren Sog der Zuschauer leicht erliegt. Die Ursachen für sein abweichendes Verhalten treten dabei in den Hintergrund. Moorse hat vo allem durch den Rahmen – 27 eingeblendete zeitgenössische Illustrationen, die auf die Klassenunterschiede und französische Revolution hinweisen – zeitgeschichtliche Gründe andeuten wollen – freilich hat schon die Kritik dessen mangelnde Verknüpfung mit dem vorgeführten Schicksal Lenz' moniert.

Als Auftragswerk der Hamburgischen Staatsoper entsteht Wolfgang Rihms Kammeroper »Jakob Lenz«, die 1974 erstaufgeführt wird. Das Libretto gestaltet Michael Fröhlich nach Motiven aus Büchners »Lenz«. In seinen Text bezieht er kurze Ausschnitte aus den Essays und dem Gedicht »An den Geist« ein. Rihm hat sich nach eigenen Angaben ausführlich mit dem historischen Lenz beschäftigt. Versuche, sich ihm – auch musikalisch – zu nähern, seien aber »gescheitert«, so daß er – Rihm – sich dann entschieden habe, sein eigenes Scheitern wie das der Zeitgenossen Kaufmann und Oberlin darzustellen. Bewußt sieht Rihm von allem überflüssig Zeithistorischem ab, das die Einfühlung der Zuschauer erschweren könnte, und konzentriert sich darauf, Lenz' Existenz als »Chiffre von Verstörung« zu gestalten (Programmheft der Aufführung 1979, Hamburgische Staatsoper). Der Komponist entscheidet sich ganz konsequent für eine Innenperspektive. Auch die »Stimmen der Gesellschaft«, die als Oberlin und Kaufmann, als ländliche Gemeinde und als Stimme der Natur, bzw. des Gewissens auftreten, sind Projektionen der Innenwelt Lenz'. Die Oper vergegenwärtigt seinen Zerfallsprozeß, seine zunehmende und unrettbare Vereinsamung und Verstörung. Durch den Wegfall des Erzählers sind Lenz' wahnhafte Phantasien dem Zuhörer bedrängend nah. Individuelle Lebensperspektive und Gesellschaft, Dichtung und Leben fallen für diesen Lenz völlig auseinander, der sich im »Schlaraffenland verwilderter Ideen« (ein aufgenommenes »Waldbruder«-Zitat) einrichtet. Die Vertreter der patriarchalen Macht können ihm nicht mehr heraushelfen, stecken ihn am Ende in eine Zwangsjacke und verlassen ihn. Auch eine ersehnte, vielleicht rettende Verschmelzung mit dem Mütterlich-Weiblichen mißlingt. Deutlich gestaltet Rihm also Lenz' Lebenskrise als ein unrettbares Sichverlieren im bedrohenden Kindheitsdrama.

Rihm benutzt Bläser, drei Violoncelli, ein Schlagzeug und als Continuo ein Cembalo. Die Hauptrollen und Stimmen werden durch einen Kinderchor ergänzt. Im Gegensatz zu Zimmermanns »Gesamtkunstwerk« schreibt Rihm eine Kammeroper. Die Musik zeichnet präzis die Wahnlogik Lenz' nach. Die avantgardistische atonale Komposition verwendet traditionelle Tonalität als Zitat – bis hin zu Gattungen wie Choral, Sarabande und Ländler.

»Eine Person wie Jakob Lenz auf der Bühne ist kompliziert allein dadurch, weil sie selbst mehrere Ebenen in sich birgt. Diese ständig präsenten Bühnen muß die Musik re-präsentieren. Ich habe dies auf die direkteste Art versucht: die musikalischen Schichten nicht säuberlich voneinander getrennt, sondern ständig präsent gehalten, bis sie – ihrer eigenen Dramaturgie entsprechend – hervorbrechen müssen.« (Programmheft der Hamburger Aufführung 1979)

1980 gibt es gleich zwei Lenz-Erstaufführungen im Ausland. In New York wird durch die LDP Productions in der Calvary Episcopal Church Mike Stotts »Lenz« (1979) gespielt. Der Schwerpunkt dieser freien Büchneradaption liegt auf der Schizophreniedarstellung, wobei die Rezension der »New York Times« (29. 2. 80) zu Recht feststellt, daß der Zusammenhang von Lenz' Leben und erst recht der überindividuelle Zusammenhang kaum vermittelt werden. In Straßburg vergegenwärtigt Hannes Klett, der frühere Regieassistent von Klaus Michael Grüber, mit deutschen und französischen Schauspielern Lenz' Leben vor dem Straßburger Münster in einer Collage aus Lenz-Texten, Büchners Erzählung und Robert Walsers Dialog. Der Text ist in Zusammenarbeit mit Brigitte Landes entstanden, die dann 1982 in Christoph Nels Hamburger »Hofmeister«-Inszenierung die Dramaturgie übernimmt. Die Collage thematisiert zuerst die Freundschaft zwischen Goethe und Lenz in Straßburg, dann den Zusammenstoß in Weimar, Lenz' ziellose Schweizer Reisen und seine Verstörung in Waldersbach. Albtraumartig zieht der Text Lenz' geniales Wollen, sein Sichaufbäumen gegen die gesellschaftlichen Zustände zusammen mit dem späteren Realitätsverlust und dem Scheitern.

Der Künstler als gesellschaftlicher Außenseiter, die psychischen Auswirkungen der Spannung zwischen Schreiben und Leben, die Nähe von Genialität und Wahnsinn bilden die Grundthematik in Jürg Amanns Werk. Er spielt sie unter anderem an Goethe, Novalis, Kafka und Robert Walser durch, bevor er sich in dem Hörspiel »Büchners Lenz« (1983 von Radio Bremen und Südwestfunk Baden Baden gesendet) unserem Autor zuwendet. Zuvor hat er schon Friederike Brion im ersten von »Elf Monologen« (enthalten in »Nachgerufen«, 1983) dem werbenden Lenz ihre immer noch bestehende Bindung an Goethe schildern lassen. Hier läßt Amann Lenz in seiner Fixierung auf den immer überlegenen Konkurrenten Goethe die Bereitschaft Friederikes zum Sichöffnen ihm gegenüber nicht erkennen. Immer benutzt Amann biographische Quellen und literarische Werke, um die Existenz des von ihm thematisierten Dichters von innen her zu verstehen und zu gestalten. Dies gilt auch für das Hörspiel. Es lehnt sich zwar eng an Büchner an, bezieht aber auch andere Texte, zum Beispiel »Die Liebe auf dem Lande« ein. Amann hat sich offensichtlich sehr genau mit Lenz' Leben und Künstlertum beschäftigt. In den gedrängten, atemlosen, oft zerhackten Sätzen, die an

Büchner und Robert Walser erinnern, gelingt es ihm gerade auch an den Stellen, wo er erfindet, Lenz' innere Spannungen sprachlich zu vergegenwärtigen. Da der Erzähler wegfällt, ist Amann gezwungen, Lenz selbst seine Gefühle und Handlungen erklären zu lassen. Im Gegensatz zu Büchners Lenz kann daher sein Lenz seine Lebensproblematik versprachlichen, zum Beispiel Kindheitserinnerungen an den Vater, an die Mutter klar formulieren. Diese Bewußtheit nimmt seinem Wahn einen Teil der beklemmenden Wirkung. Indem Lenz direkt ausspricht, inwiefern er Opfer der Konstellation in seiner bürgerlichen Familie ist, hat er selber die Einsichten, die bei Büchner selbst der Erzähler nur sehr selektiv besitzt und an den Leser weitergibt. Amann akzentuiert überdeutlich die ödipale Konfliktsituation des kindlichen Lenz, aus der seine Muttermordphantasien ebenso erwachsen wie der unlösbare Konflikt mit dem Vater. Amann nimmt die Versuche der Forschung (Schöne), aber auch der Literatur (Hofmann) auf, Lenz' Leben unter das biblische Gleichnis des verlorenen Sohnes zu stellen. Bei Amann predigt Lenz über dieses Gleichnis und faßt in dieser Rede sein Leben zusammen. Gegenüber Büchner und dem Oberlin-Bericht verändert Amann signifikant die Chronologie, indem Kaufmann erst nach der gescheiterten Kindesaufweckung sein Gespräch mit Lenz führt. In diesem zieht Lenz dann die Konsequenzen, formuliert er klar seine Abwendung vom Patriarchat. Amann akzentuiert den nicht zu versöhnenden Zwiespalt zwischen Schreiben und Leben, nimmt aber die bei Büchner angedeuteten aufrührerischen Elemente der Lenzfigur deutlich zurück. »Büchners Lenz« vermittelt wie die meisten der nach Schneider erschienenen Texte »neue Innerlichkeit«. Die umfassenden sozialen und politischen Zusammenhänge, die bei Büchner angedeutet sind, fehlen. Im Rückzug auf die sehr persönliche Problematik von Lebensbewältigung, Destruktion und Kreativität liegt eine persönliche Projektion des Autors. Dieser formuliert in diametralem Gegensatz zu Karin Struck: »Indem ich mich zu Papier bringe, bringe ich mich um« (Der Himmel in der Glatze des Pfarrers. In: Die Baumschule. München 1982).

Hans Joachim Kleins Szenario »Ein Mann namens Lenz« bildet die Grundlage für die Saarbrücker Aufführung 1984. Im Gegensatz zu Amann geht es Klein vorrangig um die sozialen und ideologischen Gründe für die Isolation Lenz'. Deutlich reduziert sind deshalb die Büchners Text kennzeichnenden Bezüge zwischen Held und Natur. Nach Klein findet Lenz in Oberlin statt eines ihm feindlichen leiblichen Vaters einen zweiten gütigen. Der Text verdeutlicht, warum Oberlins Einfluß trotz seiner gegenüber Büchners Figur viel größeren Langmut den Dichter nicht heilen kann. Der aufklärerische, im-

mer tätige Reformer, der das Tal durch Ökonomie und Bildung der
Armut entreißen möchte, verkörpert für Lenz gerade die Leistungs-
zwänge der bürgerlichen Gesellschaft, vor allem auch die Selbstdiszi-
plinierung und Triebunterdrückung, vor denen Lenz flieht. Hier wie
an anderen Stellen führt der Text breit aus, was Büchner nur knapp
andeutet. Dies gilt vor allem auch für das Unverständnis und die Ablehnung, die Lenz auslöst. Er ist im Tal ein fremdes Element. Seine
Absicht, das Leiden (auch der Bauern) aufzuheben – zugleich sein
Gottesbeweis –, muß deshalb scheitern.

Der Text ist offensichtlich Produkt genauer historischer Studien
zu Oberlin, Lenz und Büchner. Er ist durch zahlreiche Hinzufügun-
gen und durch Zitate aus »Dantons Tod«, »Woyzeck« und dem
»Hessischen Landboten« erweitert. Trotz der deutlichen Bemühungen um eine differenzierte Darstellung der Vorgänge im Steintal stellt
sich die Frage, ob der Text Büchners Vorlage nicht manchmal zu pe-
netrant unterbietet, weil diese das Ineinander von individuellen und
überindividuellen Ursachen in ihrer sprachlichen Verknappung und
bildlichen Prägnanz einfach eindrucksvoller und treffender formuliert.

Eine weitere Gruppe von Texten sieht von Büchners Lenz-Bild
völlig ab oder sucht es durch Einbeziehung anderer Zusammenhänge
zu ergänzen. Hermann Ottos »Schauspiel in neun Bildern« »Lenz
oder die nutzlose Wertschätzung nutzloser Geschäftigkeit« (1984)
thematisiert Episoden aus Lenz' Leben in Straßburg, Weimar, Waldbach, Basel und Riga. Otto zeigt Lenz zu Recht als einen Außenseiter, der sich weigert, die »Spielregeln« der Gesellschaft anzuerken-
nen. Dazu gehören die Anpassung an die gesellschaftliche Hierarchie
ebenso wie das Streben nach einem Amt. Freunde bieten Lenz immer wieder Hilfe an, die dieser aber meist weder würdigen noch
wirklich annehmen kann. In Goethes Langmut und Freundschaft
täuscht sich Lenz, weil jener letztlich die »Regel« beachtet, gegen die
für ihn das Verhältnis besteht. Es ist eine Schwäche des Stückes, daß
der Konflikt zwischen den beiden Autoren abgemildert wird, indem
Goethe nicht etwa Lenz' Ausweisung aus Weimar bewirkt, sondern
als der immer Überlegene den Freund als krank erkennt und den historischen Umständen entgegen zu Oberlin schickt. Der Text zeichnet Lenz zu sehr als bedauernswertes Opfer: »Ich kann mich nicht
wehren, denn ihr alle seid so schrecklich stark und vernünftig.« Immerhin stellte Lenz doch für die Zeitgenossen zeitweise auch eine
Bedrohung dar und besaß eine vielversprechende dichterische Kreativität. Das Stück gipfelt in der Konfrontation zwischen Sohn und
Vater. Otto zeigt, wie ein Dialog zwischen beiden unmöglich ist,
weil sich der Sohn den partriarchalen Werten entfremdet hat. Lenz'

zunehmende Schreibprobleme und seine Bewußtseinsspaltung werden mit der Figur des Abumasar verdeutlicht, die aus dem unvollendeten Stück »Myrsa Polagi« stammt. Ihre häufigen Auftritte wirken aber meist aufgesetzt, zumal auf das Drama selbst nicht eingegangen wird, obwohl dieses doch die Weimarer Erlebnisse verarbeitet.

Anders als Hermann Ottos Schauspiel kann Gert Hofmanns Erzählung »Die Rückkehr des verlorenen Jakob Michael Reinhold Lenz nach Riga« (1981) als eine Fortsetzung des »Lenz« bezeichnet werden. Hofmann konkretisiert Büchners »So lebte er hin«, indem er den Dichter mit seinem Vater konfrontiert. Büchners Lenz entgegnet Kaufmann: »Hinweg, weg! nach Haus? Toll werden dort?« Hofmann führt nun vor, wie Lenz tatsächlich bei der Begegnung mit dem Vater zugrundegeht.

Er konzentriert das Geschehen auf einen einzigen Tag, den 23. Juli 1779. Während für den Sohn Wiederkehr ins Vaterhaus und Tod in dieser kurzen Zeitspanne zusammengedrängt sind, ist der Vater gerade zum Generalsuperintendenten berufen worden und zieht mit seiner zweiten Frau, die er gerade geheiratet hat, in ein neues 24-Zimmer-Haus ein, das seiner neuen Stellung entspricht. Am Abend gibt er ein großes Fest.

Hofmann weicht mit dieser äußersten Zuspitzung des Vater-Sohn-Konflikts von den historischen Fakten ab, um zugleich ihre tiefere Bedeutung zu gestalten. Den Bezugspunkt der Geschichte bildet wie bei Amann die biblische Erzählung der Rückkehr des verlorenen Sohnes. Dieser kommt als Gescheiterter, krank und ohne Geld und Stellung zu seinem Vater zurück, den er gegen dessen Willen verlassen hat. Der Vater freilich nimmt bei Hofmann den Sohn nicht mit Liebe auf, sondern verweigert sich. Er kann keine Güte zeigen und nicht verzeihen. Von vornherein stört der Sohn seine Kreise. Dieser sucht in langen, verzweifelten Monologen die Geschichte seiner Abwesenheit zu erklären, gesteht sein vielfältiges Scheitern ein, demütigt sich, zugleich formuliert er Wünsche. Der Vater versucht Jakobs Reden und Fragen aus dem Weg zu gehen, indem er sich auf seine Geschäfte, den Umzug und die Festvorbereitungen zurückzieht. Obwohl er den Sohn scheinbar nicht beachtet, ist er im Innersten getroffen und beunruhigt. Er spürt die bedrohliche Andersartigkeit des Sohnes; außerdem fürchtet er den öffentlichen Skandal. Das abweisende Verhalten des Vaters führt bei Jakob zu immer hektischeren Reaktionen: er beschwört, bedrängt, biedert sich an, zeigt versteckt Aggressionen. Der Vater ist in der Alltagswelt verankert und hat eine Stellung. Für Jakob ist er der einzige, der ihm noch einen Platz in der Gesellschaft verschaffen kann. Er erscheint ihm als Herr der Welt und »von unten her« betrachtet als eine »riesenhafte Gestalt«. In dem Gottesdienst, wo sich der Sohn »so flach wie möglich in seinen Betstuhl legt«, erkennt er, »daß sein Vater ja eigentlich Gott ist«. Die Predigt faßt Lenz als allein an sich gerichtet auf, für ihn erklärt der Pastor »seine Schöpfung«, in deren »gut gelungenem« Zusammenwirken für Jakob kein Platz ist. Der Höhepunkt, auf den die Erzählung zustrebt, ist das Fest. In der Harmonie der Tanzenden versinnbildlicht sich die Harmonie der Welt. Diese Harmonie stört Lenz, indem er immer noch an den Vater drängt, ja sich an dessen Rock hängt: »Warum lehnen Sie mich ab? [...] Warum lehnen Sie sogar meine Werke ab? Sogar die Namen meiner Helden?« Den öffentlichen Skandal abkürzend verweist der Vater »mit Donnerstimme seinen schwierigen Sohn« aus dem Festsaal. Die Geschichte endet mit dem Vollzug des Urteils nach dem Vorbild Kafkas: zwei Matrosen, die Jakob das Geld für die Überfahrt vorgeschossen haben, schlagen im Park vor dem Haus auf ihn ein. »Ein plötzlicher Riß[!] tut sich auf zwischen Lenz und der Natur.« Lenz versteht immer noch nicht: »Meine Herren, was wollen Sie von mir?«

Wesentlich zur Wirkung des Textes trägt die gehetzte, atemlose Prosa bei, für die Kafka und Robert Walser Pate gestanden haben. Die seelische Erregung spiegelt sich unmittelbar in den zerhackten Sätzen und Wortreihungen. Gleichzeitig verleugnen Motivik und Stil nicht den Charakter des Textes als eine literarische Konstruktion, die vielfältig an überkommene Motive, Stile und Worte anknüpft. (Das Artifizielle des Textes balanciert kunstvoll seinen beklemmenden Inhalt aus.) Insbesondere auf Büchners »Lenz« spielen zahlreiche Wendungen an, ferner auf Lenz' Werke und Briefe, aber auch auf das bekannte Gedicht Walthers von der Vogelweide: »Ich saß auf dem Stein und [...] Jetzt ist es fort, das Wort! [...] haben Sie das Wort vielleicht? Herr Vater, bitte geben Sie mir das Wort zurück.«

Am Ende, aber überhaupt in der Geschichte sind die Analogien zu Kafka (»Prozeß«, »Urteil«, »Verwandlung«, »Auf der Galerie«) überdeutlich. Das Verhältnis zum Vater erinnert an Kafkas »Brief an den Vater«. Hofmanns Text gehört aber vor allem in die Reihe der Vatertexte, der Auseinandersetzungen der jüngeren Generation mit der älteren, die Ende der siebziger Jahre erscheinen. Dieser Bezug ist auch bei Amann zu erkennen. Handelt es sich bei den Vaterbüchern (z.B. Plessen »Mitteilung an den Adel«, Härtling »Nachgetragene Liebe«, Meckel »Suchbild«) meist um Autobiographien, so kann Hofmann im fiktionalen Text und aufgrund seines freien Umgangs mit den historischen Daten den Sohn-Vater-Gegensatz zuspitzen zur konsequenten Kritik an einem erbarmungslosen, Macht ausübender Patriarchat, das alles ihm Entgegenstehende vernichten muß. In einer Welt, in der nur Zielstrebigkeit, Erfolg und erreichte Position etwas gelten, steht der Sohn für Menschlichkeit, »Herzensfülle«, aber auch für Produktivität und Kreativität – alles Werte, die in der Welt des Vaters nicht gelten. Hofmann knüpft damit deutlich an den oppositionellen Zug des Stürmers und Drängers Lenz an. So eng die Erzählung auf die Familienkonstellation bezogen scheint, sie nimmt doch die in dieser Lebenslinie angelegte Kritik an der Gesellschaft auf: als Kritik an der sozialen Erstarrung, am Fehlen jeder Veränderungsperspektive. Bezeichnenderweise ergänzt Hofmann Lenz' Konfrontation mit dem verstorbenen Vater durch dessen Trauer um seine verstorbene Mutter. Ihr gegenüber habe er, fühlt Lenz, Schuld auf sich geladen, »als er ging«. Dadurch wurde das symbiotische Verhältnis zu ihr endgültig zerstört, das er in der Phantasie aktualisiert, wofür die geträumte Begegnung mit der Mutter steht, die Hofmann aus Büchners Erzählung übernimmt. Die neue Frau »an Vaters Seite« kann Jakob dagegen nicht anerkennen, da er sie als Teil der ihm feindlichen Vaterwelt ansieht. Seine eigentliche Mutter dagegen hätte vielleicht vermitteln können im Konflikt mit dem Vater.

Als Gegenfigur zum Vater gestaltet Hofmann den Schustergesellen Conrad Süß. Dieser ist nämlich in der Erinnerung Jakobs zu der Liebe bereit und fähig gewesen, die der Vater versagt. Hofmann spielt damit auf die latent homosexuellen Neigungen Lenz' an. Lenz bezeichnet Conrad als einen »Künstler«. Der ganze Text kann als eine Künstlernovelle gelesen werden. Sie führt vor, wie die bürgerliche Gesellschaft den Künstler, der etwas gesellschaftlich Überflüssiges produziert und zudem gegen die sozialen Normen verstößt, wie einen Paria ausstößt. Mit diesem Motiv nimmt Hofmann einen wichtigen Bestandteil der Lenz-Tradition auf, der in den meisten Texten der »neuen Subjektivität« ausgespart ist, die vorrangig an die masochistischen und selbstzerstörerischen Züge der Identitätskrise anknüpfen.

In die Reihe der Sohn/Vater-Auseinandersetzungen von Meckel, Härtling bis Hofmann gehört auch Jochen Beyses Novelle »Der Aufkärungsmacher« (1985). Moritz, der erwachsene Sohn Friedrich Nicolais, arbeitet seinen Konflikt mit dem Vater, dem »Aufklärungsmacher«, auf. Dessen alles rubrizierendes, katalogisierendes, objektivierendes und instrumentalisierendes Denken läßt dem Sohn keinen Raum, seine Individualität und Andersartigkeit zu entfalten. Nicht zufällig identifiziert sich der Sohn mit dem vom Vater gebrandmarkten und parodierten Werther, aber vor allem mit dem ja schon von Goethe als ›wertherkrank‹ bezeichneten Lenz. Zuerst erinnert sich Moritz daran, daß Lenz auf einer Moskauer »Promenade [...] zwischen rücksichtslos weiterstrebenden Passanten [...] verendet« sei. Seine Bücher habe der Vater verboten, während er weiter mit ihnen als Buchhändler seine Geschäfte gemacht habe. Der »lebenslänglich Verhinderte« ist Moritz' »Favorit«. Er verkörpert ein radikales Gegenprogramm zur patriarchalen Vernunft, der er vorwirft, als Zwangszusammenhang Körperlichkeit und Sinnlichkeit auszugrenzen, ein subjektiv-unmittelbares Verhältnis zur Natur zu unterbinden und sich zugleich kongruent zu den Herrschaftsstrukturen in der Feudalgesellschaft zu verhalten.

Beyse will in seinem Porträt Nicolai nicht historisch »gerecht« werden. Es ist deutlich geprägt von der antiaufklärerischen Stimmung Mitte der achtziger Jahre, wo es Mode geworden ist, der Vernunft ihre Ausgrenzungen und ihren Herrschaftsanspruch vorzuhalten. Zugleich versteckt der Erzähler nicht, daß es sich um ein haßerfülltes Porträt handelt. Moritz »braucht« seinen Vater als Gegner. Nur in der Ablehnung vermag sich Moritz gegen ihn zu behaupten und bleibt doch in der Negation an ihn gebunden. Lenz gewinnt für Moritz scheinbar die Funktion, die der junge Goethe für jenen hatte. Er ermutigt zum Ausbruch aus den überkommenen Normen: »Die geschlossene Form aufbrechen, in der Dichtung, im Leben, sagte ich laut vor mich hin aus dem Fenster.« Lenz wird in der Erzählung vorgestellt als Poet, der die Wertherstimmung lebt, der um eine Verbindung von Dichtung und Leben ringt. Goethe hingegen betone und lebe die Trennung zwischen beiden, sei dadurch der »Überlebensgroße«. Indem er Lenz letztlich abweise, löse er dessen »Wahnsinn als Verzweiflungsklarsicht« aus. Der Erzähler Moritz identifiziert sich mit Lenz' radikal narzißtischen Zügen, mit seiner Hingabe an das »Diktat« der eigenen »Empfindungen«. Sein vorgelebtes Programm einer Einheit von Leben und Schreiben verfehlen für Moritz sowohl die Aufklärer wie Nicolai als auch die Weimeraner. Freilich schließt die Novelle mit der ironischen Wendung, daß auch Moritz dieses Programm verfehlt, er sogar – das Schicksal des Dichters Lenz vor Augen – letztlich vor ihm zurückschreckt. »Es war schwer, dem Bann des Aufklärungsmachers nicht zu erliegen.« Wie Lenz findet Moritz zum Schreiben, weil er Klarheit über sich gewinnen möchte. Dabei spielt er mit dem Gedanken, eine Novelle über Lenz zu schreiben, als deren »idealen Verfasser« er sich sieht. Gerade deswegen rettet er sich freilich ins Verstummen. Aus »Angst« identifiziert er sich am Ende doch lieber mit dem erfolgreichen Versuch des Vaters, Phantasie und Empfindungen zu disziplinieren. Mit dem »Lenz«-Schluß »so lebte er hin« schließt die Erzählung. Den in diesen Worten ausgedrückten inneren Tod bei äußerem Dahinvegetieren möchte der Erzähler vermeiden, indem er letztlich eine Erzählung über den Vater statt über Lenz schreibt.

Wie an Hofmanns Text fällt bei Beyses Novelle der betont artifizielle Charakter auf, der sich in den zahlreichen Anknüpfungen, Zitaten und Verweisungen zeigt, aber auch in der ironisch-parodistischen Stilhaltung. Wie bei Hofmann soll freilich die ausgewiesene Künstlichkeit, die eine Identifikation des Lesers mit dem Protagonisten erschwert, den existentiellen Ernst der Auseinandersetzung ausbalancieren.

Die Aneignung von Lenz als Dichter und Mensch in Zusammenhang mit einer Patriarchats- und Vernunftkritik beinhaltet eine Position, wie sie schon 1980 Christa Wolf in ihrer Büchnerpreisrede eingenommen hat.

»Lenz wird irre über den Verlust seiner Übereinstimmung mit der gemeinen Kunst. Wir, ernüchtert bis auf die Knochen, stehn entgeistert vor den vergegenständlichten Träumen jenes instrumentalen Denkens, das sich immer noch Vernunft nennt, aber dem aufklärerischen Ansatz auf Emanzipation, auf Mündigkeit hin, längst entglitt und als blanker Nützlichkeitswahn in das Industriezeitalter eingetreten ist.«

Der Eintritt in die »Festung« des Patriarchats setzt Selbstleugnung voraus und bewirkt Angst, Entfremdung und Wahnsinn. Wolf fragt nach den »lebbaren Alternativen« und fordert, die Autoren sollten sich einem »hellen Wahnsinn« aussetzen, »um nicht der finsteren Seite der Vernunft anheimzufallen«. Dies erfordert für Wolf einen menschlichen und poetischen Balanceakt, um nicht in die »entsetzliche Leere« hineingezogen zu werden, die Büchners Lenz nach dem Scheitern seiner Auflehnung empfindet.

Von 1945 bis zur Gegenwart. Texte und Sek.-Literatur

Amann, Jürg: Büchners Lenz. Hörspiel. Mscr. 1983. (Radio Bremen/Südwestfunk Baden Baden)

Ders.: Sesenheim, Juni 1772. In: Elf Monologe. In: Nachgerufen. München, Zürich 1983. S. 7–10

Beyse, Jochen: Der Aufklärungsmacher. München 1985

Bobrowski, Johannes: J. M. R. Lenz. In: Wetterzeichen. Berlin (DDR). 1966, S. 51

Boëtius, Henning: Der verlorene Lenz. Auf der Suche nach dem inneren Horizont. Frankfurt 1985

Braun, Volker: Unvollendete Geschichte. Frankf./M. 1982. – S: *Körner,* Charlotte W.: Volker Brauns Unvollendete Geschichte. In: Basis 9 (1979), S. 149–171

Brecht, Bertolt: Der Hofmeister nach J. M. R. Lenz. In: Versuche, Heft 11, Berlin: Suhrkamp 1951. – In: B. B.: Gesammelte Werke. Frankf./M.: Suhrkamp 1967, Bd. 6, S. 2331–2395

Ders.: Coriolan. In: Stücke. Bd. 11. Bearbeitungen. Frankfurt 1959. S. 227—381. In: Spectaculum 8. Frankf./M. 1965, S. 7—70. S: *Dahnke,* Hans Dietrich: Lenz: Erbeaneignung und aktuelle Literaturfunktion: Spiegel des Hofmeister-Stückes. In: Brecht-Dokumentation 1978. Kunst und Politik. Redaktion Carl-Klaus Hahn. Dokumentation Berlin (DDR) 1979, S. 109—115. — *Dentan,* Michel: De Reinhold Lenz à Bertolt Brecht. In: Etudes des Lettres 25 (1953), Nr. 3, S. 28—34. — *Giese,* S. 160—210. — *Grathoff,* Dirk: Literaturhistorische Ungleichzeitigkeiten: Der Hofmeister von Lenz zu Brecht — ein Rückschritt im Fortschritt. In: O.G.: Studien zur Ästhetik und Literaturgeschichte der Kunstperiode. Frankf./M., Bern, New York 1986, S. 163—207. — *Haffner,* S. 36—62. — *Kitching,* Laurence Patrick Anthony: Der Hofmeister. A critical analysis of Bertolt Brechts adaptation of J. M. R. Lenz's drama. München 1976. — *Knopf,* Jan: Brecht-Handbuch. Theater. Stuttgart 1980. S. 292—315. — *Mayer,* Hans: Brecht und die Tradition. München 1965. — *Mittenzwei,* Werner: Brechts Verhältnis zur Tradition. Berlin 1972. — *Schoeps,* Karl H.: Zwei moderne Lenz-Bearbeitungen. In: Monatshefte 67 (1975), S. 437—451. — *Spalter,* Max: Brechts tradition. Baltimore 1967, S. 3—36. — *Stephan/Winter,* S. 144—177. — *Subiotti,* Amigo: Bertolt Brechts Adaptation for the Berliner Ensemble. London 1975. — *Zimmermann,* Rolf Christian: Marginalien zur ›Hofmeister-Thematik‹ und zur ›Teutschen Misere‹ bei Lenz und Brecht. In: Dramen und Theater im 20. Jahrhundert. 1983. S. 213—227

Bruckner, Ferdinand: Die Buhlschwester. Komödie nach dem Plautus und Reinhold Lenz in einem Akt. Berlin 1955 (Hektograph. Mscr. F. Bruckner Archiv, Akademie der Künste. Berlin). S: *Lehfeld,* Christine: Der Dramatiker Ferdinand Bruckner. Göppingen 1965, S. 192—193

Celan, Paul: Gespräch im Gebirg. In: Die neue Rundschau 1960, S. 199—202

Ders.: Büchner-Preis-Rede 1960. In: Büchner-Preis-Reden 1951—1971. Stuttgart 1972. (Reclam 9332/9334). S. 88—102. — S: *Brierley,* David: Der Meridian. Ein Versuch zur Poetik und Dichtung Paul Celans. Frankf./M. 1984 (Europäische Hochschulschriften, Reihe 1, Bd. 809), S. 150—155. — *Janz,* Marlies: Vom Engagement absoluter Poesie. Zur Lyrik und Ästhetik Paul Celans. Frankf./M. 1975. S. 99—121. — *Mayer,* Hans: Lenz, Büchner und Celan. Anmerkungen zu Paul Celans Büchner-Preis-Rede ›Der Meridian‹ v. 22. Oktober 1960. In: Ders.: Vereinzelt Niederschläge. Pfullingen 1973. — *Schulz,* Georg Michael: Individuation und Austauschbarkeit. Zu Paul Celans ›Gespräch im Gebirg‹. In: DVjs 53 (1979), S. 463—477. — *Thunecke,* Jörg: Die Rezeption Georg Büchners in Paul Celans ›Meridian‹-Rede. In: Georg Büchner Jb. 3 (1983), Frankf./M. 1984, S. 298—307

Dittrich, Paul Hans: Abschied von Kochberg. Leipzig 1986

Goldmann, Friedrich: R. Hot oder die Hitze. Leipzig 1977. S: *Heister,* Hans Werner: Natur, Kreatur, Gesellschaft. J. M. R. Lenz und das neue deutsche Musiktheater. In: Jahrbuch der Hamburgischen Staatsoper 7 (1980). S. 184—203

Hein, Christoph: Waldbruder Lenz. In: Konkret Literatur 1984/85 S. 67—74. Nachdr. in: C. H.: Die wahre Geschichte des Ah. Q. Neuwied, Berlin 1984. S. 136—160

Ders.: Der neue Menoza oder Geschichte des Kumbanischen Prinzen Tandi. In: C. H.: Cromwell und andere Stücke. Berlin, Weimar 1981. S. 233–308

Herrenknecht, Albert: Provinz-Leben. Aufsätze über ein politisches Neuland. Frankfurt 1977

Herzog, Werner: Vom Gehen im Eis. München 1978

Hofmann, Gert: Die Rückkehr des verlorenen J. M. R. Lenz nach Riga. In: Ders.: Gespräch über Balzacs Pferd. Vier Novellen. Salzburg, Wien 1981. S. 7–40

Kinder, Hermann: Der Schleiftrog. Ein Bildungsroman. Zürich 1977

Kipphardt, Heinar: Die Soldaten nach J. M. R. Lenz. Frankf./M. 1968 (edition Suhrkamp 273). – S: *Mc Innes,* S. 131–136, 185–191. – *Schoeps,* s.o. – *Stephan/Winter,* S. 211–223

Kipphardt, Heinar: März. Roman. München, Gütersloh, Wien 1976

Klett, Johannes, *Landes,* Brigitte: Szenario ›Lenz‹. (Grundlage der Aufführung des Theatre National de Strasbourg 1980). Mscr. im Besitz des Verfassers

Klein, Hans Joachim: Ein Mann namens Lenz. (Grundlage der Aufführung Saarbrücken 1984). Bühnenmscr. Saarbrücken 1984

Koehn, Herma: Jungfer Julchen. Lustspiel von J. M. R. Lenz. Plattdeutsch von H. K. (Grundlage der Aufführung Hamburg 1985). Bühnenmscr. Hamburg 1985

Körner, Klaus: J. M. R. Lenz in Moskau. In: NDL 23 (1975), H. 1, S. 119–121

Moorse, George: Lenz. Film. Produktion: Literarisches Colloquium Berlin und Barbara Moorse Workshop München 1970. Presseaufführung 25. 03. 1971. Urauff. 30. 03. 1971. – S: *Kanzog,* Klaus: Norminstanz und Normtrauma. Die zentrale Figurenkonstellation in Georg Büchners Erzählung und George Moorse' Film ›Lenz‹. Filmanalyse als komplementäres Verfahren zur Textanalyse. In: Georg Büchner Jb. 3 (1983), S. 76–97

Otto, Hermann: Lenz oder die subjektive Wertschätzung nutzloser Geschäftigkeit. Schauspiel in neun Bildern. Bühnenmscr. Verden 1985

Rihm Wolfgang: Chiffren von Verstörung. Anmerkungen zu Jakob Lenz. In: ders.: Jakob Lenz. Programmheft der Hamburgischen Staatsoper. Hamburg 1979. – S: *Heister,* s.o.. – *Rihm,* Wolfgang: Jakob Lenz. Kammeroper. Mainz 1979

Rockwell, Alexander: Lenz. Film. New York 1980

Schneider, Peter: Lenz. Berlin 1983. – S: *Goltschnigg,* S. 273–299. – *Sahlberg,* Oskar: Peter Schneiders Lenz-Figur. In: Zeitgenosse Büchner (Hg. von Ludwig Fischer). Stuttgart 1979, S. 131–152

Stott, Michael: Lenz. A play based (loosely) on the story by Georg Büchner. Todmorden, Lancs 1979

Struck, Karin: Klassenliebe. Frankfurt/M. 1973

Dies.: Die Mutter. Ffm. 1975

Dies.: Lieben. Ffm. 1977

Timm, Uwe: Kerbels Flucht. München 1980

Wolf, Christa: Lesen und Schreiben. Berlin, Weimar 1971. Veränd. Nachdruck: Darmstadt/Neuwied 1972

Dies.: Büchner-Preis-Rede 1980. Sonderdruck für die Freunde des Luchter-
hand-Verlages. Darmstadt u. Neuwied 1980. Nachdr. in: Lesen und
Schreiben. Neue Sammlung. Darmstadt, Neuwied 1980. S. 319–332
Zimmermann, Bern Alois: Die Soldaten. Mainz 1966
Zimmermann, Bernd Alois: Lenz und neue Aspekte der Oper. In: blätter
und bilder 9 (1960), S. 39–44
Ders.: Intervall und Zeit. Mainz 1974. S. 93–99. – S: *Becker,* Peter: Aspekte
der Lenz-Rezeption in Bernd A. Zimmermanns Oper ›Die Soldaten‹. In:
Musiktheater heute. Hg. von Helmut Kühn. Mainz, London, New York
1982, S. 94–104. – *Heister,* s.o.

Literatur zu Lenz im Musiktheater

Zerinschek, Klaus: J. M. R. Lenz' Werke auf dem modernen Musiktheater.
Ein Beitrag zur Strukturbestimmung des Opern-Librettos. Diss. phil.
Univ. Innsbruck 1981. (Masch.)

Allgemeine Literatur zum Zeitraum

Genton, S. 199–244
Stephan/Winter, S. 118–133, S. 178–223

Namenregister

Reicke, Rudolf 33
Reinhardstöttner, Karl von 86
Reinhardt, Max 138
Richter, Helmut 23, 50, 52–55, 80, 82, 84f., 102f.
Rihm, Wolfgang 170f., 181
Rilke, Rainer Maria 134
Rilla, Paul 148
Rockwell, Alexander 164, 181
Röderer, Johann Gottfried 41, 46, 101
Rosanov, Matjev N. 8, 16f., 30, 33, 50, 74, 76, 78, 87
Rötzer, Florian 13
Rousseau, Jean Jacques 35, 42, 78, 146
Rubensohn, Max 124
Rudolf, Ottmar 11, 16, 30, 33, 42, 50, 52, 68, 83, 92, 102
Rühle, Günther 140
Rühmkorf, Peter 161, 164

Salis, Karl W. von 95
Salzmann, Friedrich Rudolf 41
Salzmann, Johann Daniel 18, 31, 41f., 67, 103, 112
San Giorgiu, Jan 85
Sarasin, Jakob 95f., 101
Sauer, August 21, 29, 33, 52–55, 82, 84f., 93f., 102f.
Scherpe, Klaus 11, 16, 71, 73, 83–85, 102
Schierks, Rudolf 135, 143
Schiller, Friedrich 18, 62, 115, 122
Schings, Hans J. 12
Schlegel, Johann Elias 58
Schlenstedt, Dieter 154
Schlettwein, Johann August 97
Schlosser, Cornelia 44, 46, 91, 95, 100
Schlosser, Johann Georg 18f., 38, 41, 76, 79, 95–97
Schmidt, Christian Heinrich 36
Schmidt, Erich 6, 17, 19, 50, 54, 70, 85
Schmidt-Dengler, Wendelin 97
Schmitz-Kallenberg, Lotte 19, 49
Schneider, Lambert 24, 80, 82

Schneider, Michael 163, 168
Schneider, Peter 135, 161–169, 181
Schnorf, Hans 103
Schoeps, Karl H. 180f.
Schöne, Albrecht 9, 16, 83, 173
Schröder, Eduard 56
Schubart, Christian Friedrich Daniel 79, 113f.
Schulz, Georg Michael 180
Schwarz, Hans-Günther 17, 23, 58, 80f.
Schwarz, Iwan Gregorjewitsch 105
Seelig, Carl 137
Seghers, Anna 144f., 150
Seyppel, Joachim 23, 151, 154
Shaftesbury, Anthony Ashley Cooper, Earl of 31
Shakespeare, William 6, 10, 21f., 32, 40, 57–59, 105, 140
Siebs, Theodor 56
Sinnreich, Maria 50, 80, 84
Sintenis, Franz 111
Sivers, Jégor von 17–20, 79, 111
Soergel, Albert 129f.
Sommerfeld, Martin 49
Spalding, Johannes Joachim 28
Spalter, Max 180
Spiess, Johann Heinrich 53
Spieß, Reinhard F. 125
Stahl, E. L. 138
Stammler, Wolfgang 20, 83, 94, 103, 132
Stein, Charlotte von 90, 92
Stephan, Inge 3, 12f., 17, 83f., 94, 99, 119, 125, 143, 162, 180
Steffen, Hans 82
Stöber, August 18, 49, 55f., 116–118, 124
Stott, Michael 171, 181
Struck, Karin 168f., 173, 181
Subiotti, Amigo 180
Süß, Conrad 101

Tenschert, Joachim 149
Thomasius, Christian 48
Thomson, James 32

SAMMLUNG METZLER

J.B. METZLER